Börsenatlas 2023

Florian Spichalsky & Dr. Wolfram Weimer

BÖRSEN ATLAS 2023

Florian Spichalsky & Dr. Wolfram Weimer

Deutscher
Wirtschaftsbuch
Verlag

Die Deutsche Bibliothek – CIP Einheitsaufnahme:

Börsenatlas 2023
1. Auflage 2022, München
DEUTSCHER WIRTSCHAFTSBUCH VERLAG
ISBN 978-3-95972-604-7

Herausgeber: Florian Spichalsky & Dr. Wolfram Weimer

Gestaltung und Art Direction: Markus Kaspar
Druck: Firmengruppe APPL, aprinta Druck, Wemding
Printed in Germany

Risikohinweise / Disclaimer: Die Redaktion bezieht Informationen aus Quellen, die sie als vertrauenswürdig erachtet. Eine Gewähr hinsichtlich Qualität und Wahrheitsgehalt dieser Informationen besteht jedoch nicht. Indirekte sowie direkte Regressinanspruchnahme und Gewährleistung wird für jegliche Inhalte kategorisch ausgeschlossen. Leser, die aufgrund der in dieser Publikation veröffentlichten Inhalte Anlageentscheidungen treffen, handeln auf eigene Gefahr, die hier veröffentlichten oder anderweitig damit im Zusammenhang stehenden Informationen begründen keinerlei Haftungsobligo. Ausdrücklich weisen wir auf die im Wertpapiergeschäft erheblichen Risiken hoher Wertverluste hin. Alle Publikationen dürfen keinesfalls als Beratung aufgefasst werden, auch nicht stillschweigend, da wir mittels veröffentlichter Inhalte lediglich unsere subjektive Meinung reflektieren.

Sollten Sie in dieser Publikation Fehler finden, ärgern Sie sich bitte nicht. Wir sind dankbar für Ihren wachen Geist. Mögliche Anmerkungen und Korrekturen können Sie sehr gerne per Mail an folgende Adresse senden: info@weimermedia.de

Vielen Dank!

Die Börse sehen und verstehen

Pandemie, Ukraine-Krieg, Energiekrise, Inflationsschock - die globalen Finanzmärkte erleben eine wilde Zeit. Die Zinsen steigen, die Kurse springen und die Börsen sind für die großen Erschütterungen bis in die kleinste Transaktion hinein der globale Resonanzboden.

Bereits der Schriftsteller Gustave Flaubert bezeichnete die Börse als „das Thermometer der öffentlichen Meinung". Ökonomen nutzen sie seit Jahrzehnten als Stethoskop der Weltwirtschaft. Für manchen Spekulanten ward sie zum Tempel des Bedauerns. Für die Gründerlegende Georg von Siemens war die Börse „wie Monte Carlo, nur ohne Musik". Der Sozialist August Bebel klagte, dass „alles, nur Menschlichkeit an der Börse keinen Kurs hat".

Die atemberaubende Karriere von Börsen, von einem Brügger Hinterzimmer-Kaufmannskontor aus dem 13. Jahrhundert zum global-elektronischen Billionensupermarkt, hat letztlich nur einen Grund: Börsen sind so ungeheuer praktisch. Sie erleichtern Finanz-, Tausch- und Handelsgeschäfte immens, sie bringen Kapitalgeber und Kapitalsuchende geschmeidig zusammen, sie rationalisieren Transaktionen aller Art, ermöglichen verblüffende Transformationen über Zeiten und Räume hinweg, machen die Dinge genau vergleichbar, vereinfachen Akkumulation und mobilisieren Reserven.

Indem das Börsengeld immer weiter in Lebensbereiche eindringt, holt es Dinge, Leistungen und Menschen aus der Isolation heraus und an einen Kreislauf heran. Börsen haben damit etwas sehr Verbindendes. Sie schaffen ein Forum der formalen Gleichheit aller Wirtschaftssubjekte im Tauschverkehr. Börsen brausen insofern auch als Apostel der Teilhabe durch die Welt. Der Aufstieg der Börsen ist geprägt von ihrem dynamischen Wesen. Denn Geld wird erst zu Geld, wenn es zirkuliert, wenn es einen Kreislauf gibt, wie beim Blut im Organismus. Börsen sind dabei die Herzkammern der Volkswirtschaften.

Da Börsen die Welt abbilden und gleichzeitig gestalten, wird es Zeit, diese Gestaltungen selbst abzubilden und sichtbar zu machen. Die Weltbörsen bekommen daher einen Weltatlas. Wie groß sind die Aktienmärkte wirklich? Wer setzt auf Einzelwerte, wer lieber auf Fonds und ETFs? Wo schlummern die größten Goldreserven? Wie sieht die Bilanz der Ära Angela Merkel aus? Wo wohnen die meisten Milliardärinnen? Wie entwickeln sich Zinsen über sehr lange Zeiträume? Wie verteilt sich Kaufkraft? Was passiert, wenn jemand immer im falschen Moment Aktien kauft? Und wie setzt sich die Inflation eigentlich genau zusammen? Diesen und vielen anderen Fragen geht der neue Börsenatlas 2023 nach.

Die komplizierte Welt des Geldes wird damit ein Stück transparenter. Ungewöhnliche Zusammenhänge sind grafisch aufgearbeitet und dadurch verstehbar. Manches ist dokumentarisch, anderes wirkt verblüffend und amüsant, anderes ist erhellend oder enthüllt tiefere Zusammenhänge. Alles ist informativ. Zeitliche und räumliche Beziehungen werden in diesem Atlas visuell aufgeklärt. Das Buch hilft, die bunte Welt der Börse besser zu sehen und zu verstehen.

Florian Spichalsky und
Dr. Wolfram Weimer

28,9

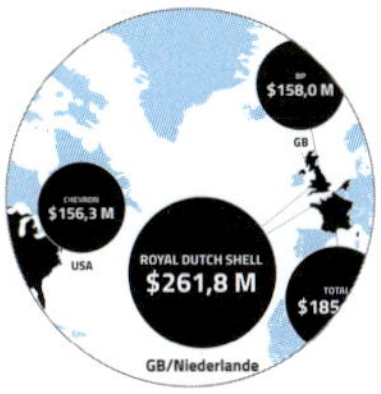
$158,0 M
GB
$156,3 M
USA
ROYAL DUTCH SHELL
$261,8 M
GB/Niederlande

LI JUANQUAN
$ 7,1 M
YUAN LIPING
$ 3,8 M

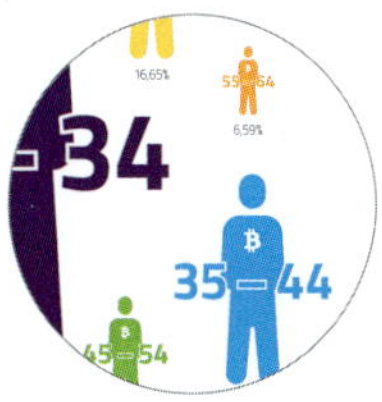
16,65%
6,59%
34
35
44
45
54

8
Reichtums-
Perspektiven

1

Globale Perspektiven

Volkswirtschaften der Welt nach Größe

in Billionen US-Dollar

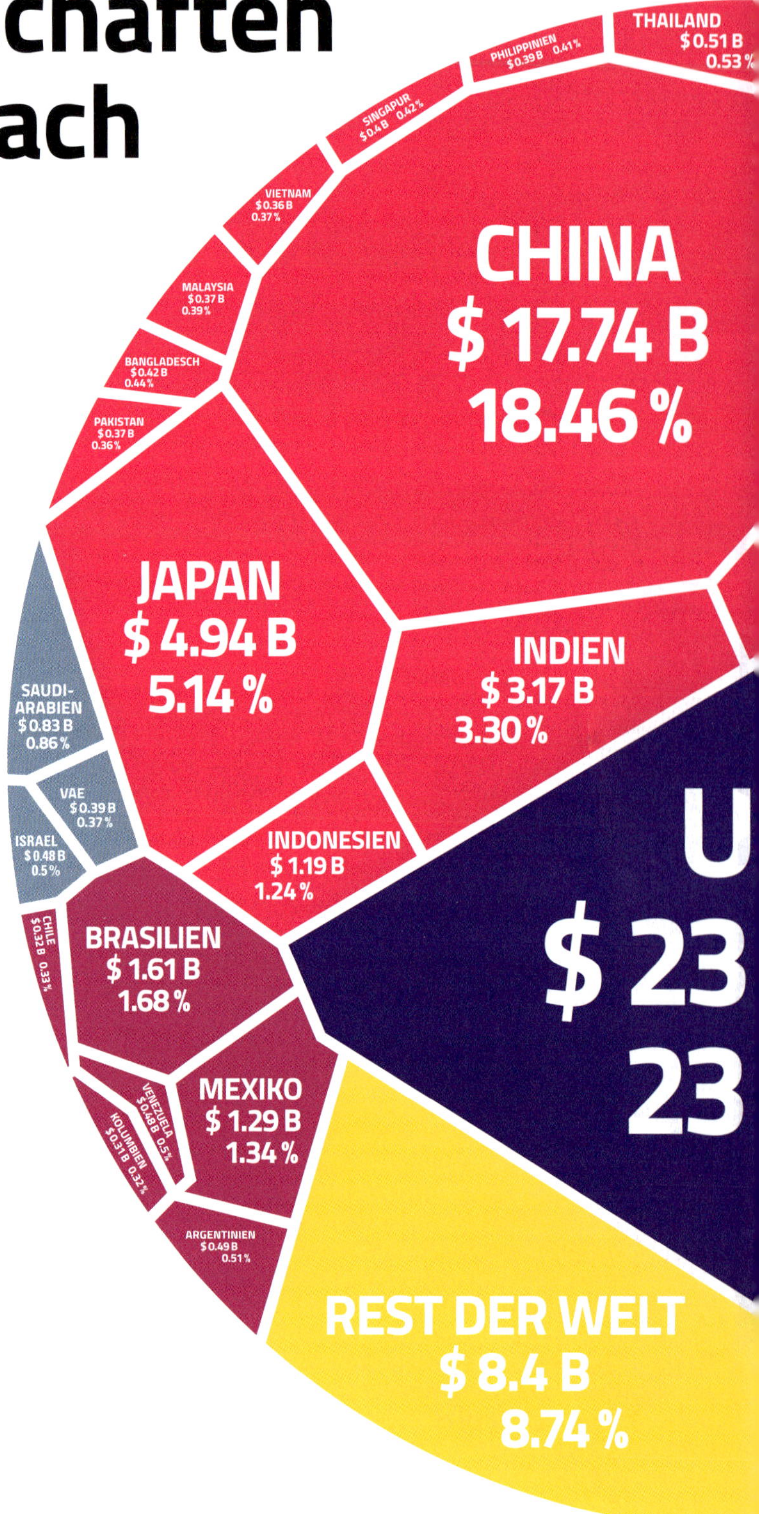

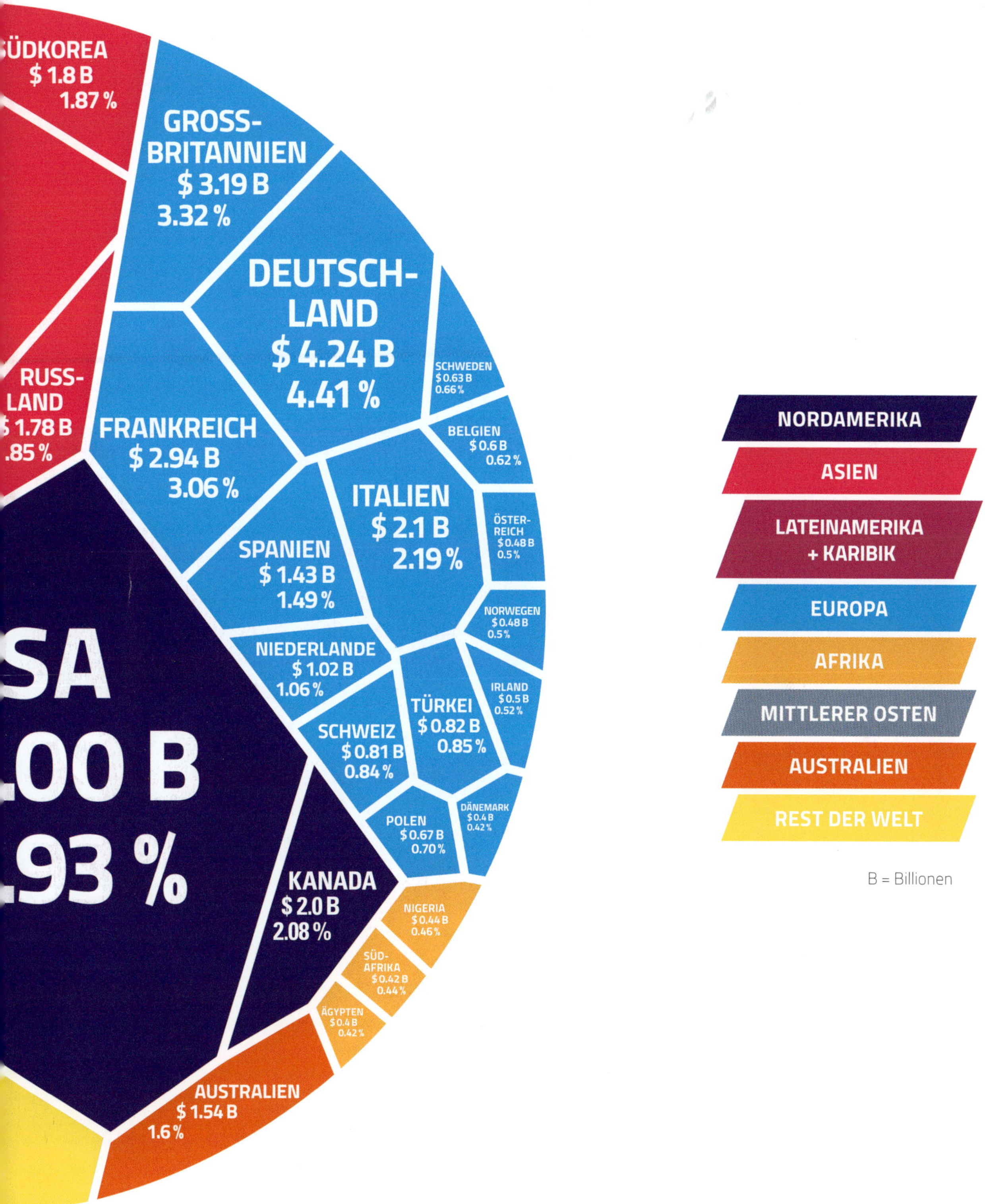

B = Billionen

Stand: 2022

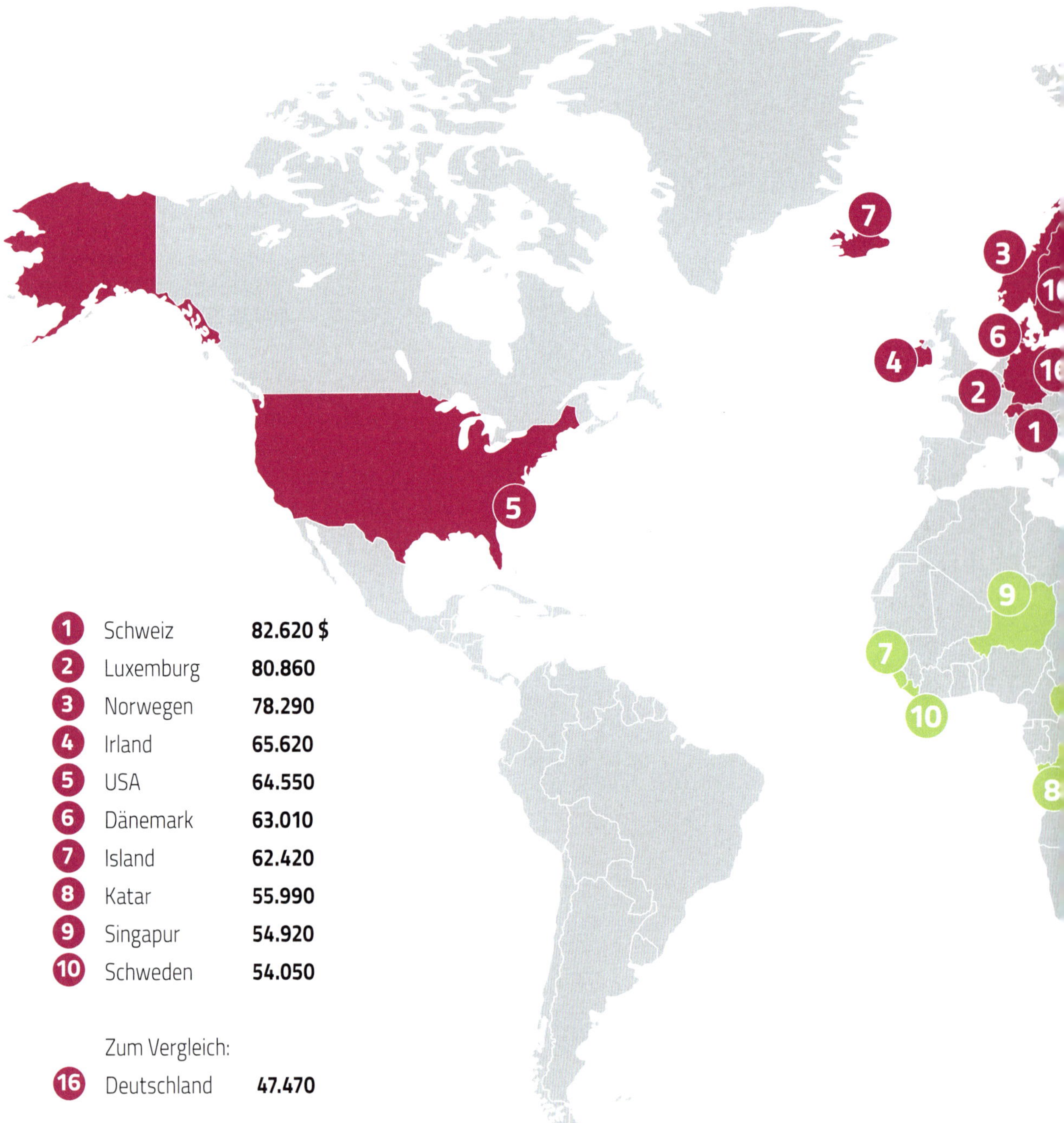

1	Schweiz	**82.620 $**
2	Luxemburg	**80.860**
3	Norwegen	**78.290**
4	Irland	**65.620**
5	USA	**64.550**
6	Dänemark	**63.010**
7	Island	**62.420**
8	Katar	**55.990**
9	Singapur	**54.920**
10	Schweden	**54.050**

Zum Vergleich:

16	Deutschland	**47.470**

Die reichsten und ärmsten Länder der Welt

Das durchschnittliche Volkseinkommen pro Einwohner/Jahr in US-Dollar

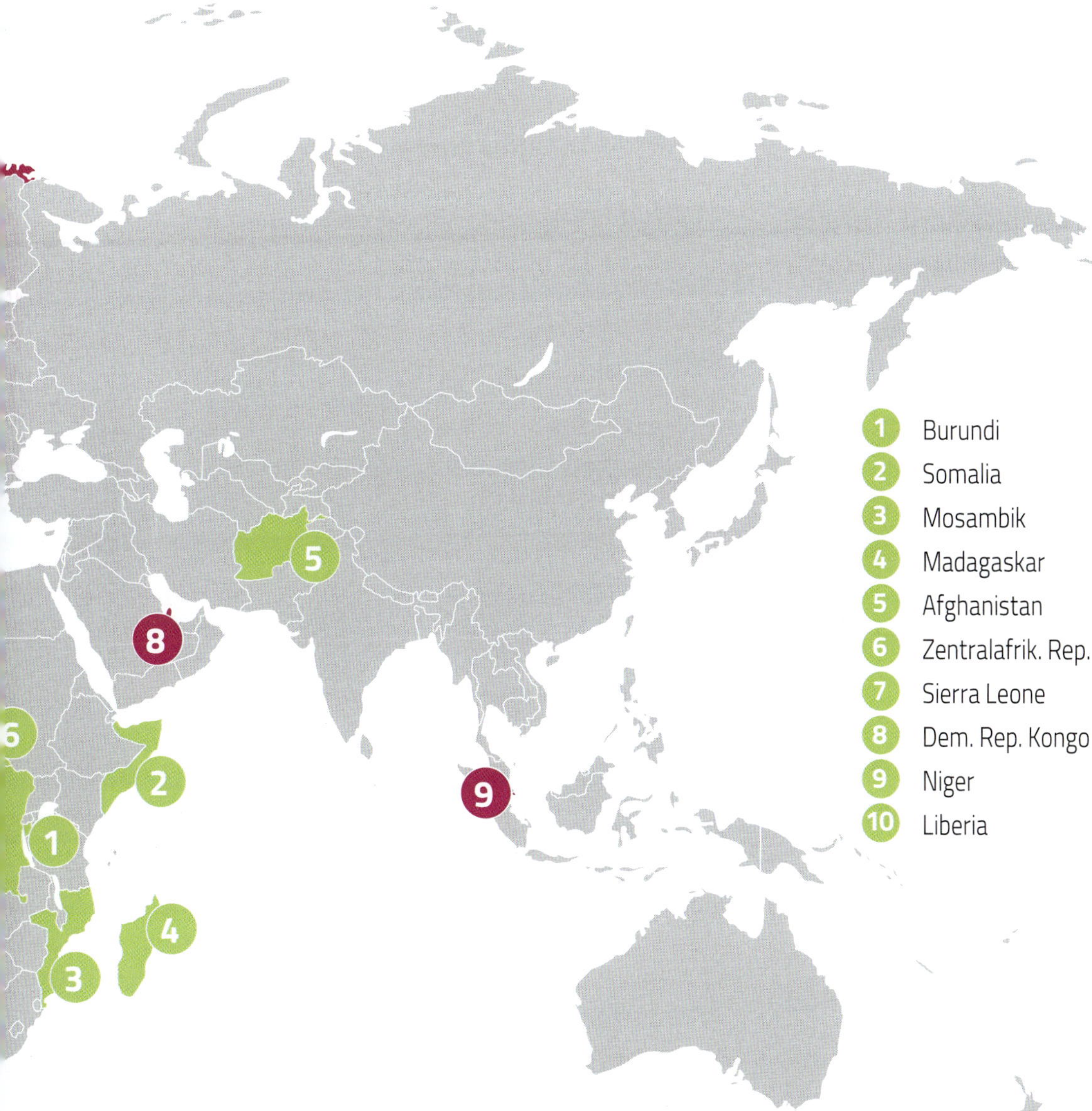

1	Burundi	**230 $**
2	Somalia	**320**
3	Mosambik	**460**
4	Madagaskar	**470**
5	Afghanistan	**500**
6	Zentralafrik. Rep.	**500**
7	Sierra Leone	**510**
8	Dem. Rep. Kongo	**550**
9	Niger	**550**
10	Liberia	**570**

Die UN erkennt offiziell 193 Länder und Staaten an. Doch welches Land ist das vermögendste der Erde? Um das reichste Land der Welt zu küren, lassen sich verschiedene Kriterien – wie das jährliche Volkseinkommen pro Einwohner – hinzuziehen. Die Kluft zwischen den reichsten und ärmsten Ländern der Welt ist tief: An nur einem Tag verdient ein Schweizer fast genauso viel wie ein Einwohner Burundis im ganzen Jahr. Neben der Schweiz zählen auch Luxemburg und Norwegen zu den reichsten Ländern der Welt.

Stand: Januar 2022

Rangliste der globalen Bruttoinlandsprodukte

Prognostizierte Werte

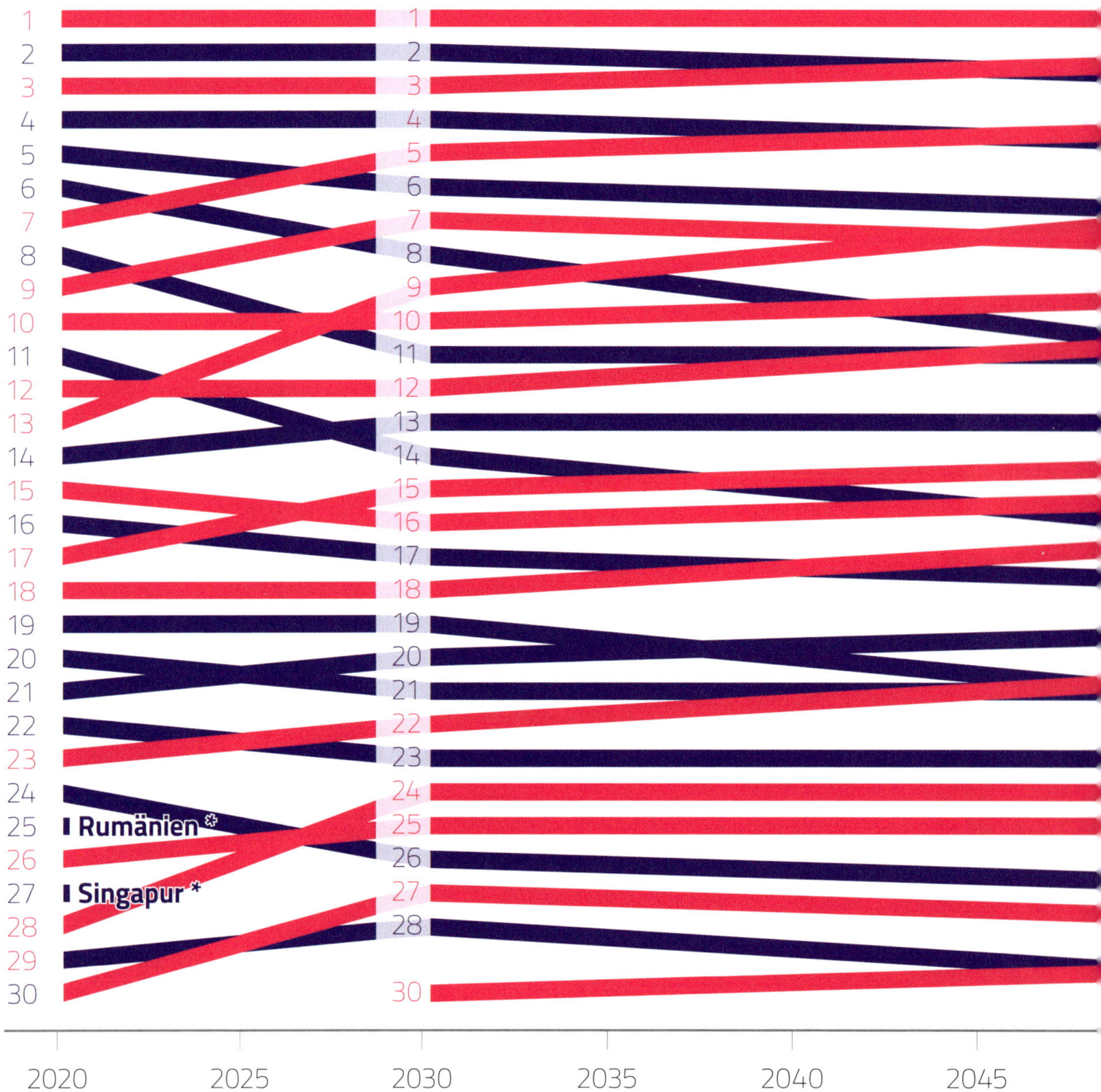

* Nach den Berechnungen fallen Rumanien und Singapur in den nächsten Jahren aus dem Top-30-Ranking heraus

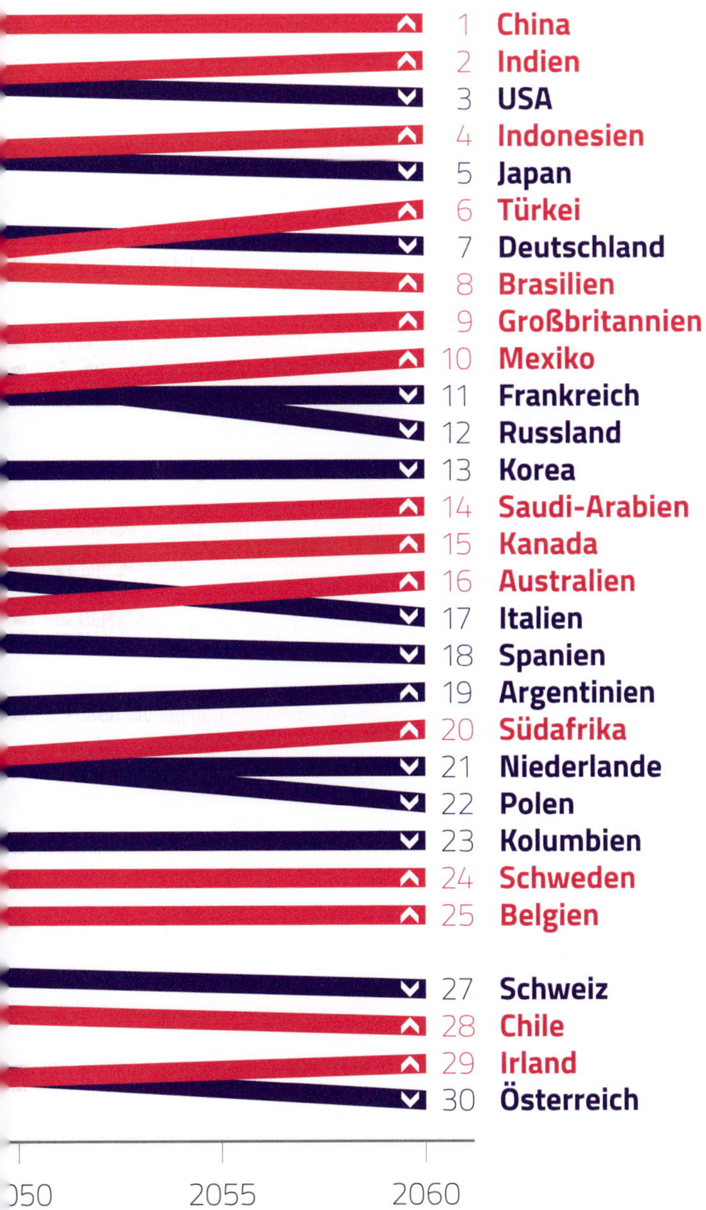

Bis zum Ausbruch des russischen Kriegs gegen die Ukraine war das globale Hauptschlachtfeld, auf dem die Großmächte konkurrieren, nicht militärisch, sondern wirtschaftlich. Aus geopolitischen Gründen knüpfen Staaten den Zugang zu ihren Märkten an Bedingungen und setzen Instrumente wie Zölle und Sanktionen ein.

China hat sich zu einem systemischen Rivalen der europäischen Staaten, der USA und anderer liberal-demokratischer Länder auf der ganzen Welt entwickelt. Russland ist es, spätestens aber mit Beginn des Krieges gegen die Ukraine, ohnehin schon. Im März 2021 sandte Peking eine deutliche Botschaft an Europa, als europäische Unternehmen wie H&M und Adidas von chinesischen E-Commerce-Plattformen verschwanden – eine zunehmend übliche chinesische Sanktionstaktik. Der Schaden hielt sich in Grenzen, aber die Botschaft war klar: China ist nun bereit, wirtschaftlichen Zwang als direkte Antwort auf politische Entscheidungen der EU anzuwenden.

Die Grafik zeigt eine Länderrangliste auf der Grundlage des Trend-Bruttoinlandsprodukts der OECD, einschließlich langfristiger Basisprognosen (bis 2060). Ob es genau so kommt, wie dargestellt, ist unklar. Klar ist aber, dass Großmächte zunehmend staatliches Handeln mit Geopolitik und Wirtschaft verbinden; sie setzen wirtschaftliche Instrumente ein, um ihre geopolitische Macht zu stärken, und Geopolitik, um wirtschaftlich zu profitieren.

Sanktionen und Drohungen einer Regierung gegenüber anderen Staaten können das Verhalten eines anderen Akteurs verändern. Sogar die Politik der Zentralbanken hat heute erhebliche geopolitische Auswirkungen. Die erfolgreichsten Akteure kombinieren diese Instrumente mit Maßnahmen wie Entwicklungszusammenarbeit, Sprachschulen, Militäreinsätzen oder Desinformationskampagnen, die alle darauf abzielen, einen strategischen Einfluss auf andere zu gewinnen und die eigene Position in der Welt zu sichern. Laut Berechnungen der OECD dürfte beispielsweise der Einfluss Deutschlands, Japans und der USA abnehmen, während China, Indien und die Türkei Einfluss gewinnen.

Stand: 2021

Weltwirtschafts-wachstum

in Prozent

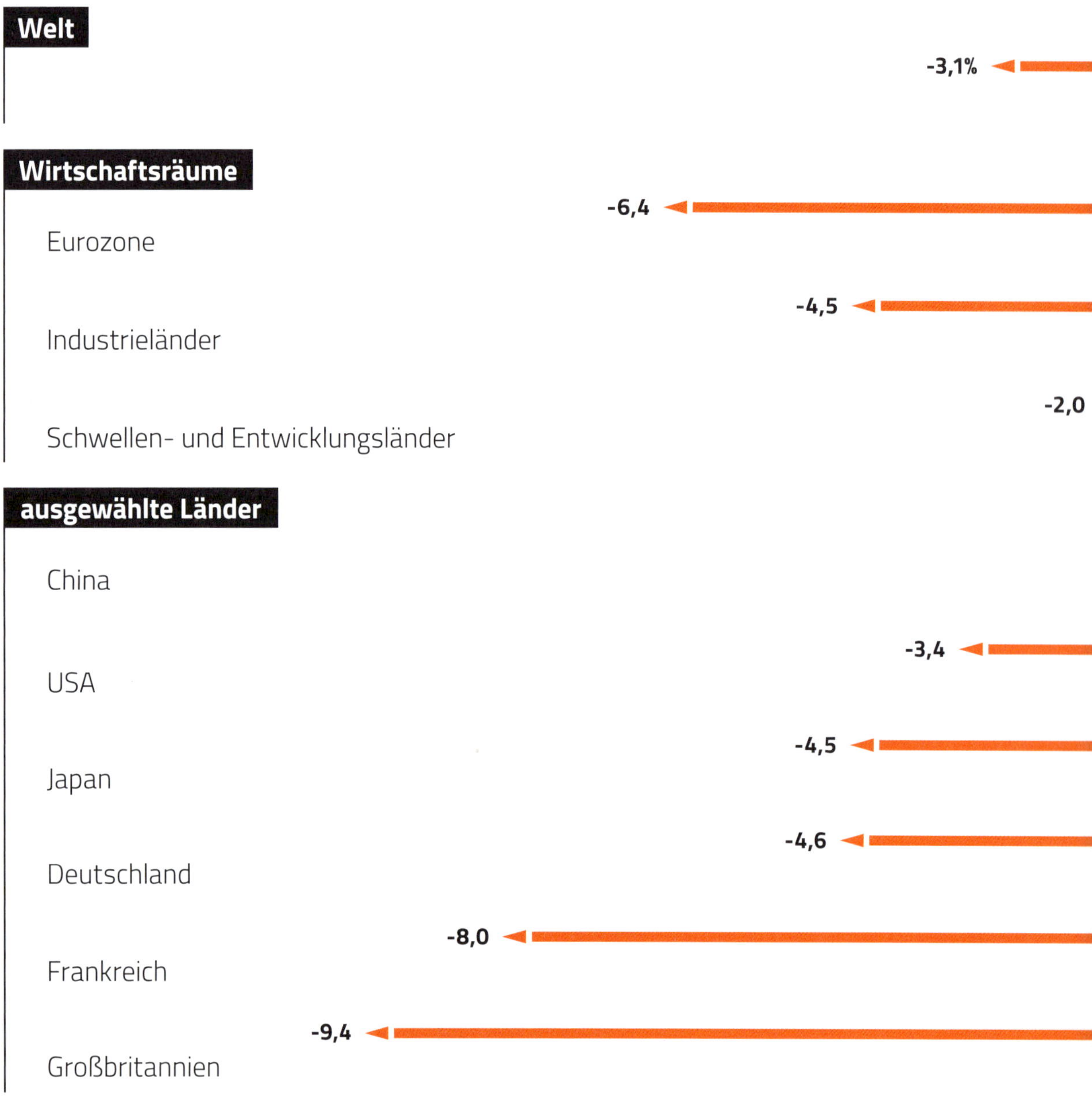

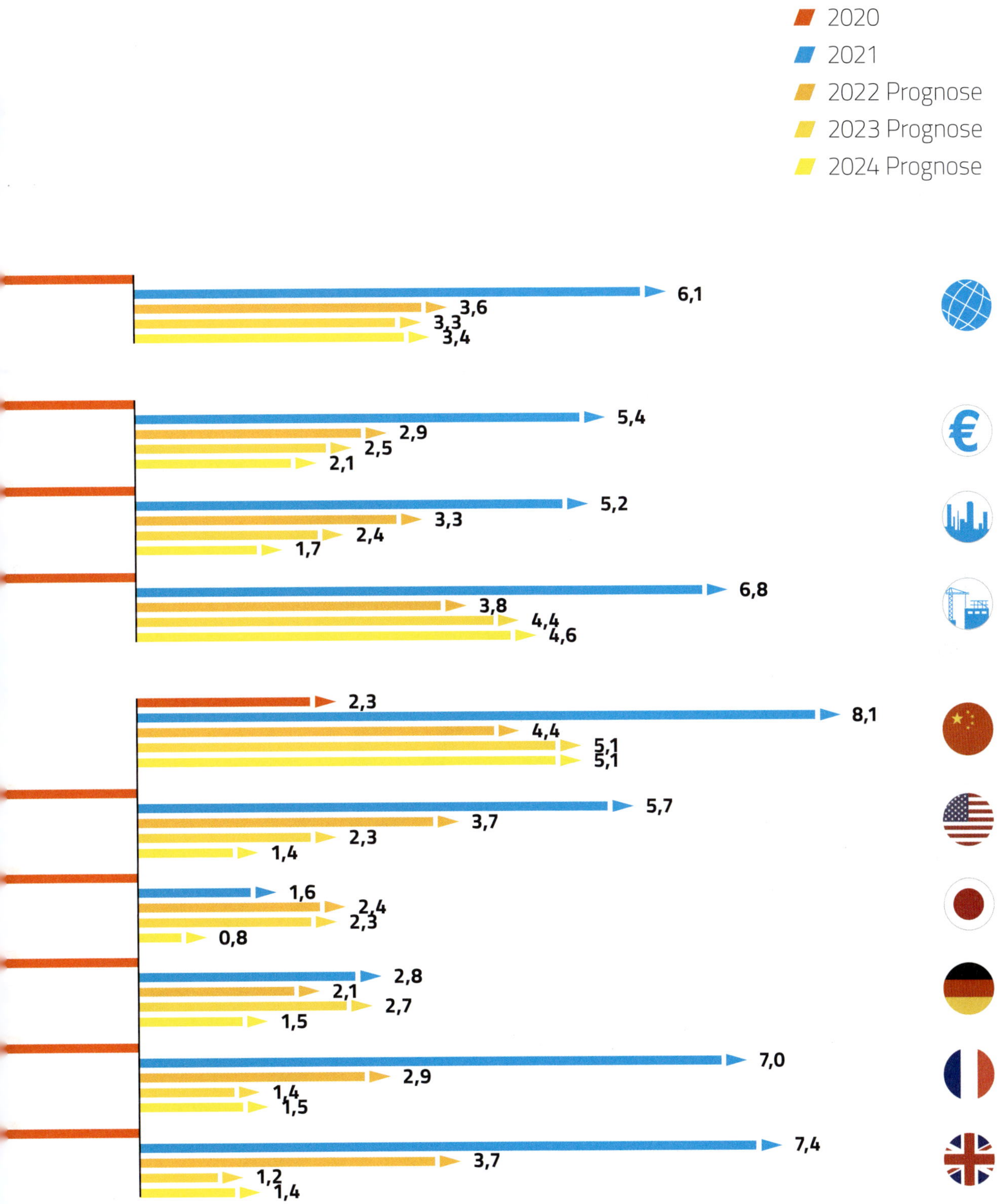

Stand: April 2022

Globale Handelsströme im Welthandel

in Milliarden US-Dollar

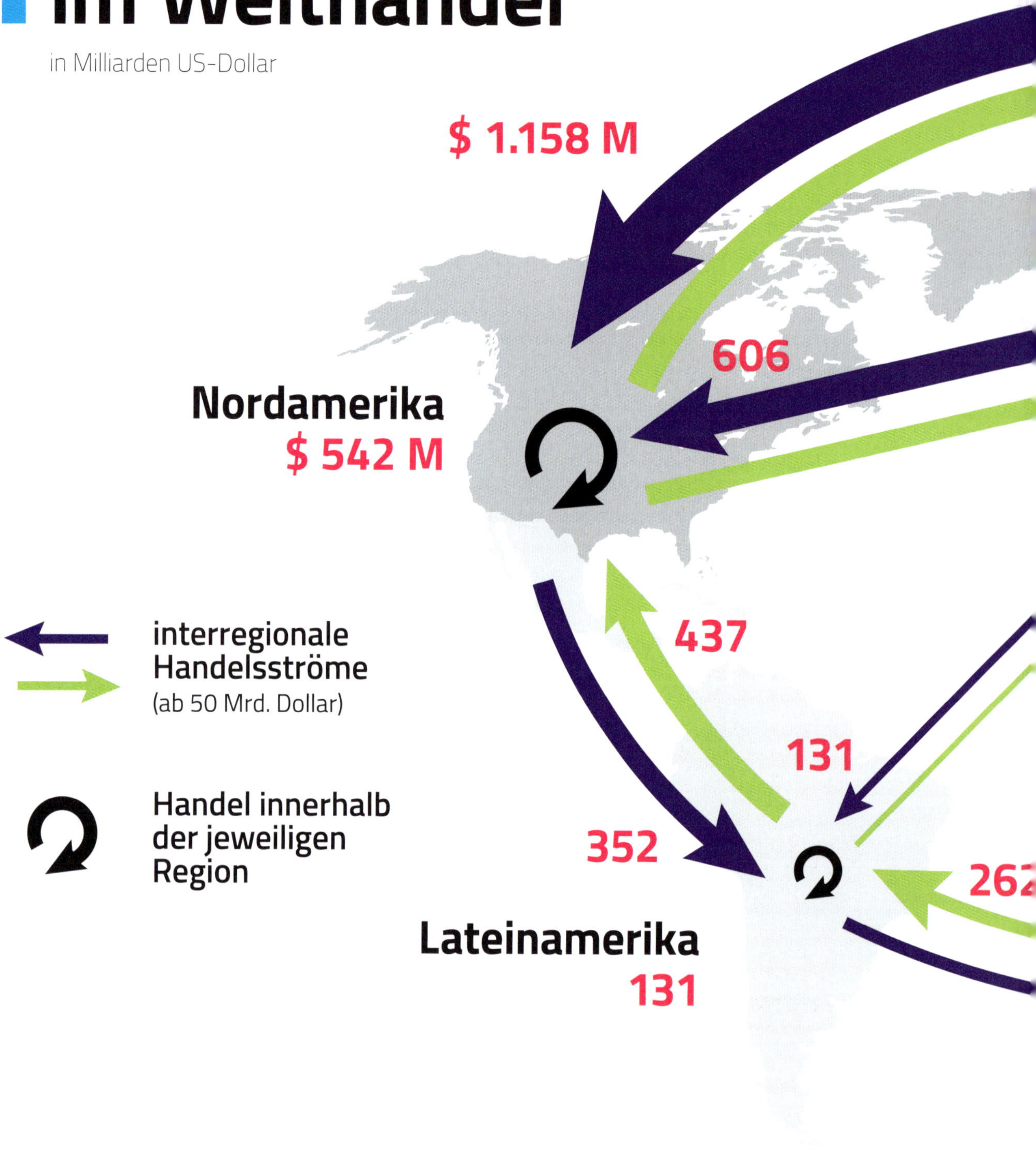

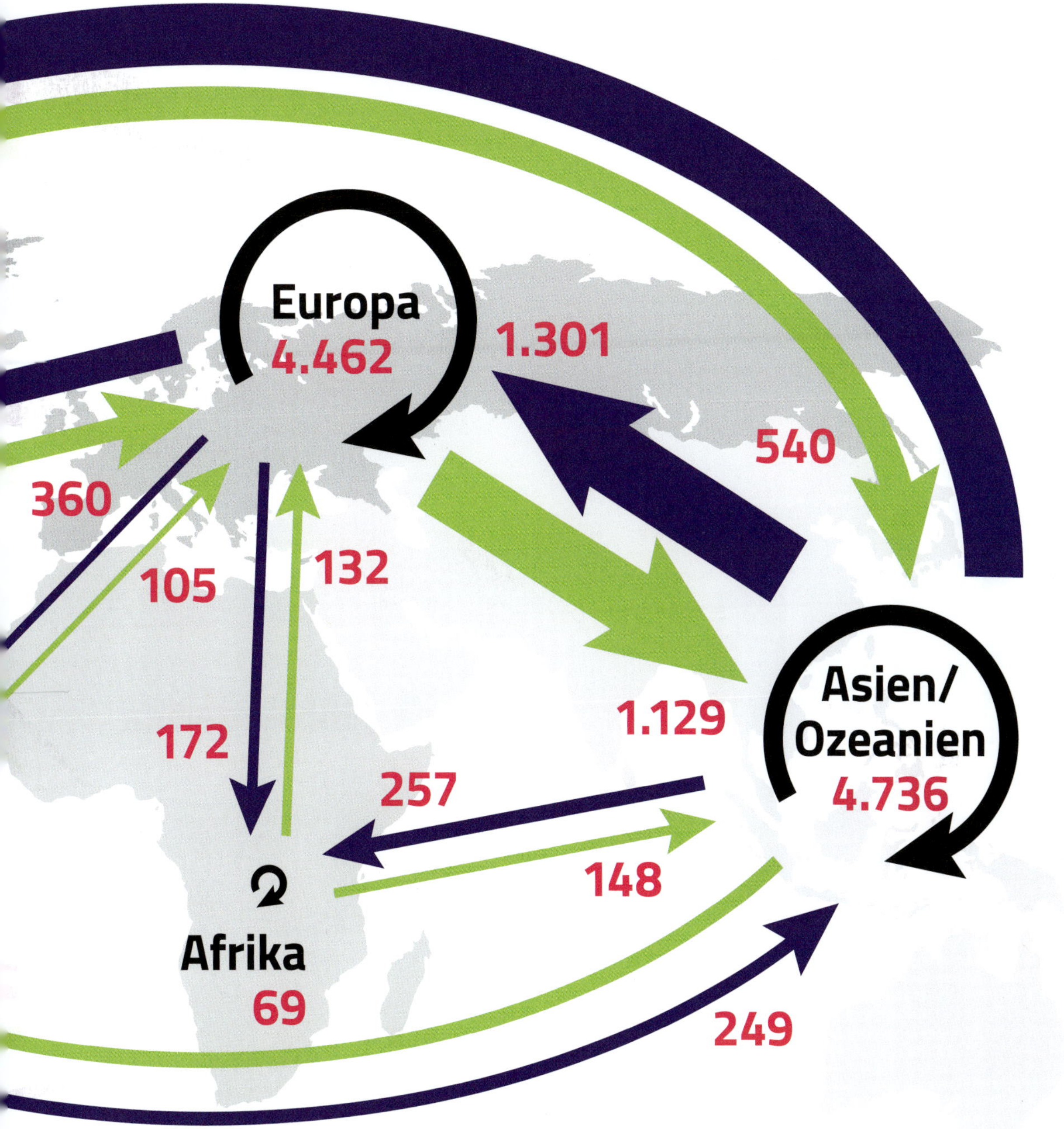

Stand: Februar 2022

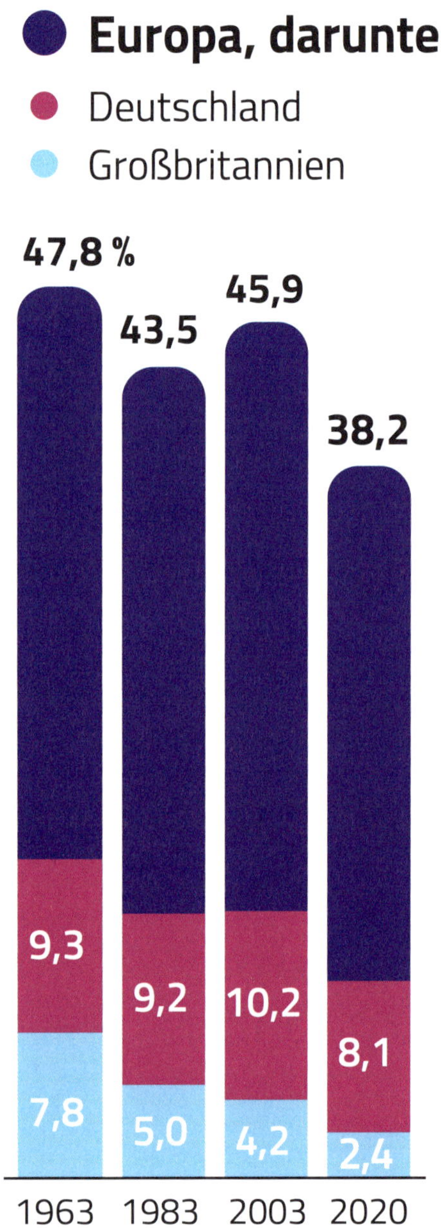

Im internationalen Handel haben sich in den vergangenen sechs Jahrzehnten die Gewichte erheblich verschoben. In den 1960er-Jahren waren die USA mit Abstand Weltmarktführer auf den Exportmärkten. Auch Großbritannien übernahm eine wichtige Rolle, verlor aber über die Jahre an Bedeutung. Zwischen 2003 und 2008 übernahm Deutschland die Rolle als bedeutendste Exportnation. Erst im Jahr 2009 löste China Deutschland ab. Im Pandemiejahr 2020 kam das Reich der Mitte auf einen Anteil von 15,2 Prozent an allen weltweiten Exporten – eine deutliche Steigerung im Vergleich zum Vorjahr.

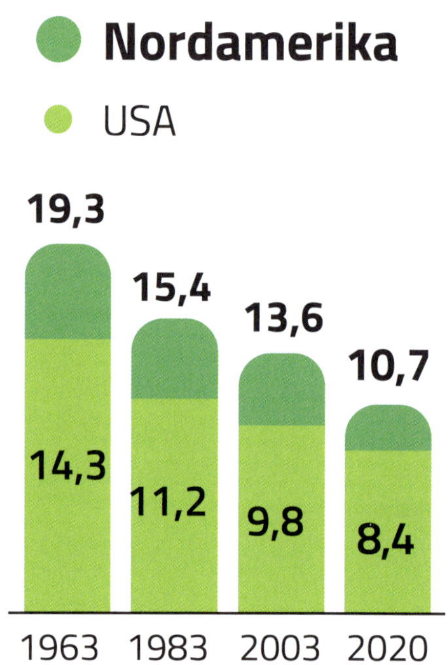

Neue Schwergewichte im Welthandel

Anteile am Weltexport in Prozent

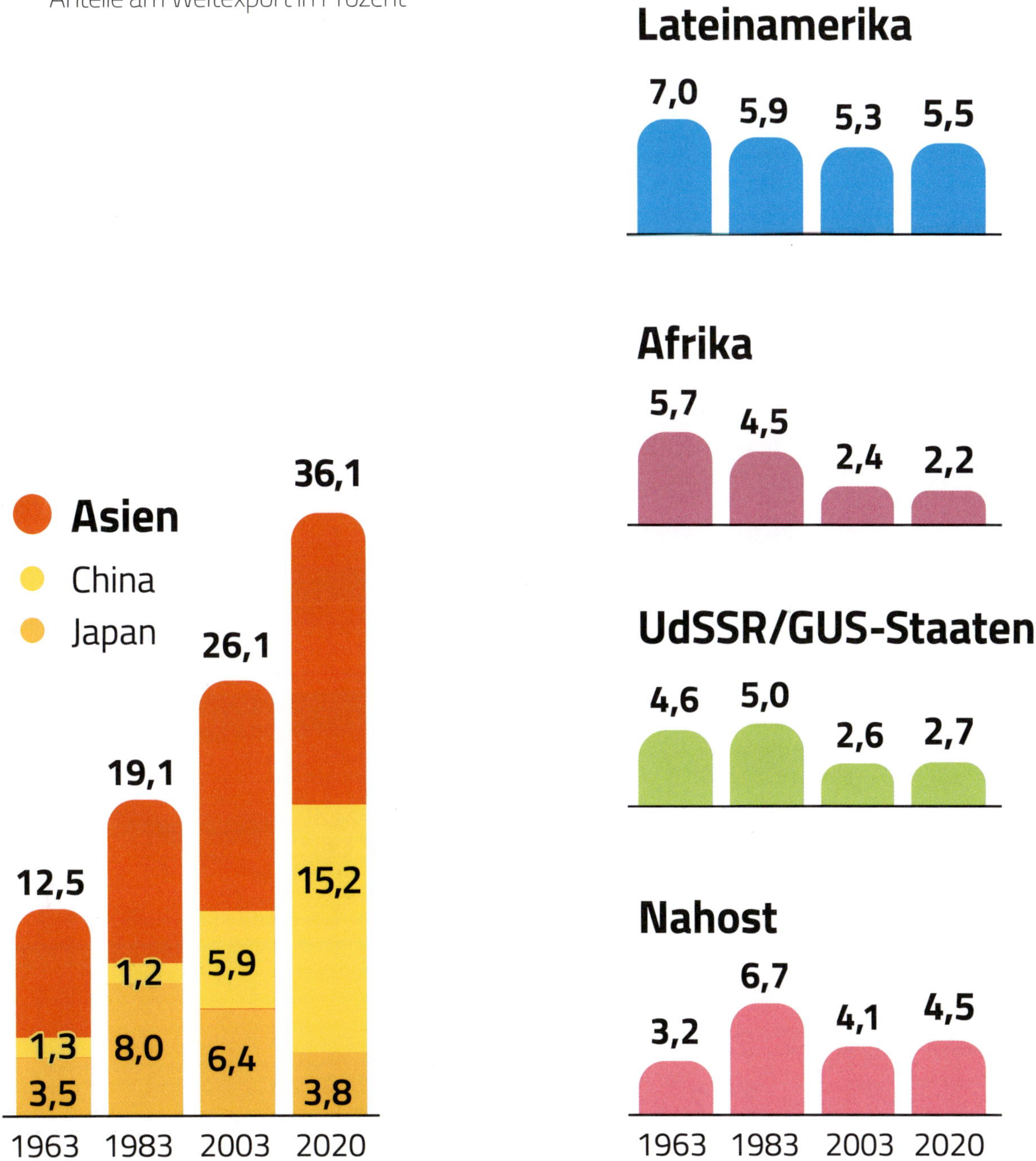

Stand: 2021

Deutschlands wichtigste Handelspartner

in Milliarden Euro

Die größten **Lieferanten** (Einfuhr)

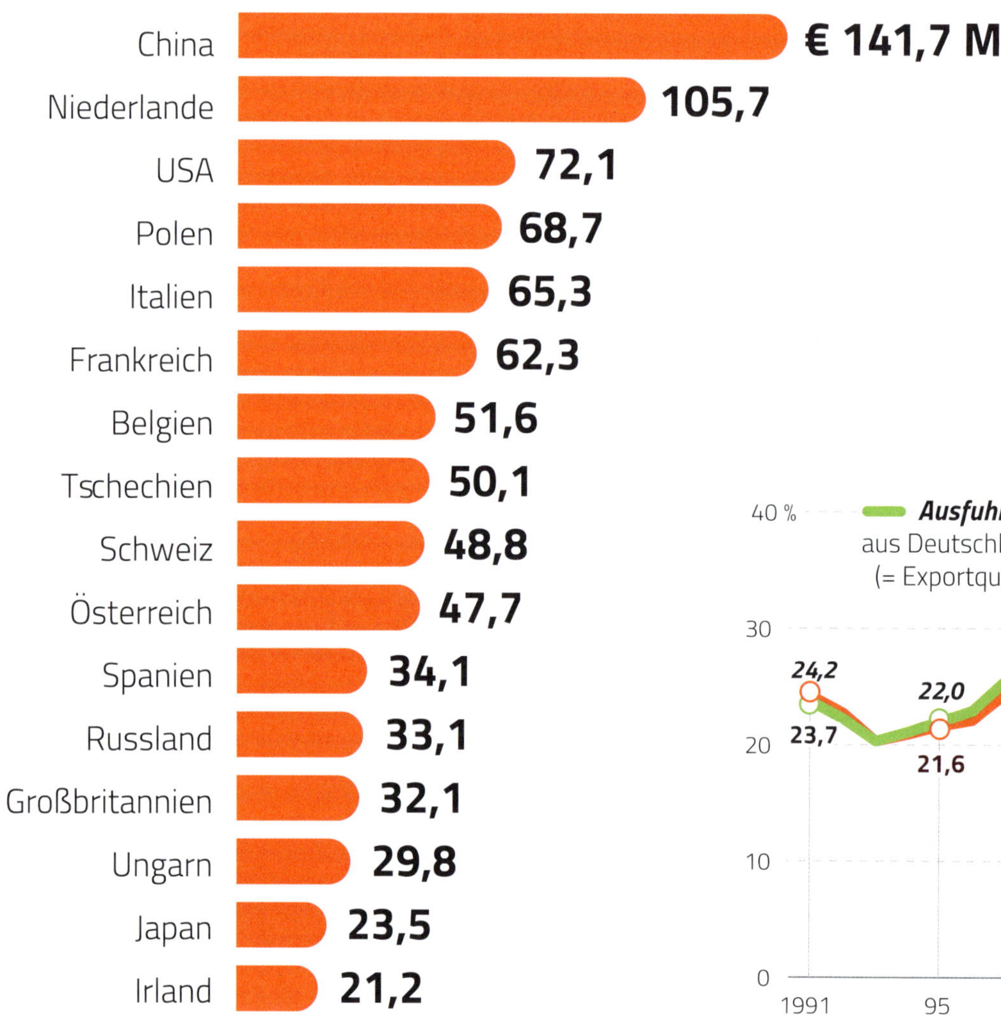

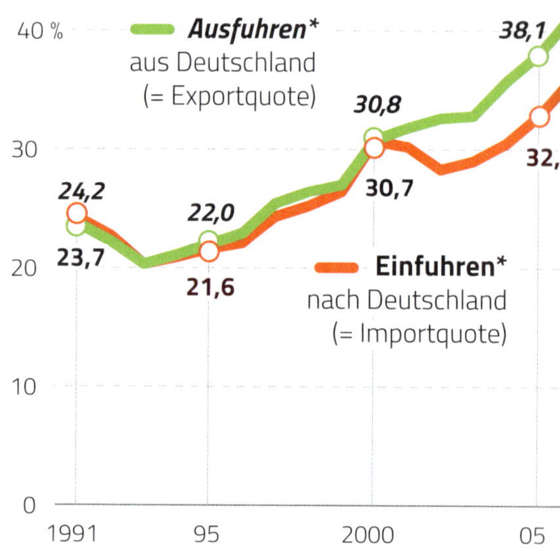

China ist das sechste Jahr in Folge Deutschlands wichtigster Handelspartner. Von 2020 zu 2021 steigt der Umsatz des Außenhandels mit China - also die Summe von Exporten und Importen - um gut 15 Prozent auf 245 Milliarden Euro. In jüngster Zeit hat der weltweite Außenhandel im Zuge der Globalisierungsprozesse ein- und ausfuhrseitig deutlich zugenommen. Die Globalisierung hat nicht nur zu einer starken Expansion des internationalen Handels, sondern auch zu einer Internationalisierung der Produktionsprozesse geführt. Globale Wertschöpfungsketten spielen bei der Herstellung komplexer technischer Produkte eine immer größere Rolle und haben einen starken Anstieg des Außenhandels auf allen Produktionsstufen zur Folge.

Die größten **Kunden** (Ausfuhr)

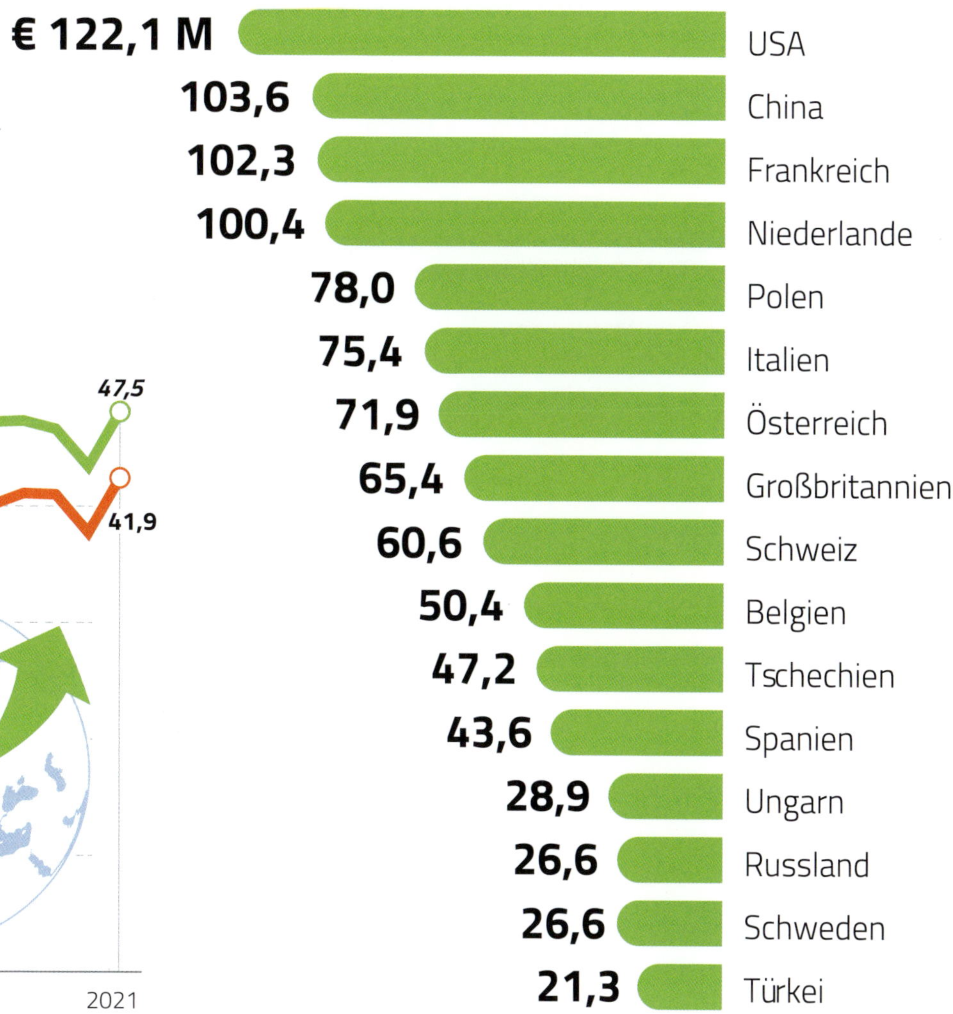

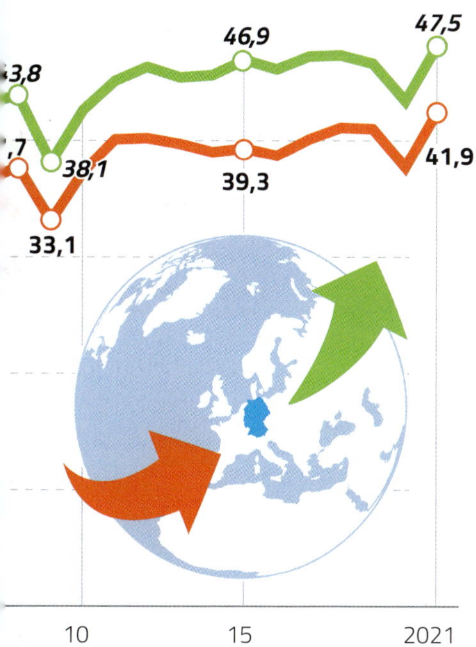

Stand: Februar 2022

Die Leistung der deutschen Wirtschaft

So teilt sich das BIP auf

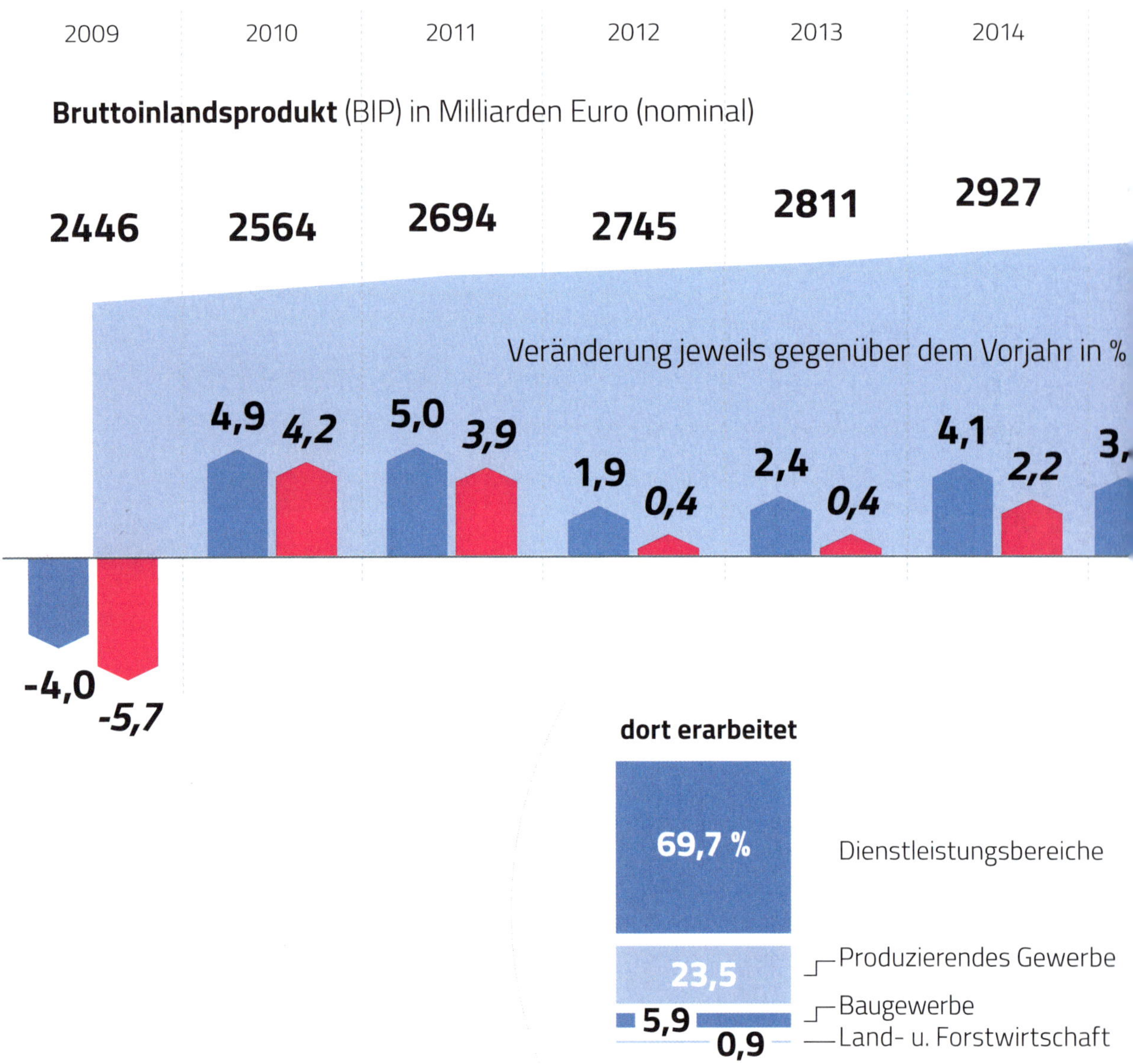

Stand: Februar 2022

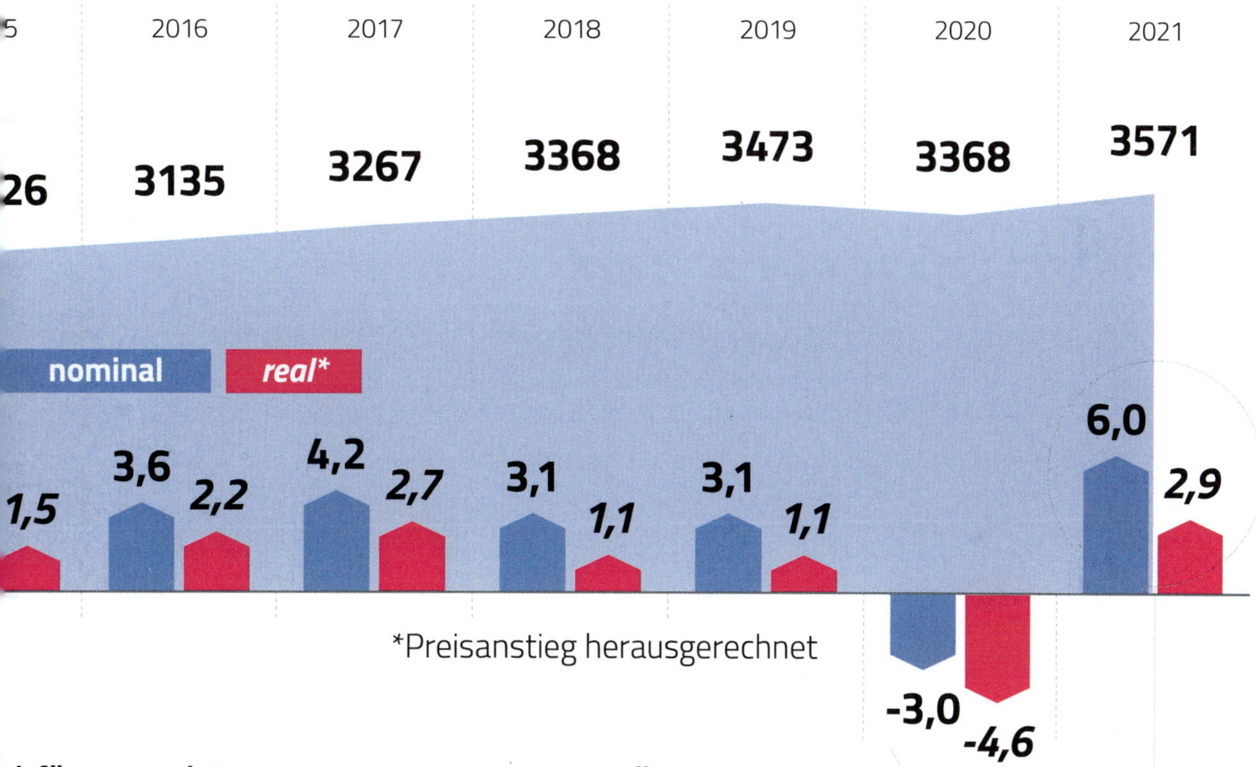

dafür verwendet

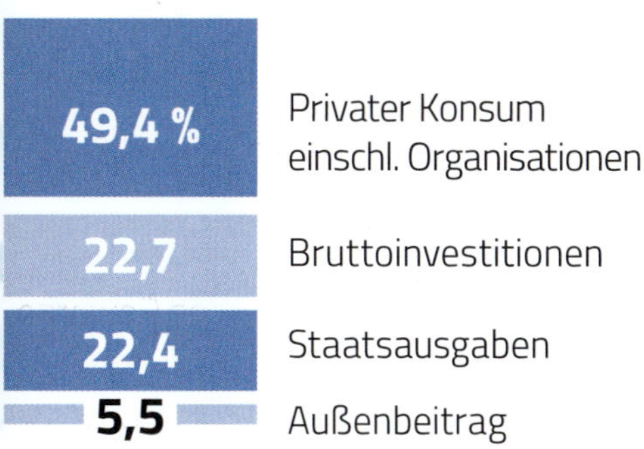

so verteilt

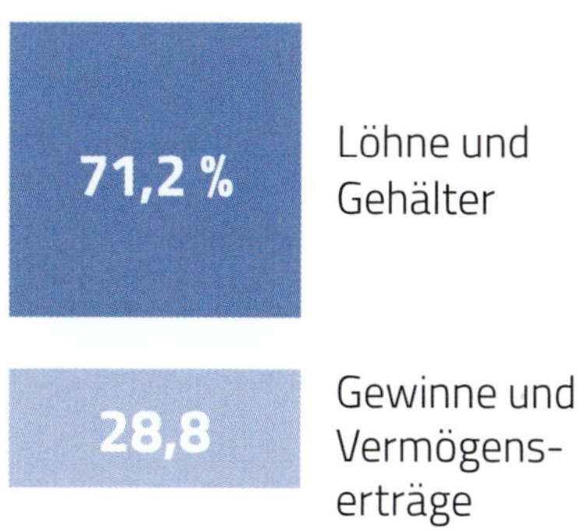

Wirtschaftsbündnisse weltweit

Die wichtigsten Freihandelsabkommen unter dem Dach der Welthandelsorganisation WTO

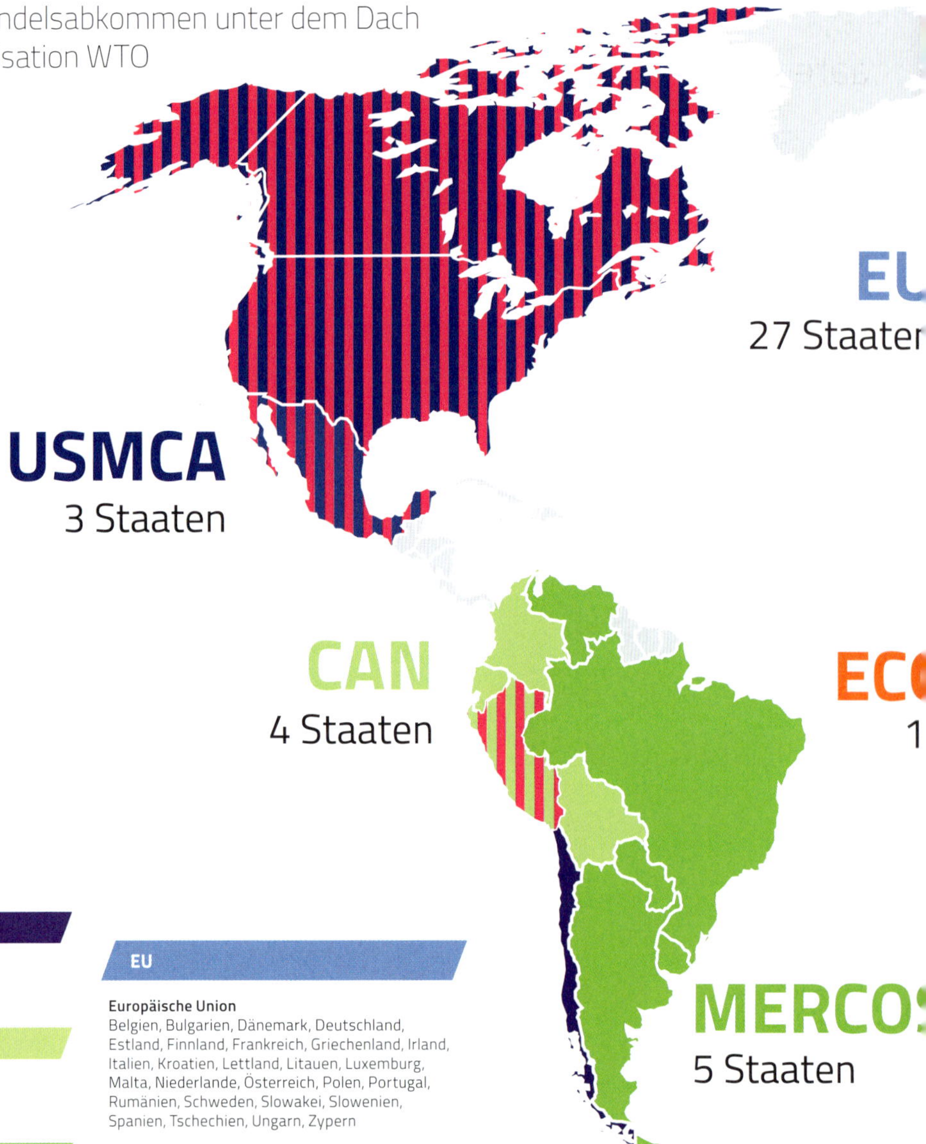

USMCA

US-Mexiko-Kanada-Abkommen
Kanada, Mexiko, USA

CAN

Andengemeinschaft
Bolivien, Ecuador, Kolumbien, Peru

MERCOSUR

Gemeinsamer Markt Südamerikas
Argentinien, Brasilien, Paraguay, Uruguay, Venezuela

ECOWAS

Westafrikanische Wirtschaftsgemeinschaft
Benin, Burkina-Faso, Elfenbeinküste, Gambia, Ghana, Guinea, Guinea-Bissau, Kap Verde, Liberia, Mali, Niger, Nigeria, Senegal, Sierra Leone, Togo

EU

Europäische Union
Belgien, Bulgarien, Dänemark, Deutschland, Estland, Finnland, Frankreich, Griechenland, Irland, Italien, Kroatien, Lettland, Litauen, Luxemburg, Malta, Niederlande, Österreich, Polen, Portugal, Rumänien, Schweden, Slowakei, Slowenien, Spanien, Tschechien, Ungarn, Zypern

EFTA

Europäische Freihandelszone
Island, Liechtenstein, Norwegen, Schweiz

CEFTA

Mitteleuropäisches Freihandelsabkommen
Albanien, Bosnien u. Herzegowina, Nordmazedonien, Moldau, Montenegro, Serbien

SACU

Zollunion des südlichen Afrika
Botswana, Eswatini, Lesotho, Namibia, Südafrika

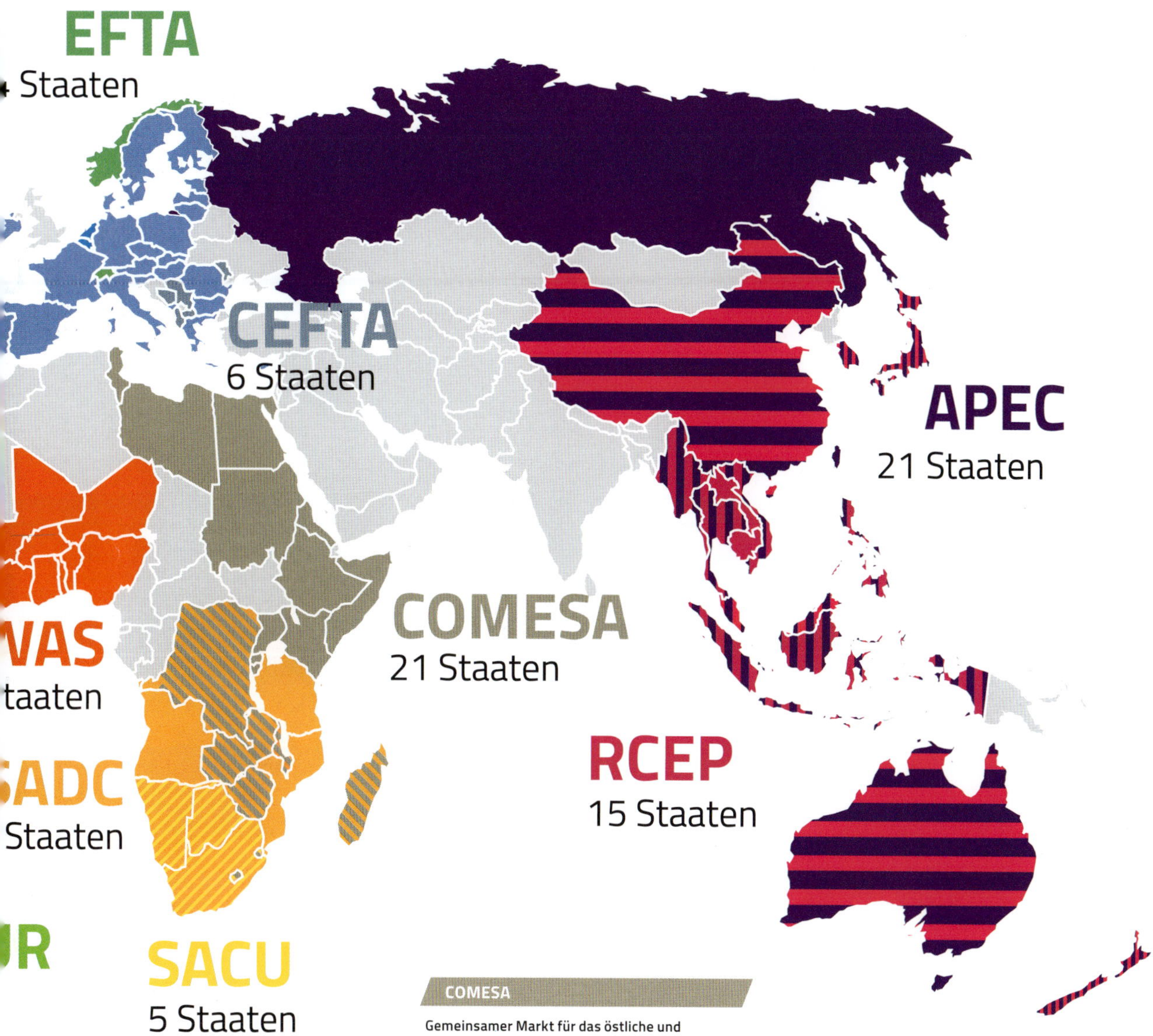

COMESA

Gemeinsamer Markt für das östliche und südliche Afrika
Ägypten, Äthiopien, Burundi, D. R. Kongo, Dschibuti, Eritrea, Eswatini, Kenia, Komoren, Libyen, Madagaskar, Malawi, Mauritius, Ruanda, Sambia, Seychellen, Simbabwe, Somalia, Sudan, Tunesien, Uganda

APEC

Asiatisch-Pazifische Wirtschaftsgemeinschaft
Australien, Brunei, Chile, China, Hongkong, Indonesien, Japan, Kanada, Malaysia, Mexiko, Neuseeland, Papua-Neuguinea, Peru, Philippinen, Russland, Singapur, Südkorea, Taiwan, Thailand, USA, Vietnam

RCEP

Regionale, umfassende Wirtschaftspartnerschaft
Australien, Brunei, China, Indonesien, Japan, Kambodscha, Laos, Malaysia, Myanmar, Neuseeland, Philippinen, Singapur, Südkorea, Thailand, Vietnam

SADC

Entwicklungsgemeinschaft des südlichen Afrika
Angola, Botswana, Dem. Rep. Kongo, Eswatini, Komoren, Lesotho, Madagaskar, Malawi, Mauritius, Mosambik, Namibia, Sambia, Seychellen, Simbabwe, Südafrika, Tansania

Stand: 2020

Weltkarte der Länderrisiken

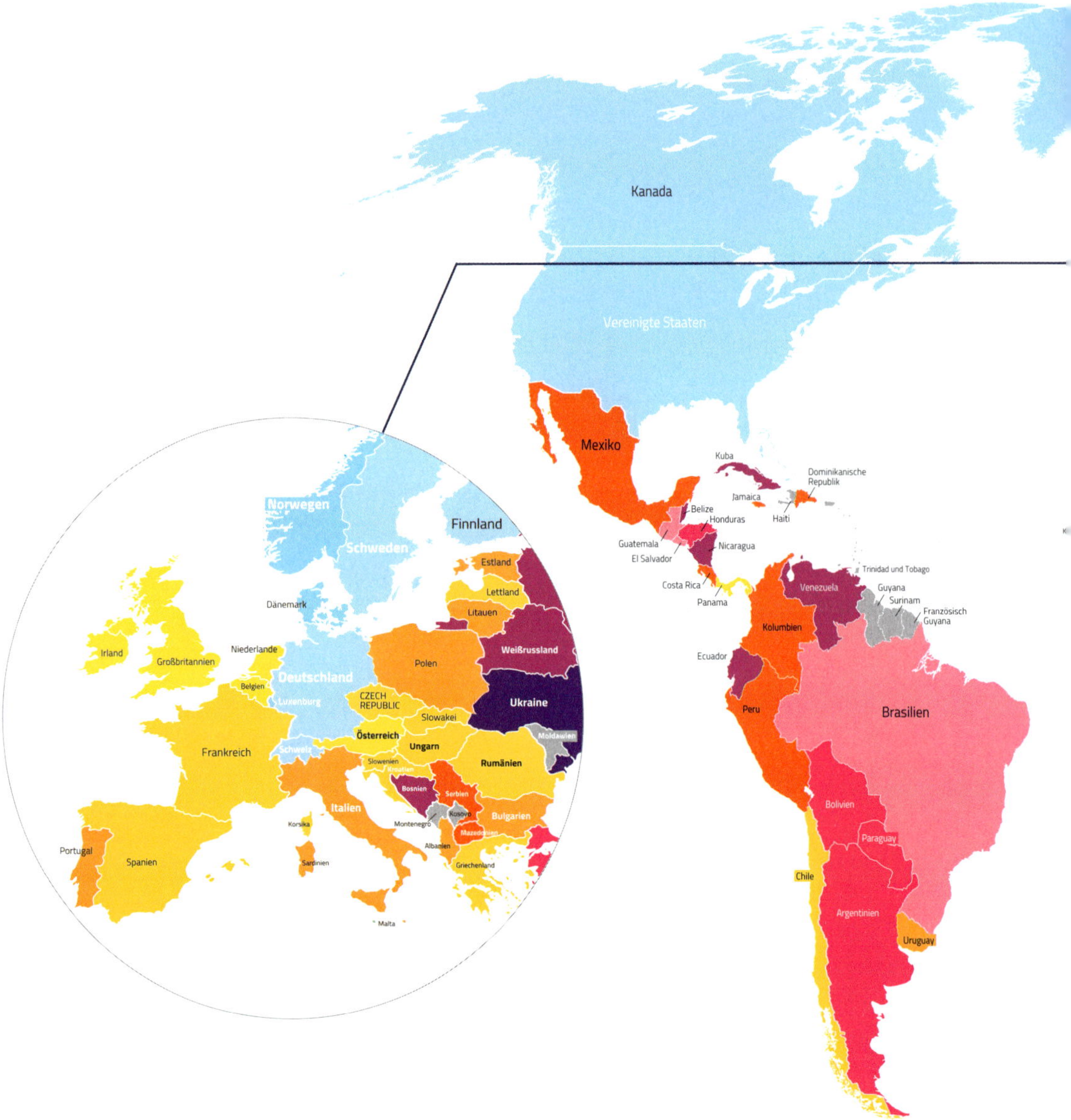

Stand: Juli 2022

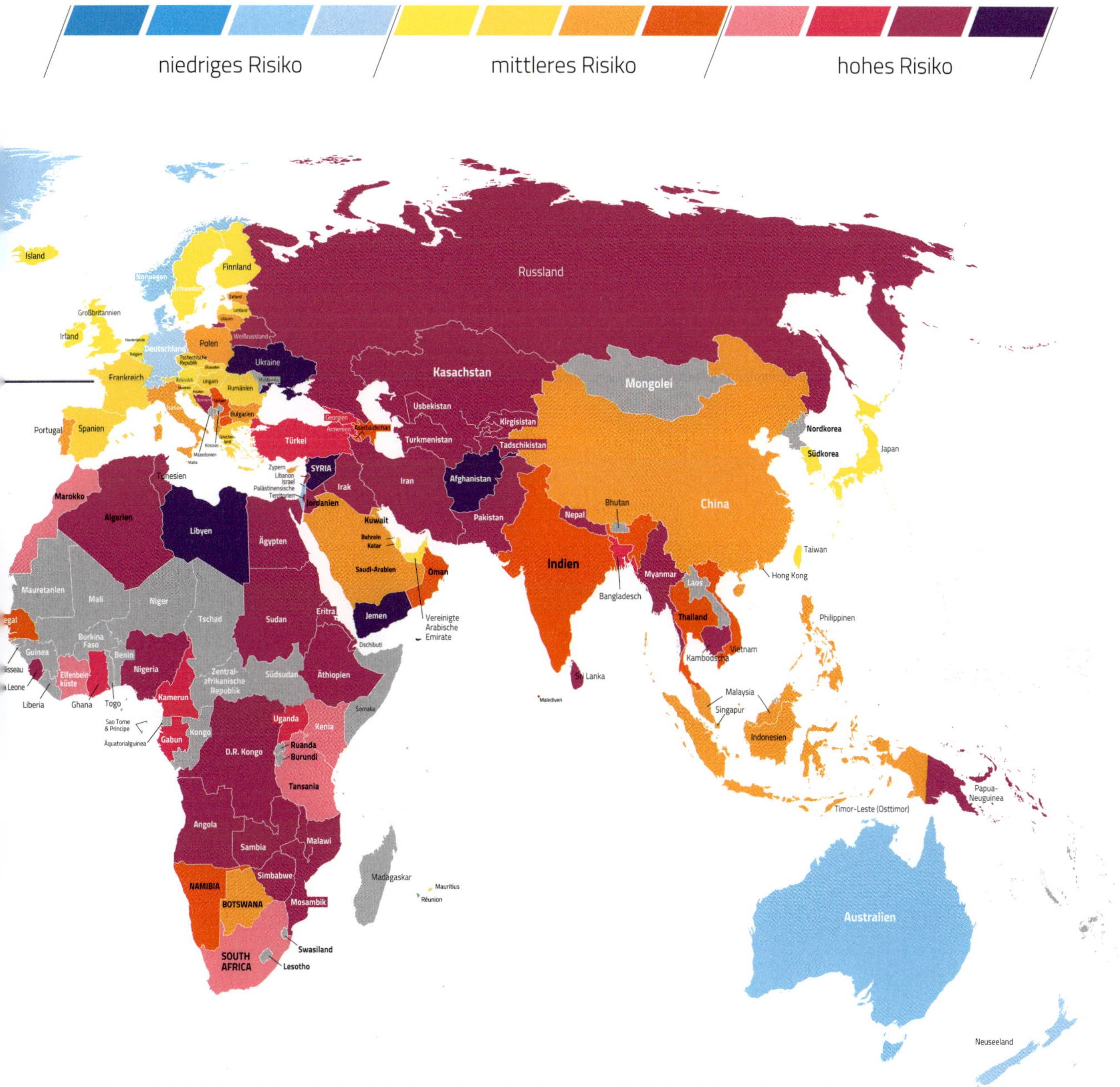

Die Coronakrise und Russlands Krieg gegen die Ukraine haben gezeigt, wie schnell sich die wirtschaftliche Lage in Teilen der Welt negativ verändern kann. Die Entwicklungen wirken sich auch auf die Länderrisiken aus. Unsere Karte visualisiert, dass das Risiko in vielen Volkswirtschaften noch immer hoch, im Vergleich zum Vorjahr sogar gestiegen ist. Besonders in Ländern wie Afghanistan, Libyen oder Syrien ist es riskant, Geschäfte zu machen. Das Risiko-Rating der Länder reicht über eine Skala von „niedriges Risiko" bis hin zu „hohes Risiko". Zudem gibt es Länder, über die wir keine ausreichenden Informationen zur Verfügung haben, diese Flächen sind grau gefärbt.

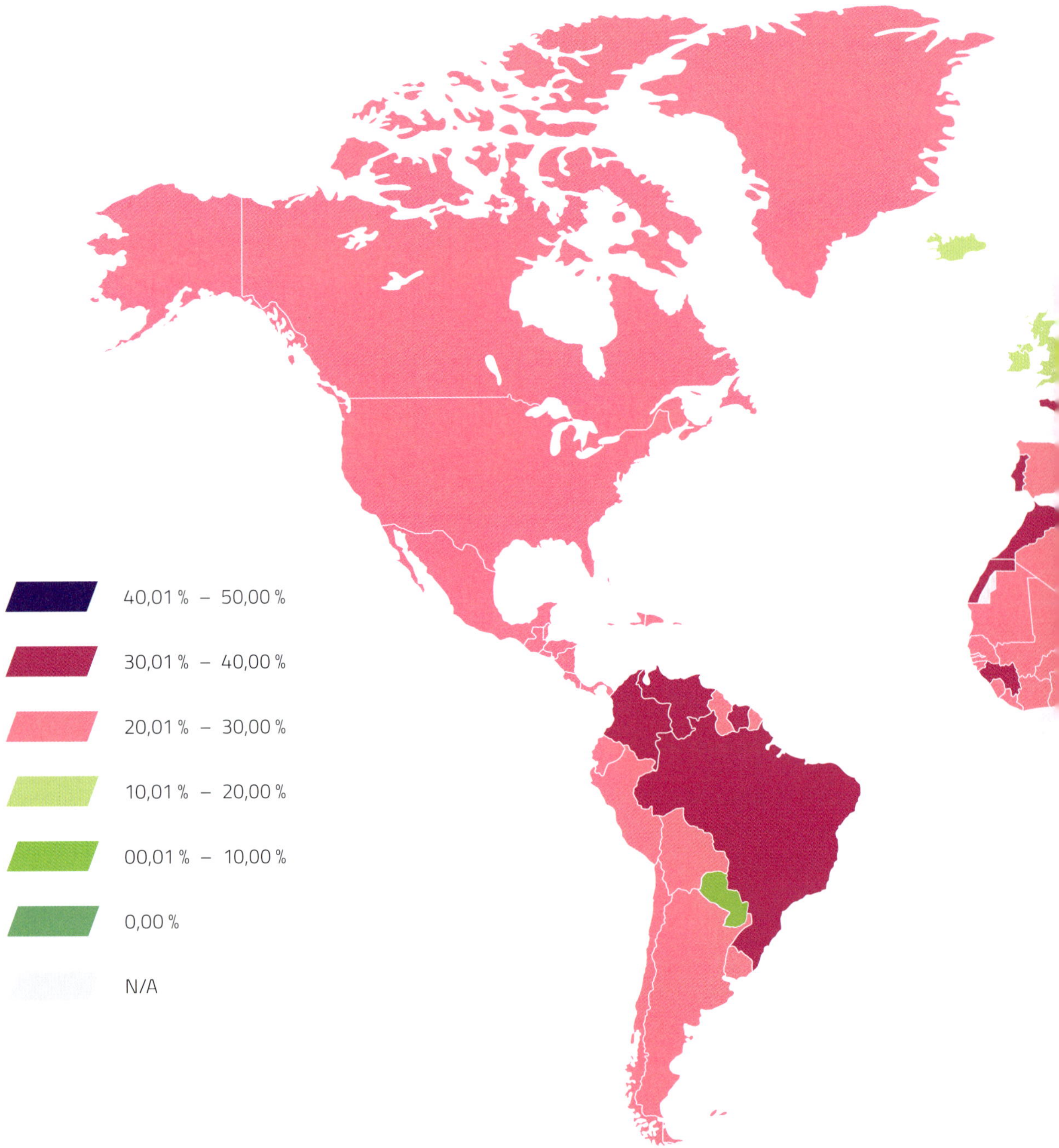
40,01 % – 50,00 %
30,01 % – 40,00 %
20,01 % – 30,00 %
10,01 % – 20,00 %
00,01 % – 10,00 %
0,00 %
N/A

Gesetzliche Körperschaftssteuersätze

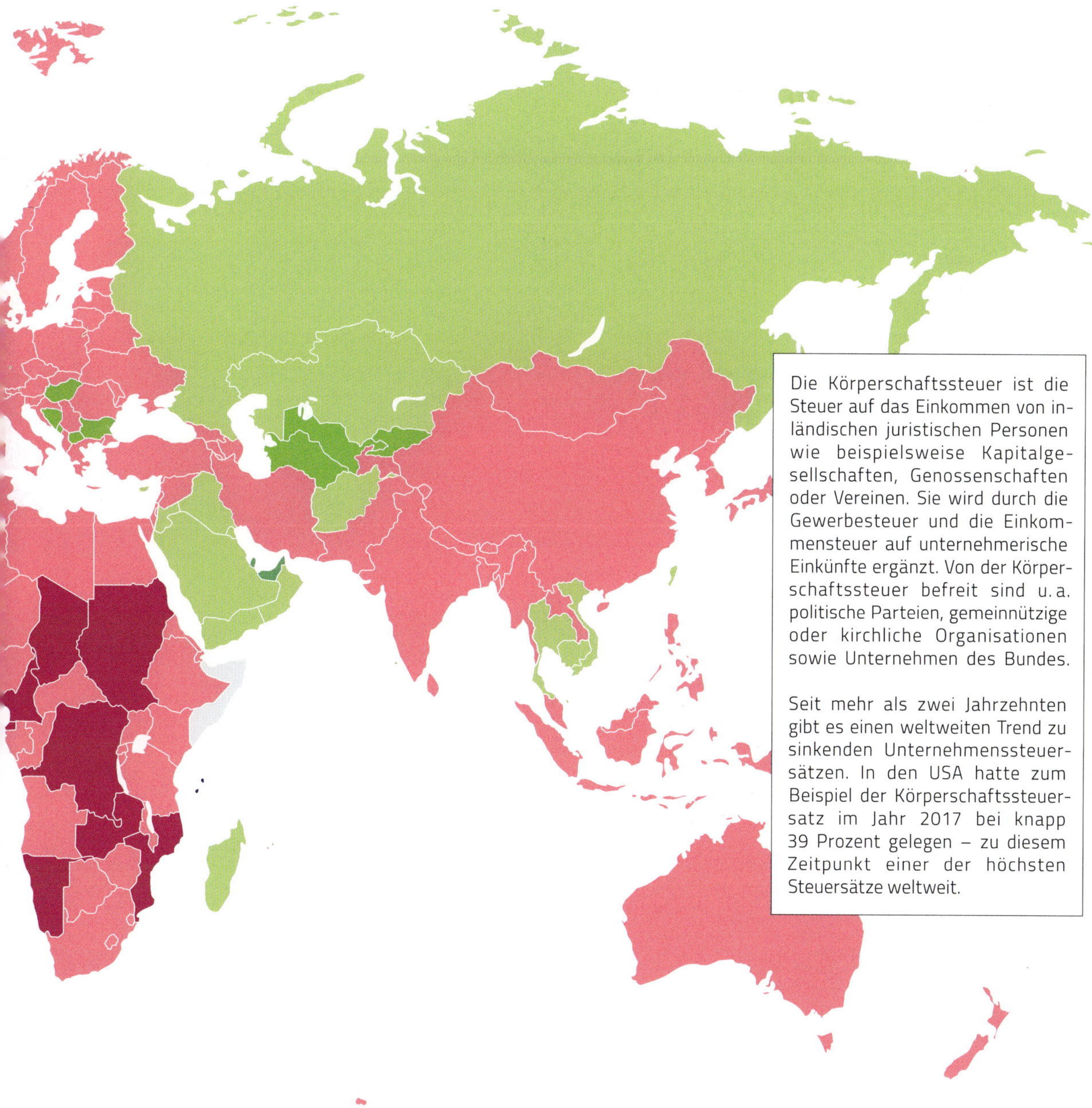

Die Körperschaftssteuer ist die Steuer auf das Einkommen von inländischen juristischen Personen wie beispielsweise Kapitalgesellschaften, Genossenschaften oder Vereinen. Sie wird durch die Gewerbesteuer und die Einkommensteuer auf unternehmerische Einkünfte ergänzt. Von der Körperschaftssteuer befreit sind u. a. politische Parteien, gemeinnützige oder kirchliche Organisationen sowie Unternehmen des Bundes.

Seit mehr als zwei Jahrzehnten gibt es einen weltweiten Trend zu sinkenden Unternehmenssteuersätzen. In den USA hatte zum Beispiel der Körperschaftssteuersatz im Jahr 2017 bei knapp 39 Prozent gelegen – zu diesem Zeitpunkt einer der höchsten Steuersätze weltweit.

Stand: 2020

Welt-währungen

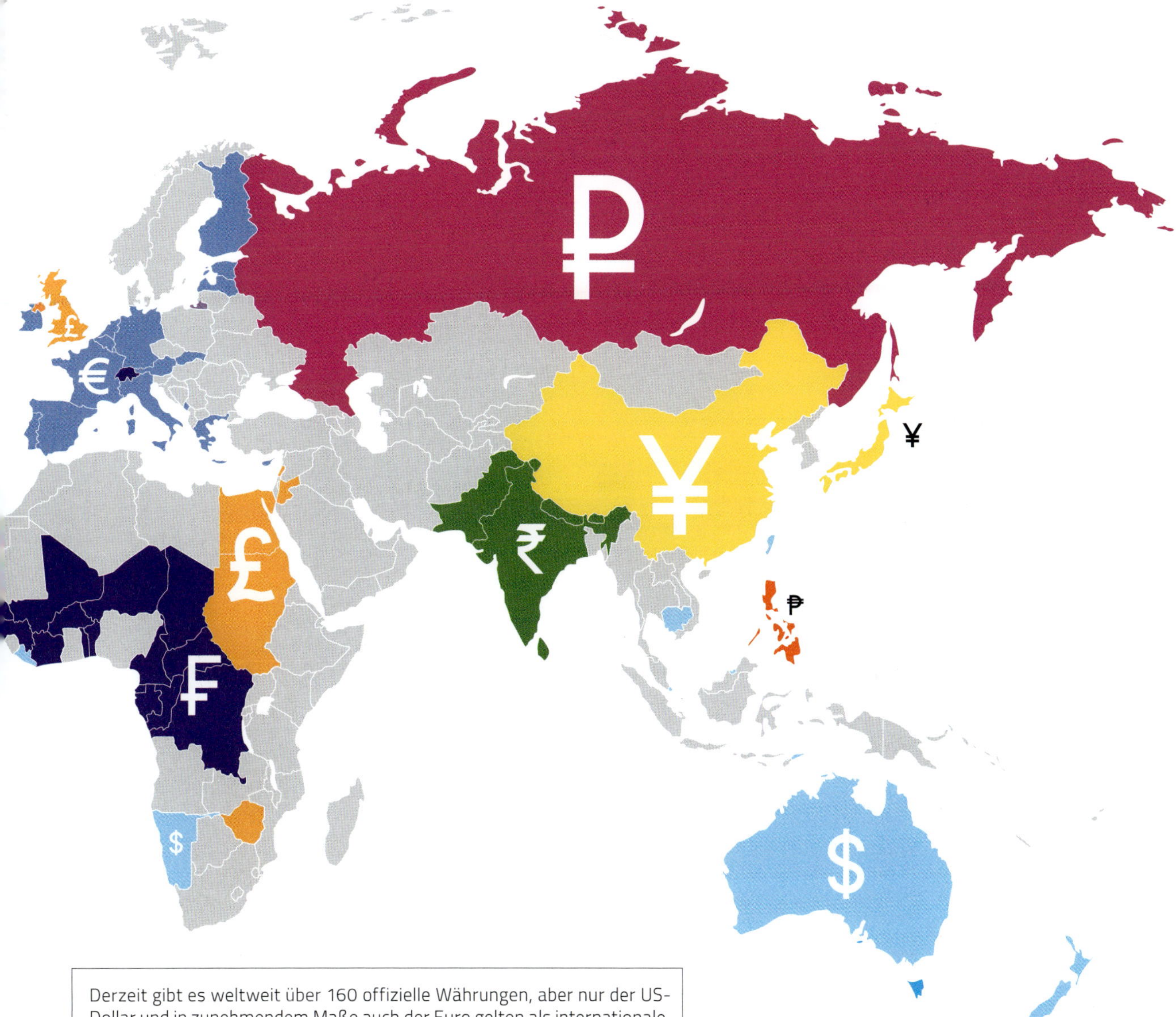

Derzeit gibt es weltweit über 160 offizielle Währungen, aber nur der US-Dollar und in zunehmendem Maße auch der Euro gelten als internationale Leitwährungen. Daneben gibt es noch Komplementärwährungen, die nur regional neben dem offiziellen Geld als Tauschmittel akzeptiert werden. Viele andere Währungen sind an den US-Dollar gekoppelt, zum Beispiel der kubanische CUC, der venezuelanische Bolivar, der omanische Rial und der Saudi-Ryal in Saudi-Arabien. In Panama und El Salvador ist der US-Dollar sogar offizielle staatliche Währung, in anderen Ländern wie beispielsweise Kambodscha, Vietnam oder Kenia wird er als Zahlungsmittel akzeptiert.

Stand: 2021

Der Big-Mac-Index

Preis des Burgers in US-Dollar

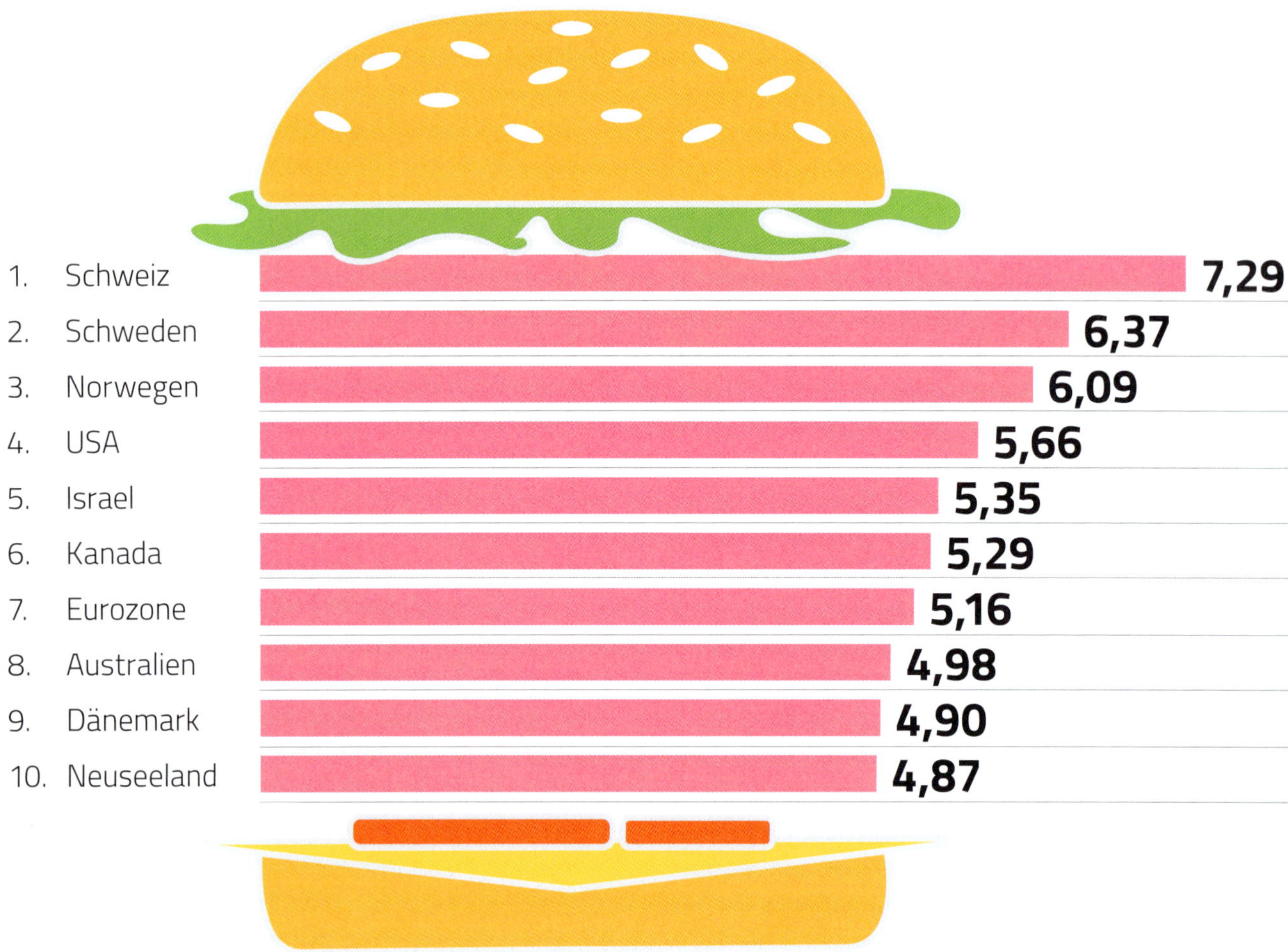

wo der Burger am teuersten ist

Der Big-Mac-Index ist ein Indikator, der die Kaufkraft verschiedener Währungen anhand der Preise für einen Big Mac in verschiedenen Ländern vergleicht. Er wurde 1986 von der britischen Wochenzeitung *The Economist* erfunden, um einen leicht verständlichen Währungsvergleich auf Basis von Kaufkraftparitäten zu ermöglichen und Über- und Unterbewertungen einzelner Währungen zu zeigen. Seitdem wird er regelmäßig erhoben und auch in wissenschaftlichen Studien und Lehrbüchern zitiert.

Durch die Umrechnung der jeweiligen Währung zum aktuellen US-Dollar-Kurs wird die Kaufkraft der Währungen vereinfachend miteinander verglichen. Der weltbekannte Burger wird hier als ein einfacher Indikator für die Kaufkraft einer Währung herangezogen, weil es ihn in vielen Ländern der Welt in standardisierter Größe, Zusammensetzung und Qualität gibt.

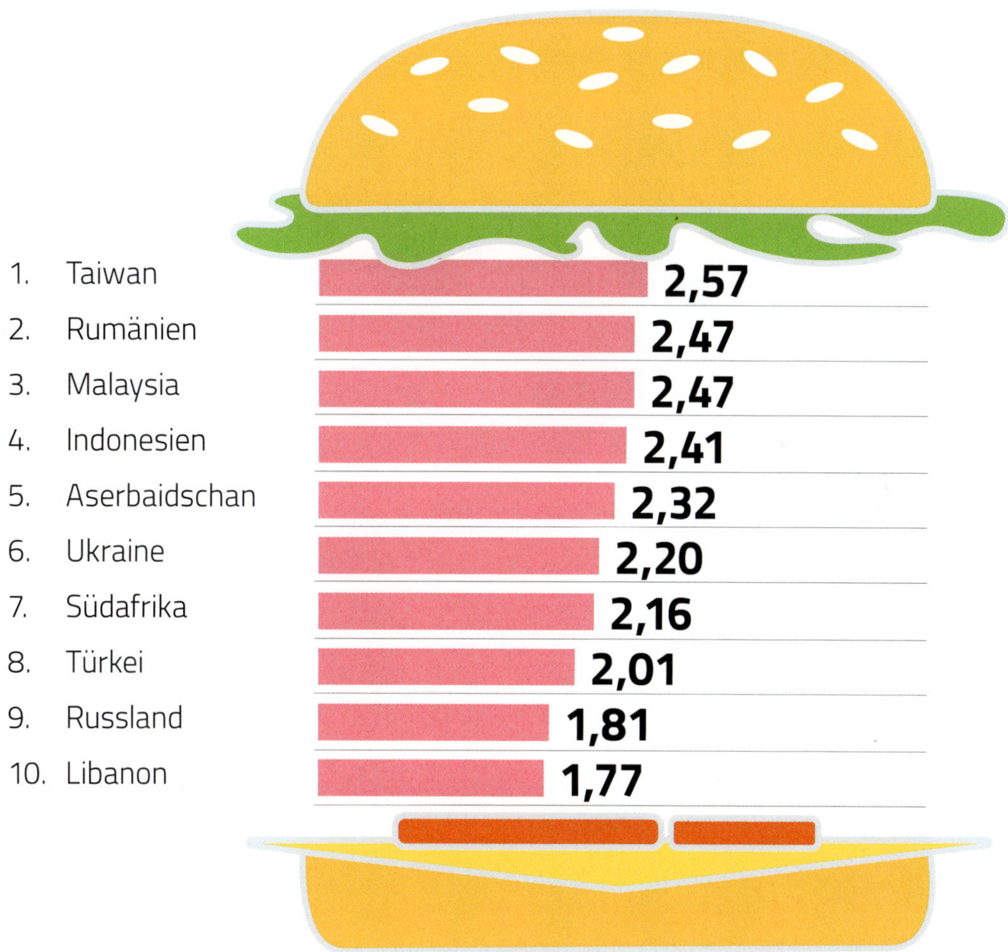

wo der Burger am günstigsten ist

Stand: 2021

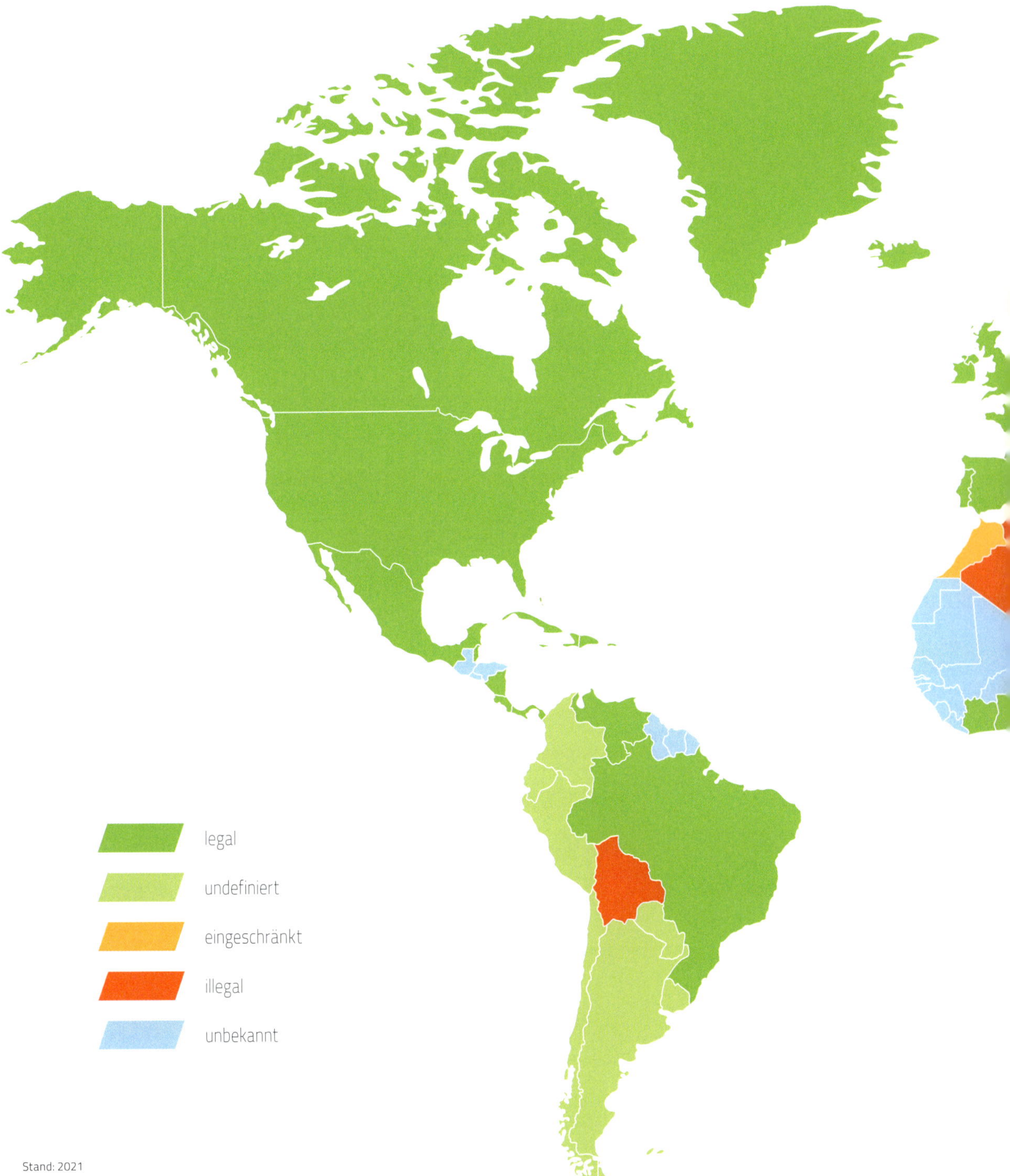
legal
undefiniert
eingeschränkt
illegal
unbekannt
Stand: 2021

Bitcoin-Status weltweit

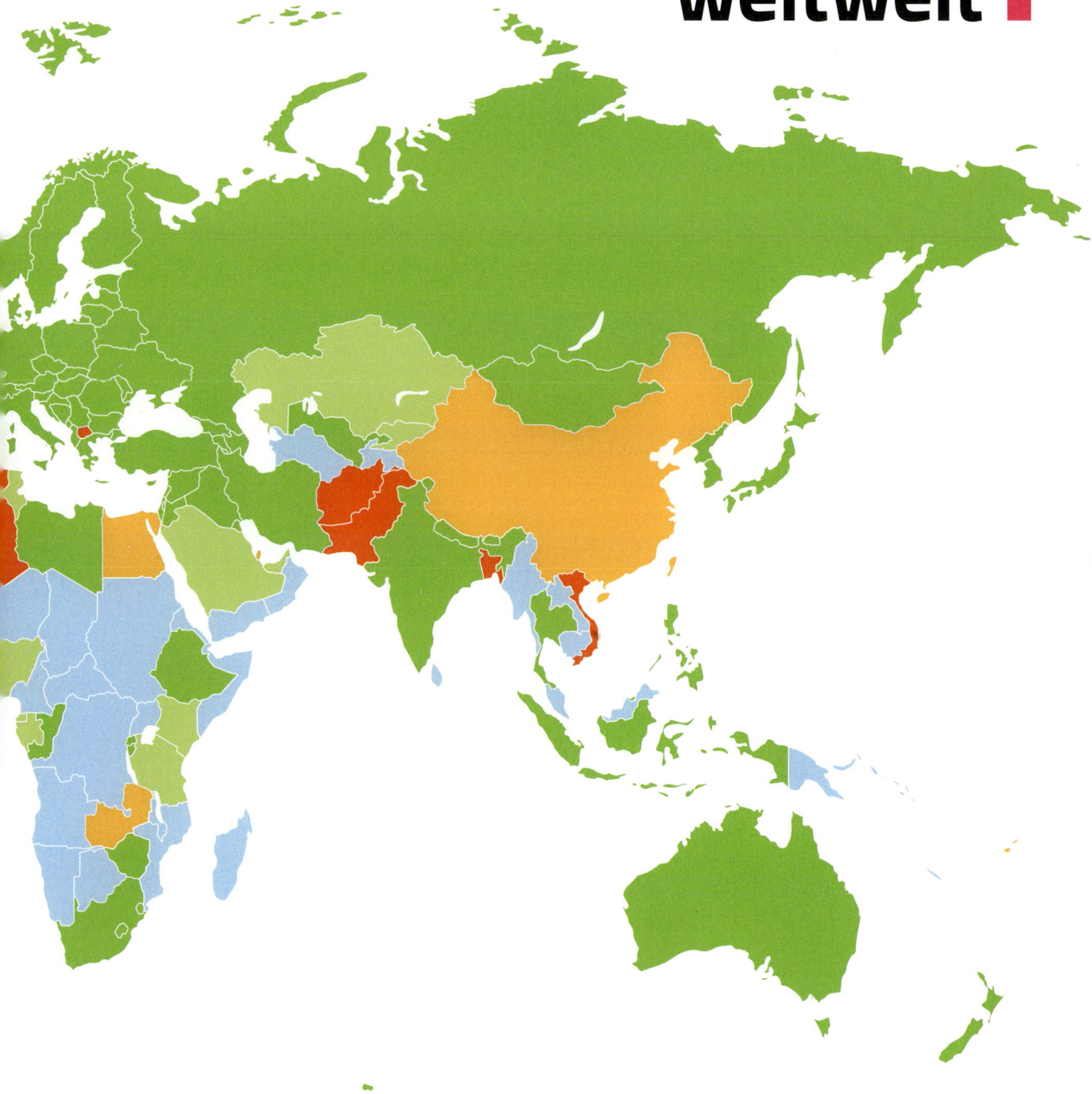

2

Kaufkraft-
Perspektiven

Inflation in der Europäischen Union

in Prozent

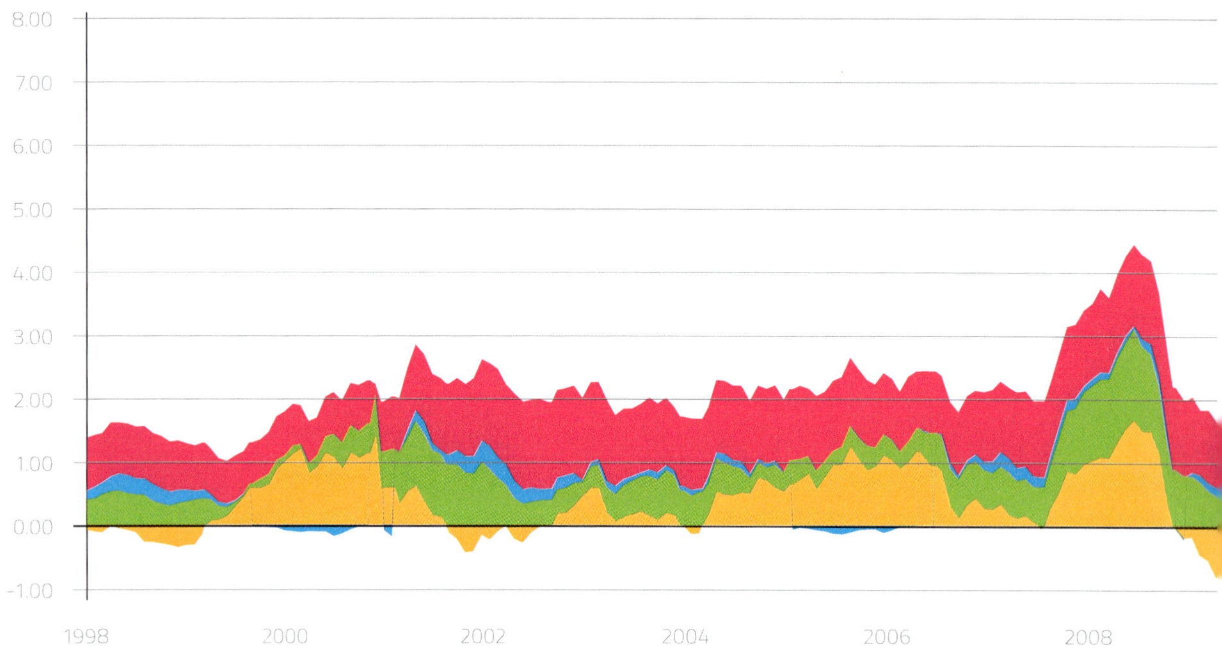

Der rasante Anstieg der Inflation weltweit hat viele Menschen überrascht und finanziell unter Druck gesetzt. Anfang 2022 lagen sowohl die Gesamtinflation (Preise für alle Waren und Dienstleistungen) als auch die Kerninflation (ohne Nahrungsmittel und Energie) in den meisten fortgeschrittenen Volkswirtschaften und mehreren Schwellenländern deutlich über den Zielwerten. Experten sorgen sich über einen anhaltenden Preisschub. Warum die Inflation so hoch ist und ob sie anhalten wird, wird von unzähligen Ökonomen diskutiert. Der Internationale Währungsfonds sieht fünf Hauptursachen für den derzeitigen Anstieg:

1. Engpässe in der Lieferkette
Am Anfang der Pandemie führten Abriegelungen und Mobilitätseinschränkungen zu schwerwiegenden Unterbrechungen verschiedener Lieferketten. Infolge der wirtschaftlichen Erholung und der damit verbundenen starken Gesamtnachfrage kam es ebenfalls zu Engpässen in den globalen Prozessketten.

2. Verschiebung der Nachfrage weg von Dienstleistungen hin zu Waren
2020 stiegen die Ausgaben für Waren drastisch an. Ein Großteil des kurzfristigen Inflationsanstiegs spiegelte die Inflation bei langlebigen Gütern (einschließlich Gebrauchtwagen) wider, während die Inflation bei Dienstleistungen nur mäßig zunahm.

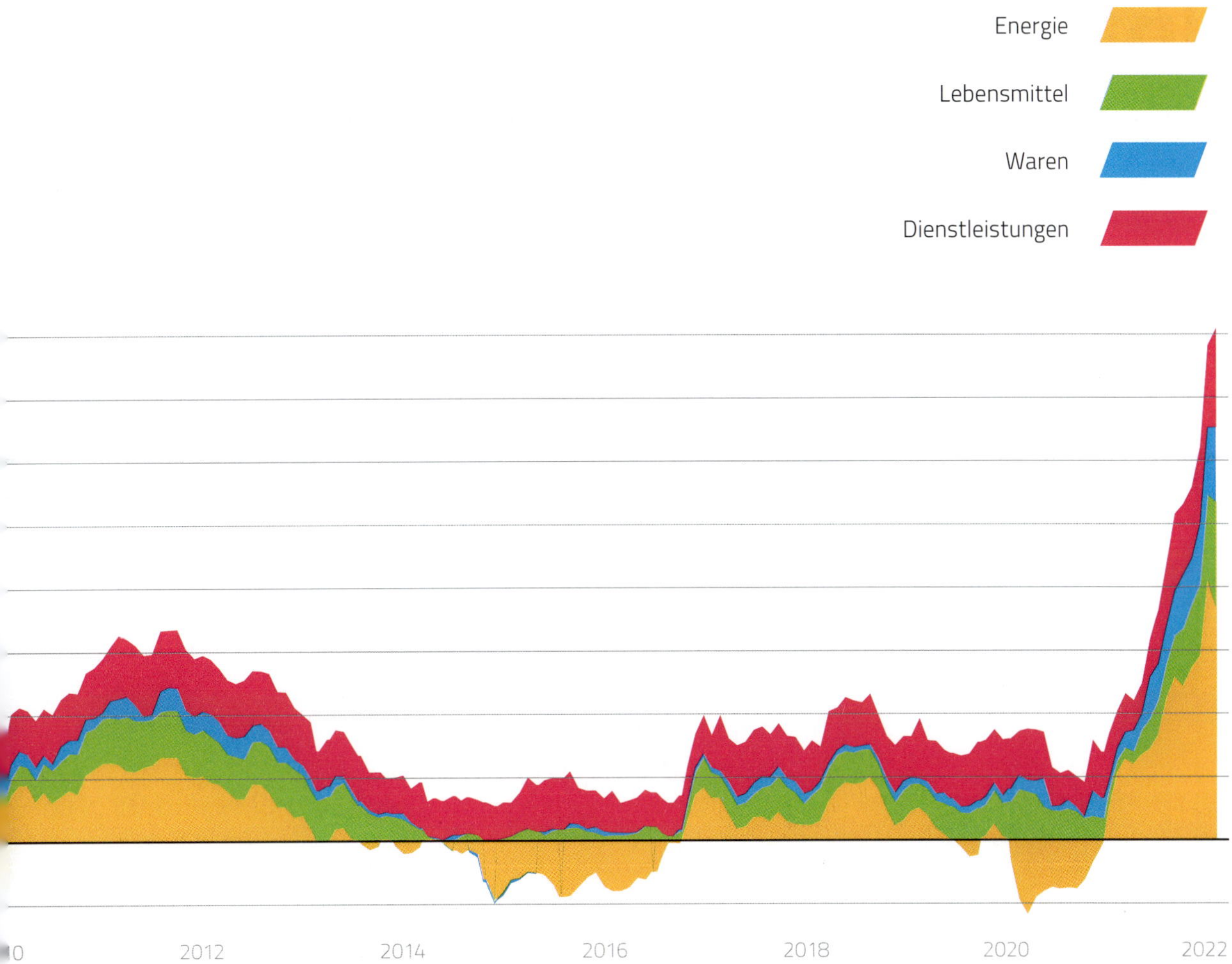

3. Gestiegene Geldmenge
Die Geldmenge ist seit Ausbruch der Coronapandemie deutlich gestiegen. Weltweit sollen etwa 16,9 Billionen Dollar helfen, die Wirtschaft wieder auf Vorkrisenniveau zu heben. Allein der amerikanische Markt wurde mit 1,9 Billionen Dollar geflutet.

4. Schock für das Arbeitsangebot
Die Pandemie hat auch den Arbeitsmarkt verändert. Die Erwerbsbeteiligung liegt in mehreren Ländern unter dem Vorkrisen-Niveau. Wird dieser Schock anhalten? Die Meinungen der Experten gehen auseinander.

5. Gestiegene Kosten bei Energie und Lebensmitteln
Putins Krieg gegen die Ukraine hat zu steigenden Energie- und Lebensmittelpreisen geführt. Sowohl Russland als auch die Ukraine exportieren wichtige Rohstoffe. Besonders die Preise für Öl und Erdgas sind gestiegen.

Stand: Mai 2022

Inflation in Deutschland

in Prozent

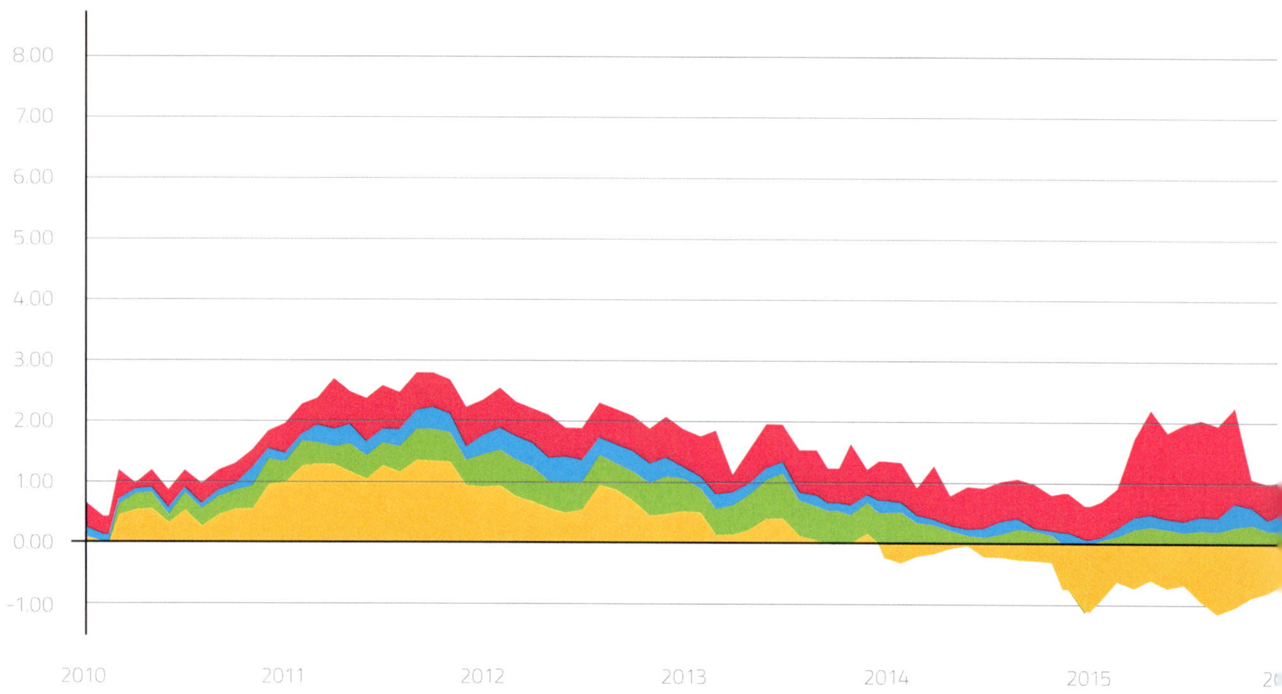

Stand: Juli 2022

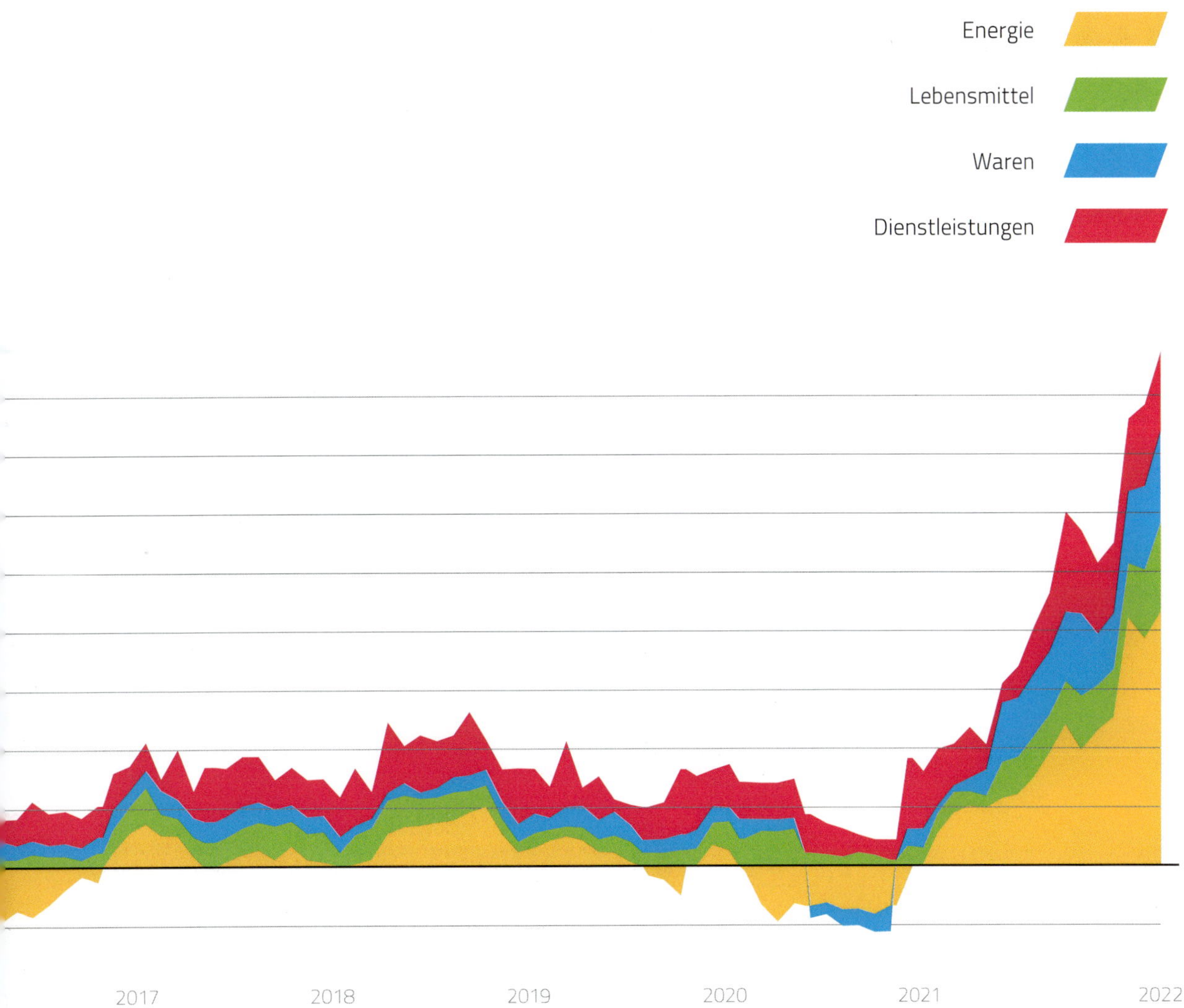

So hoch wie im Mai 2022 war die Inflation zuletzt im Herbst 1981. Die Grafik zeigt die Inflationsentwicklung in Deutschland seit 2010. Inflation wird auch als Teuerung bezeichnet. Sie gibt in Prozent an, wie sehr Preise für Waren und Dienstleistungen gestiegen sind. Die Inflationsrate wird bestimmt, indem ein an Statistiken angelehnter Warenkorb betrachtet wird. Darin enthalten sind Waren und Dienstleistungen, die Privathaushalte typischerweise konsumieren. Wenn diese Preise im Durchschnitt steigen, verliert Geld an Wert. Bei einer jährlichen Inflation von 5 Prozent würde die Kaufkraft von 1.000 Euro nach 10 Jahren noch bei 614 Euro liegen. Nach 30 Jahren sind es nur noch 231 Euro.

Repräsentativer Warenkorb Deutschland

des statistischen Bundesamtes

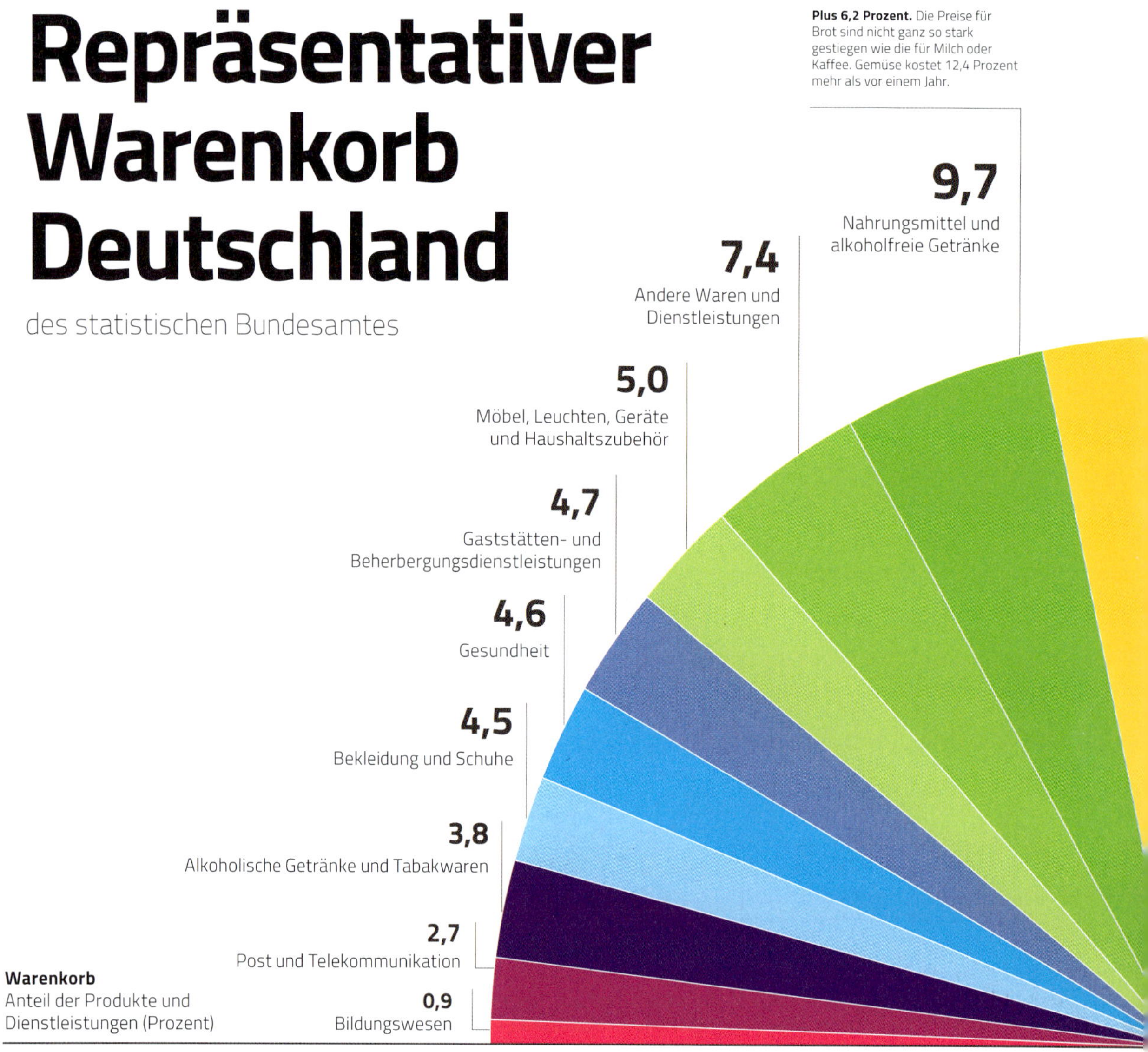

Inflationsrate der Warenkorb-Segmente (Prozent pro Jahr)

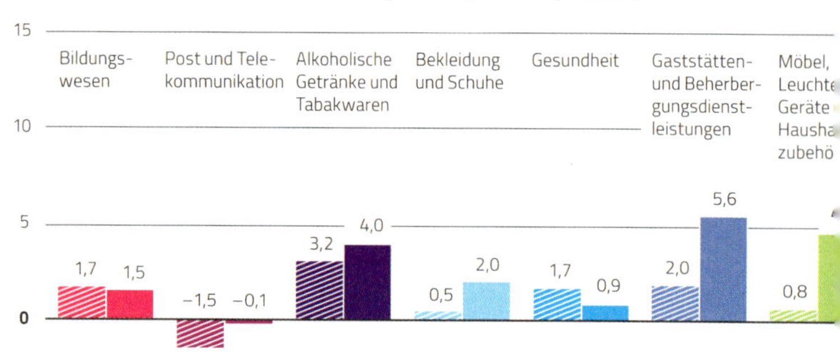

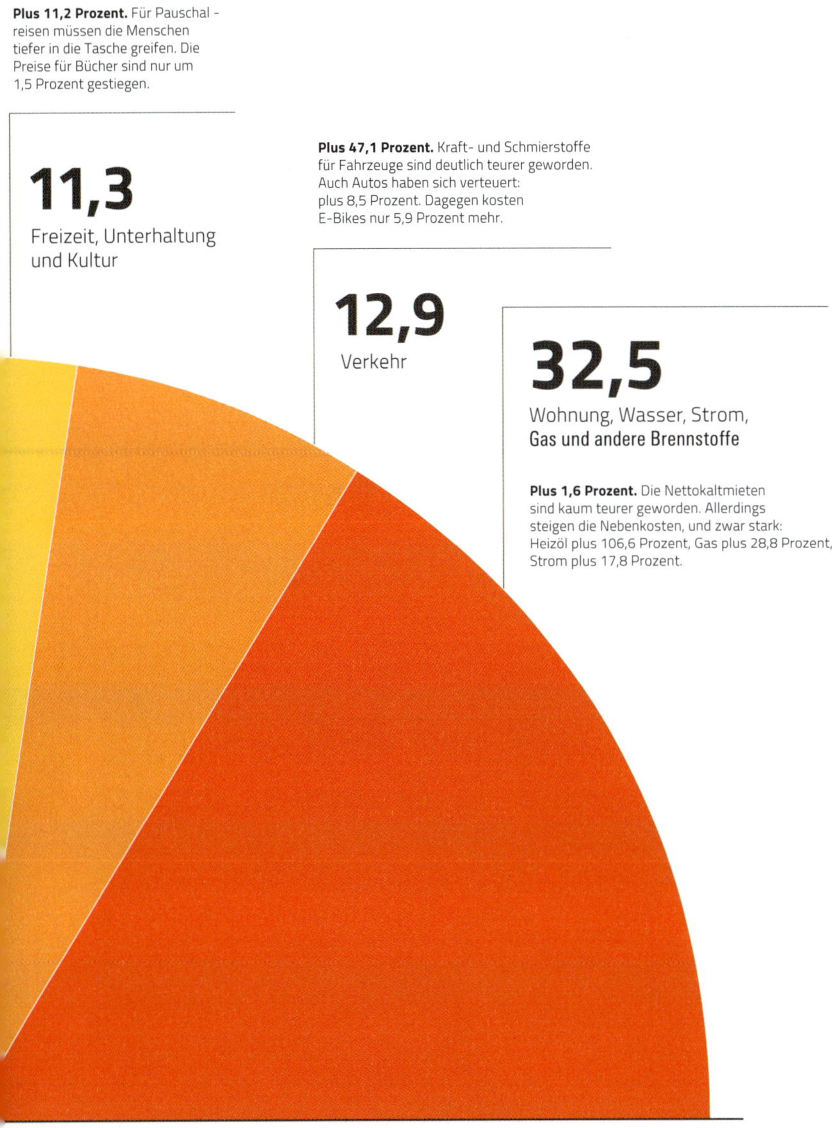

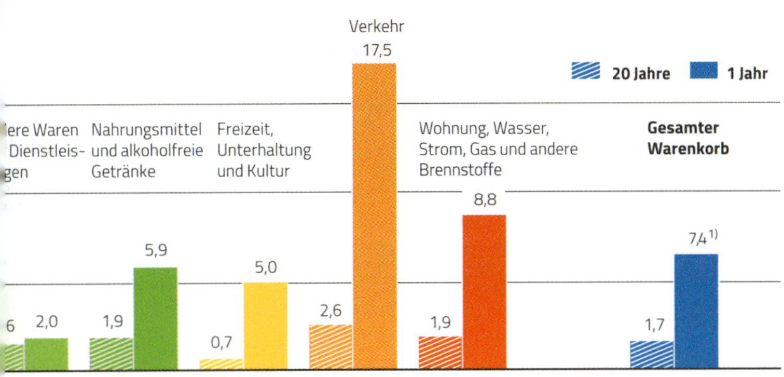

Der Warenkorb des Statistischen Bundesamtes beinhaltet eine möglichst repräsentative Auswahl verschiedener Güter zur Ermittlung des Preisindex und der Inflation. Die Zusammenstellung des Warenkorbs wird laufend aktualisiert. Aus dem Preisanstieg des durch das Statistische Bundesamt definierten Produktwarenkorbs errechnet sich die Inflationsrate. Die untere Grafik zeigt die starken Preisanstiege des vergangenen Jahres. Zum Vergleich haben wir außerdem die jährlichen Preissteigerungsraten über die vergangenen 20 Jahre dargestellt.

Stand: April 2022

Kaufkraft Europa

niedrig europäischer Durchschnitt hoch

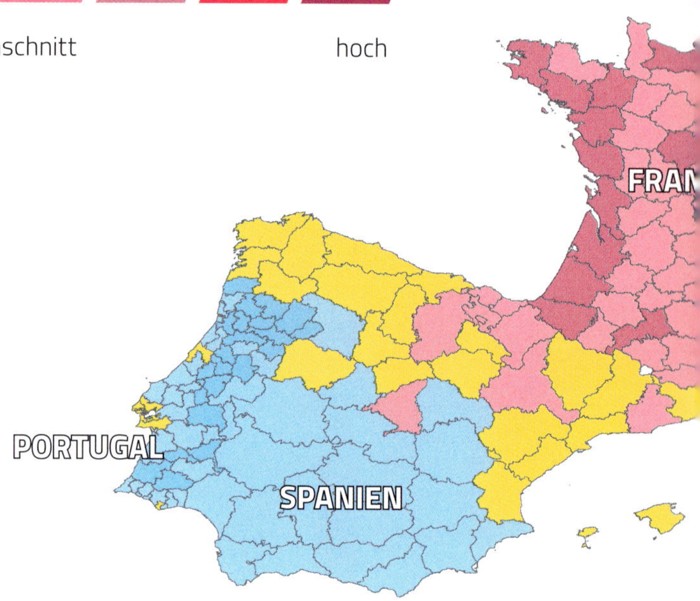

Unter der Kaufkraft versteht man das nominal verfügbare Nettoeinkommen der Bevölkerung inklusive staatlicher Transferzahlungen wie Renten, Arbeitslosen- und Kindergeld. Wie viel vom nominalen Kaufkraftzuwachs real übrig bleibt, hängt immer auch davon ab, wie sich Verbraucherpreise entwickeln. Deshalb bedeutet ein nominaler Anstieg der Kaufkraft nicht zwangsläufig, dass dem Einzelnen real mehr Geld zur Verfügung steht, wenn die aufgeführten Ausgaben stärker ansteigen. Außerdem ist zu berücksichtigen, dass die Kaufkraft einer Region einen Durchschnittswert der dort lebenden Bevölkerung darstellt und nichts über die Kaufkraft einzelner Individuen, die Kaufkraft je Haushalt oder über die dahinter liegende Einkommensverteilung und damit die Schere zwischen Arm und Reich aussagt.

Stand: 2022

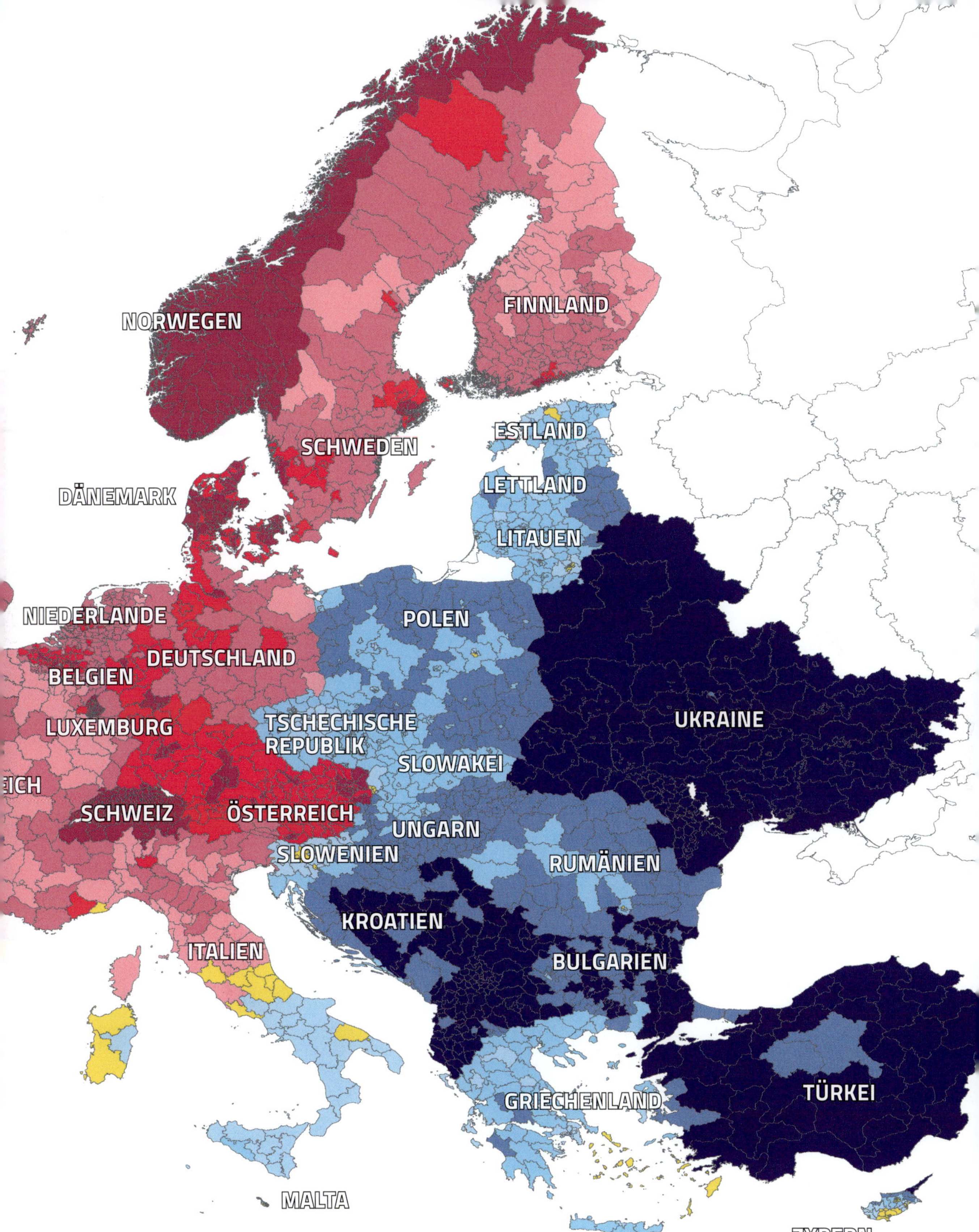
NORWEGEN
FINNLAND
SCHWEDEN
ESTLAND
DÄNEMARK
LETTLAND
LITAUEN
NIEDERLANDE
POLEN
DEUTSCHLAND
BELGIEN
LUXEMBURG
TSCHECHISCHE REPUBLIK
UKRAINE
SLOWAKEI
EICH
SCHWEIZ
ÖSTERREICH
UNGARN
SLOWENIEN
RUMÄNIEN
KROATIEN
ITALIEN
BULGARIEN
TÜRKEI
GRIECHENLAND
MALTA
ZYPERN

Kaufkraft Deutschland

Kaufkraftindex je Einwohner

in den Stadt-/Landkreisen (Landesdurchschnitt = 100)

	unter	80
80	bis unter	88
88	bis unter	96
96	bis unter	104
104	bis unter	112
112	bis unter	120
120	und mehr	

Ein Blick auf die regionale Verteilung der Kaufkraft in Deutschland eröffnet spannende Einblicke, wo Menschen mit besonders hohem Ausgabepotenzial leben. Bei den deutschen Bundesländern gibt es 2022 eine Rangänderung im Vergleich zum Vorjahr: Mit einer Pro-Kopf-Kaufkraft von 23.313 Euro schiebt sich Brandenburg mit einem minimalen Vorsprung am Saarland vorbei auf den neunten Platz. Unangefochtener Spitzenreiter unter den Bundesländern ist nach wie vor Bayern: Im Freistaat stehen den Einwohnern im Schnitt 26.936 Euro pro Kopf für Ausgaben und zum Sparen zur Verfügung, womit die Kaufkraft der Bayern knapp 9 Prozent über dem Landesdurchschnitt liegt.

Neben Bayern weisen außerdem Hamburg, Baden-Württemberg und Hessen eine überdurchschnittliche Pro-Kopf-Kaufkraft auf. Alle anderen Bundesländer schneiden im bundesweiten Vergleich weiterhin unterdurchschnittlich ab, obwohl die neuen Bundesländer die größten Kaufkraftzuwächse verzeichnen. Schlusslicht ist wie im Vorjahr Mecklenburg-Vorpommern, wo den Menschen im Schnitt 21.707 Euro zur Verfügung stehen, was weniger als 88 Prozent des Landesdurchschnitts entspricht.

Stand: 2022

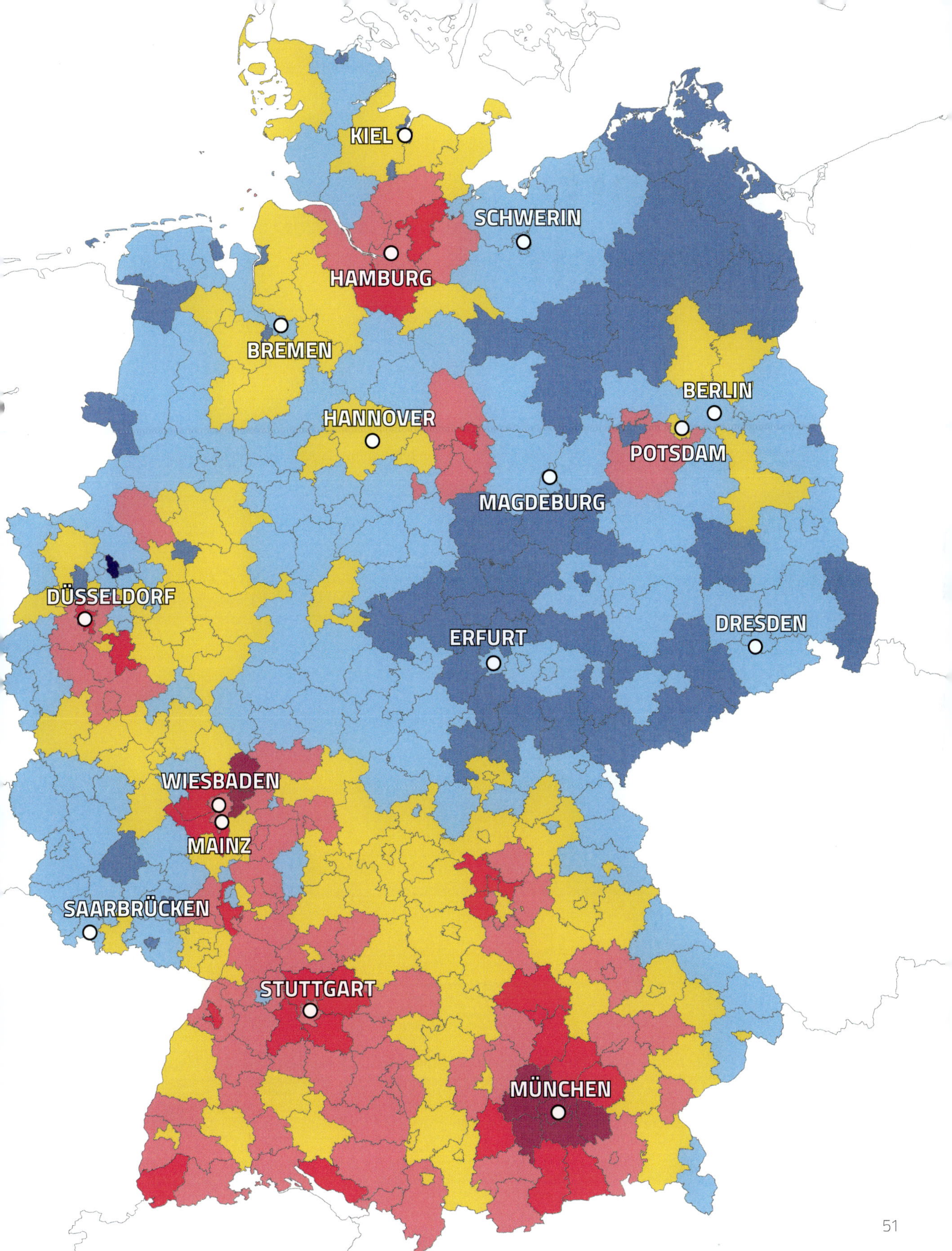
KIEL
SCHWERIN
HAMBURG
BREMEN
BERLIN
HANNOVER
POTSDAM
MAGDEBURG
DÜSSELDORF
DRESDEN
ERFURT
WIESBADEN
MAINZ
SAARBRÜCKEN
STUTTGART
MÜNCHEN

Kaufkraft Österreich

Kaufkraftindex je Einwohner

in den Bezirken (Landesdurchschnitt = 100)

		unter	80
	80	bis unter	88
	88	bis unter	96
	96	bis unter	104
	104	bis unter	112
	112	bis unter	120
	120	und mehr	

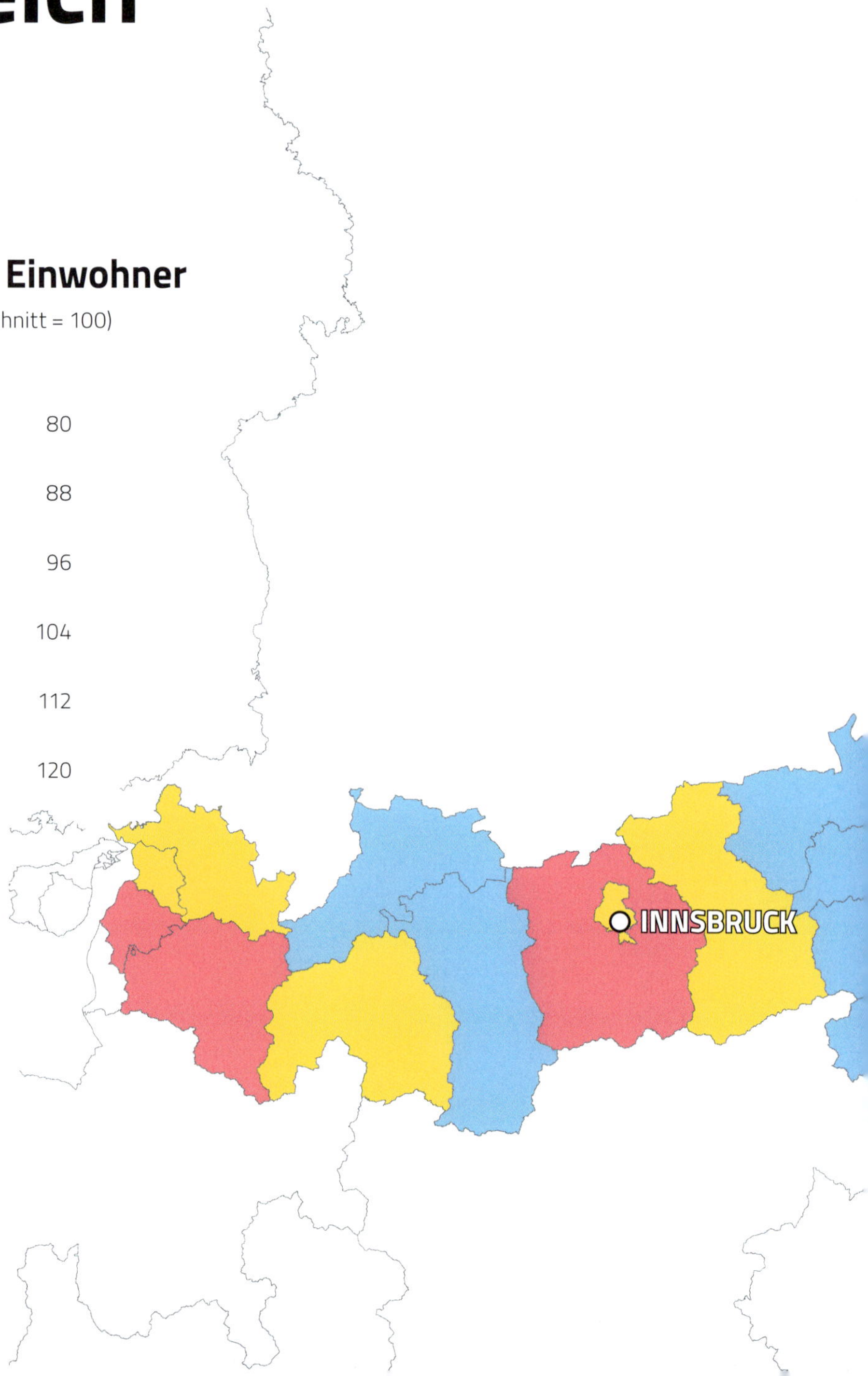

Stand: 2022

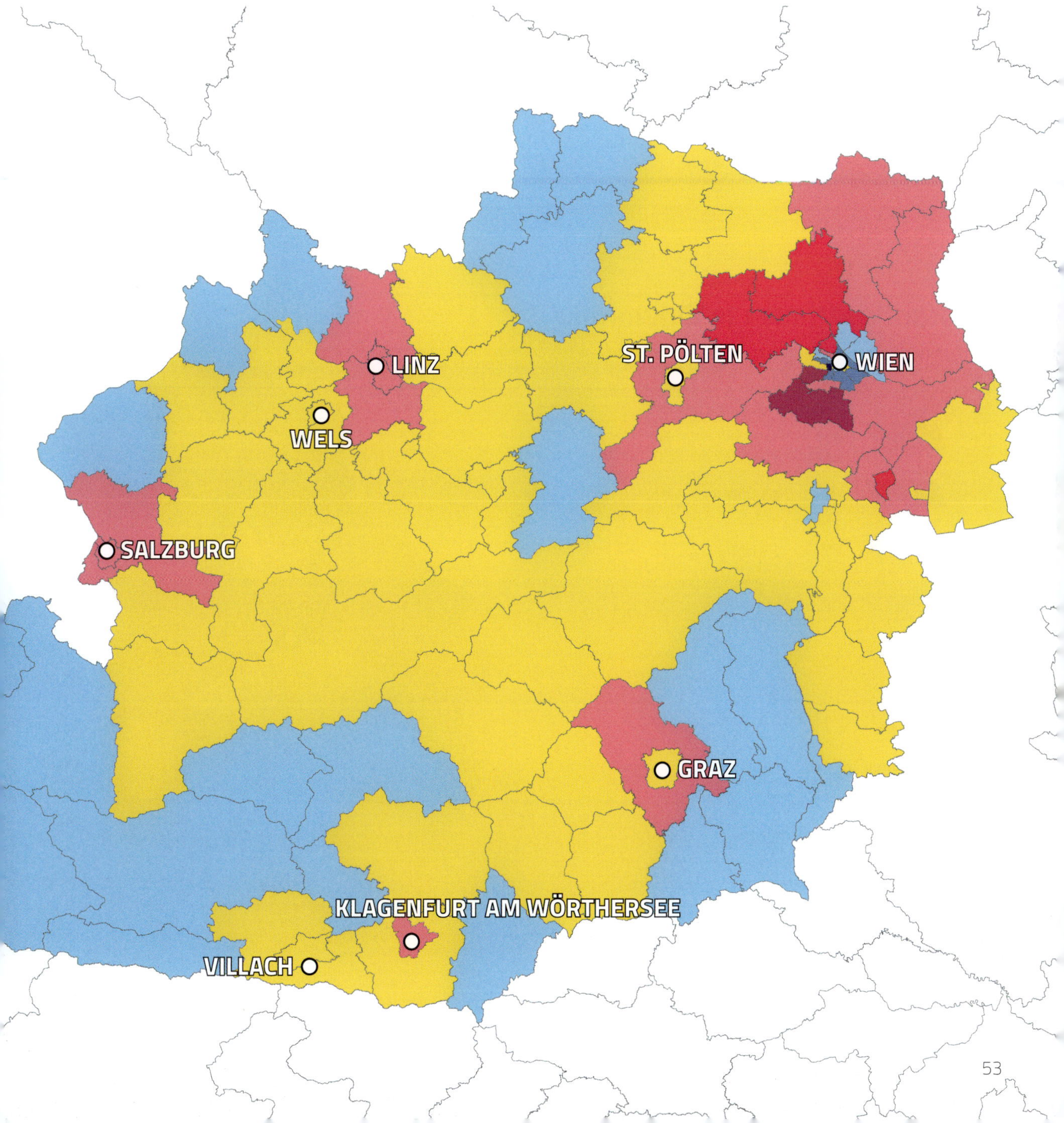
LINZ
WELS
SALZBURG
ST. PÖLTEN
WIEN
GRAZ
KLAGENFURT AM WÖRTHERSEE
VILLACH

Kaufkraft Schweiz

Kaufkraftindex je Einwohner

in den Bezirken (Landesdurchschnitt = 100)

		unter	80
	80	bis unter	88
	88	bis unter	96
	96	bis unter	104
	104	bis unter	112
	112	bis unter	120
	120	und mehr	

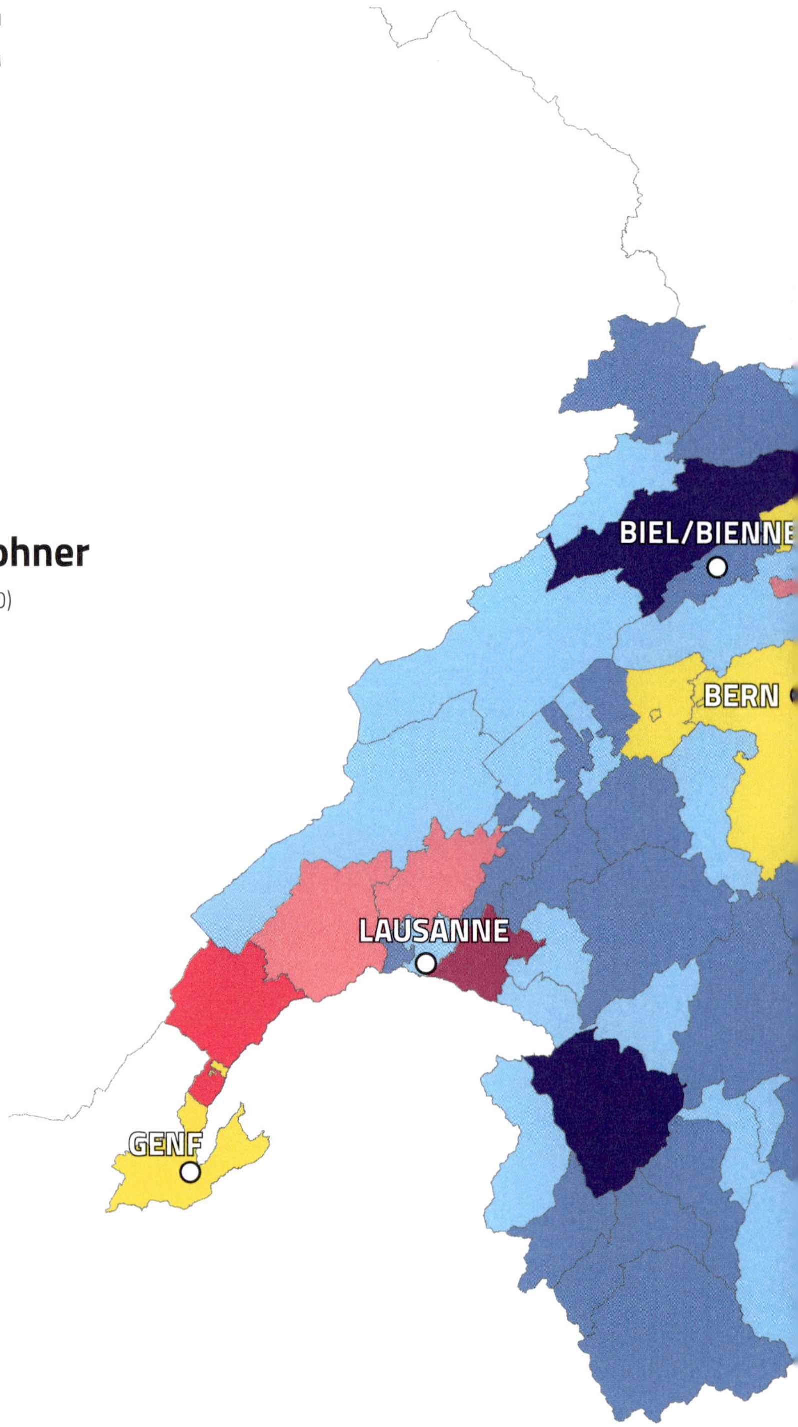

Stand: 2022

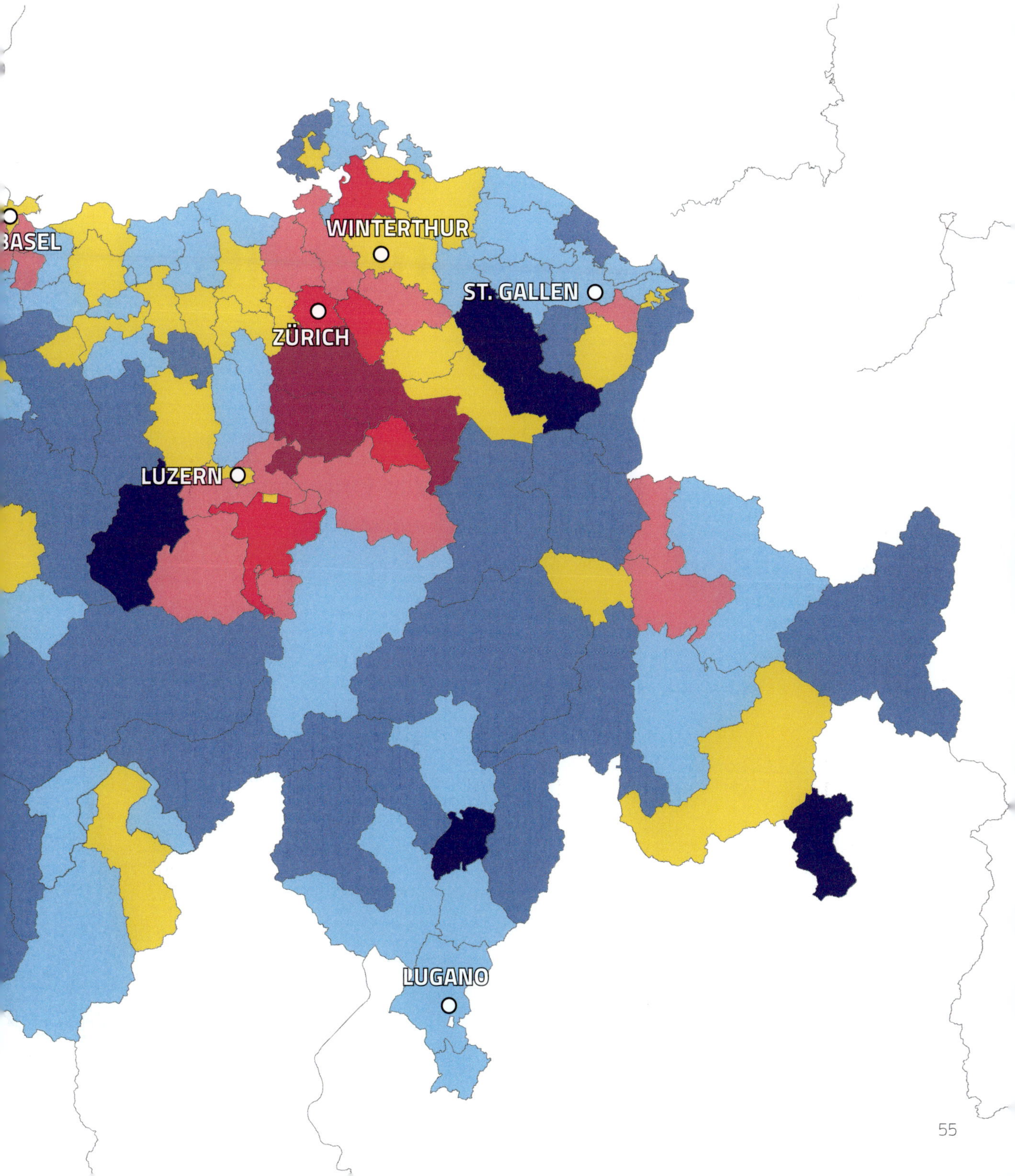
BASEL
WINTERTHUR
ST. GALLEN
ZÜRICH
LUZERN
LUGANO

Kaufkraft Vereinigtes Königreich

Kaufkraftindex je Einwohner

in den Bezirken (Landesdurchschnitt = 100)

	unter	80
80	bis unter	88
88	bis unter	96
96	bis unter	104
104	bis unter	112
112	bis unter	120
120	und mehr	

Stand: 2022

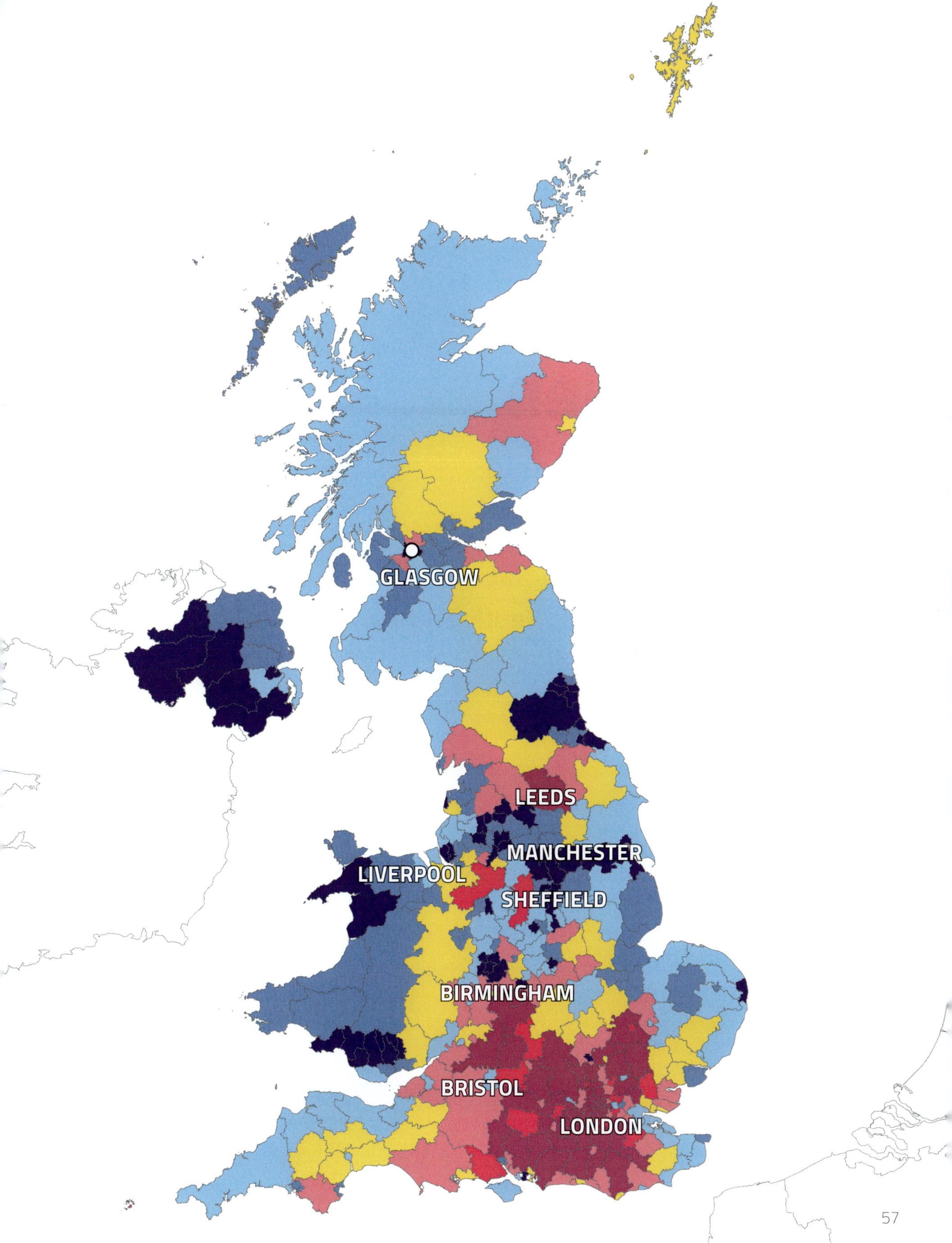
GLASGOW
LEEDS
MANCHESTER
LIVERPOOL
SHEFFIELD
BIRMINGHAM
BRISTOL
LONDON

Kaufkraft Italien

Kaufkraftindex je Einwohner

in den Provizen (Landesdurchschnitt = 100)

	unter	80
80	bis unter	88
88	bis unter	96
96	bis unter	104
104	bis unter	112
112	bis unter	120
120	und mehr	

Stand: 2022

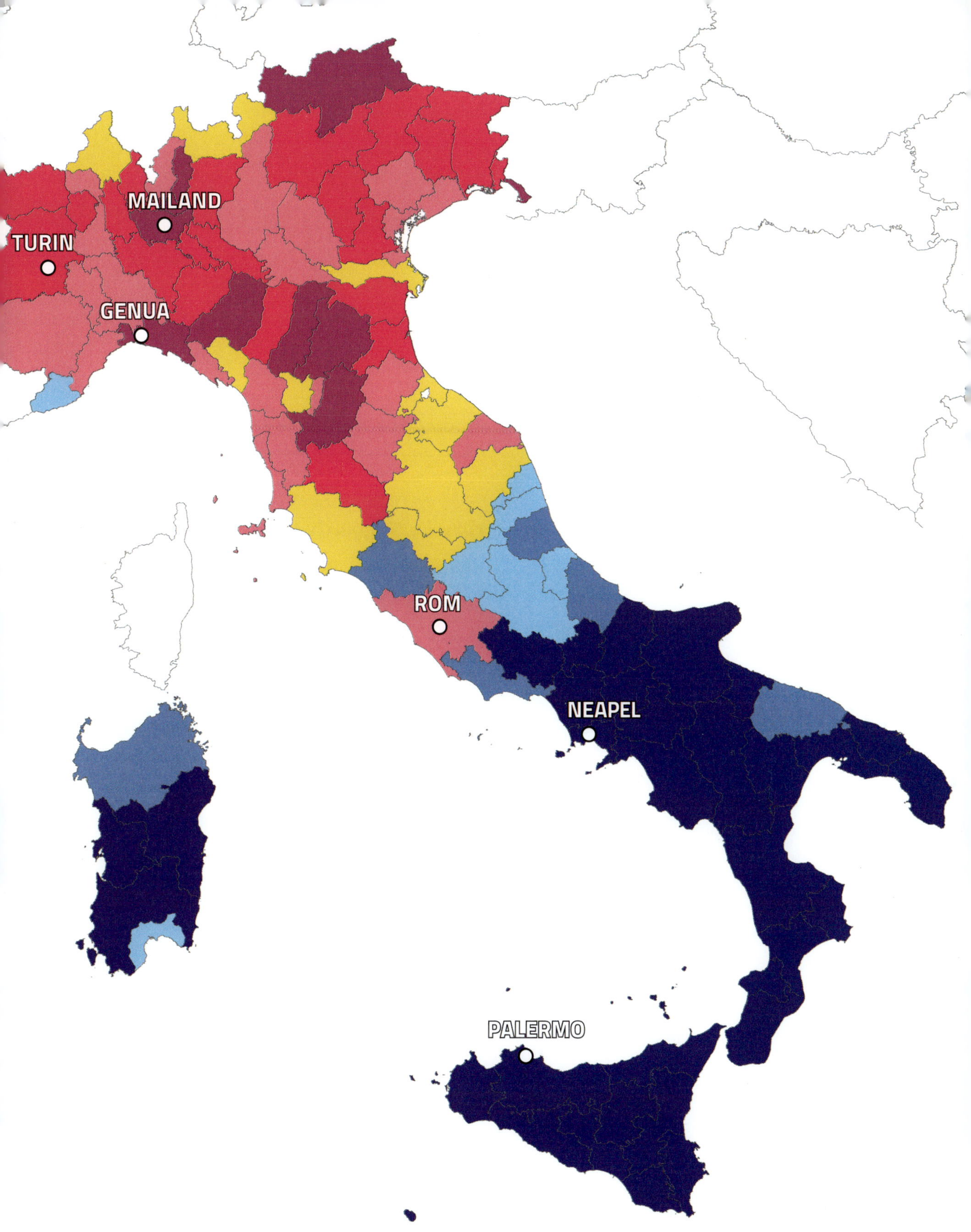
MAILAND
TURIN
GENUA
ROM
NEAPEL
PALERMO

Kaufkraft Spanien

Kaufkraftindex je Einwohner

in den Provinzen (Landesdurchschnitt = 100)

		unter	80
	80	bis unter	88
	88	bis unter	96
	96	bis unter	104
	104	bis unter	112
	112	bis unter	120
	120	und mehr	

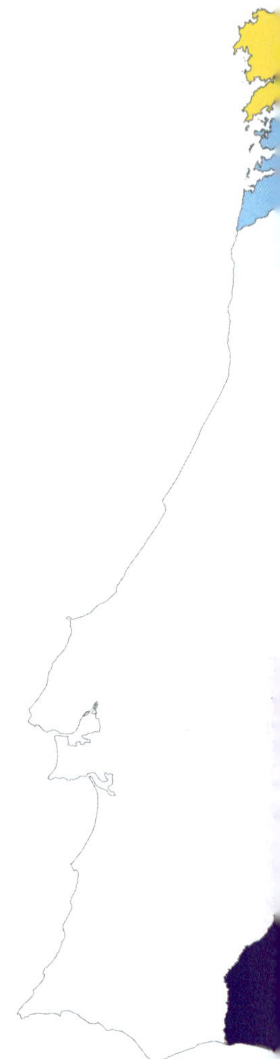

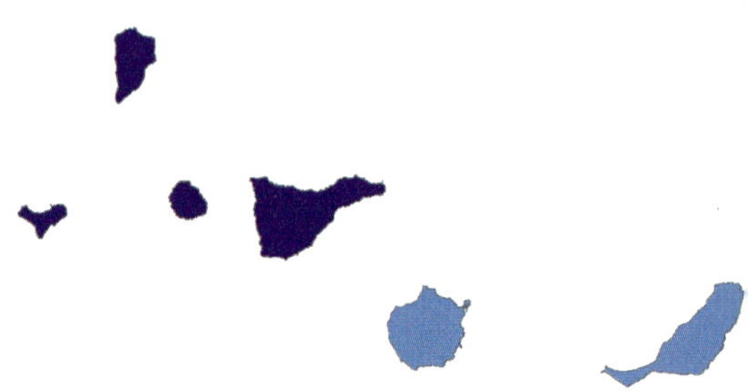

Stand: 2022

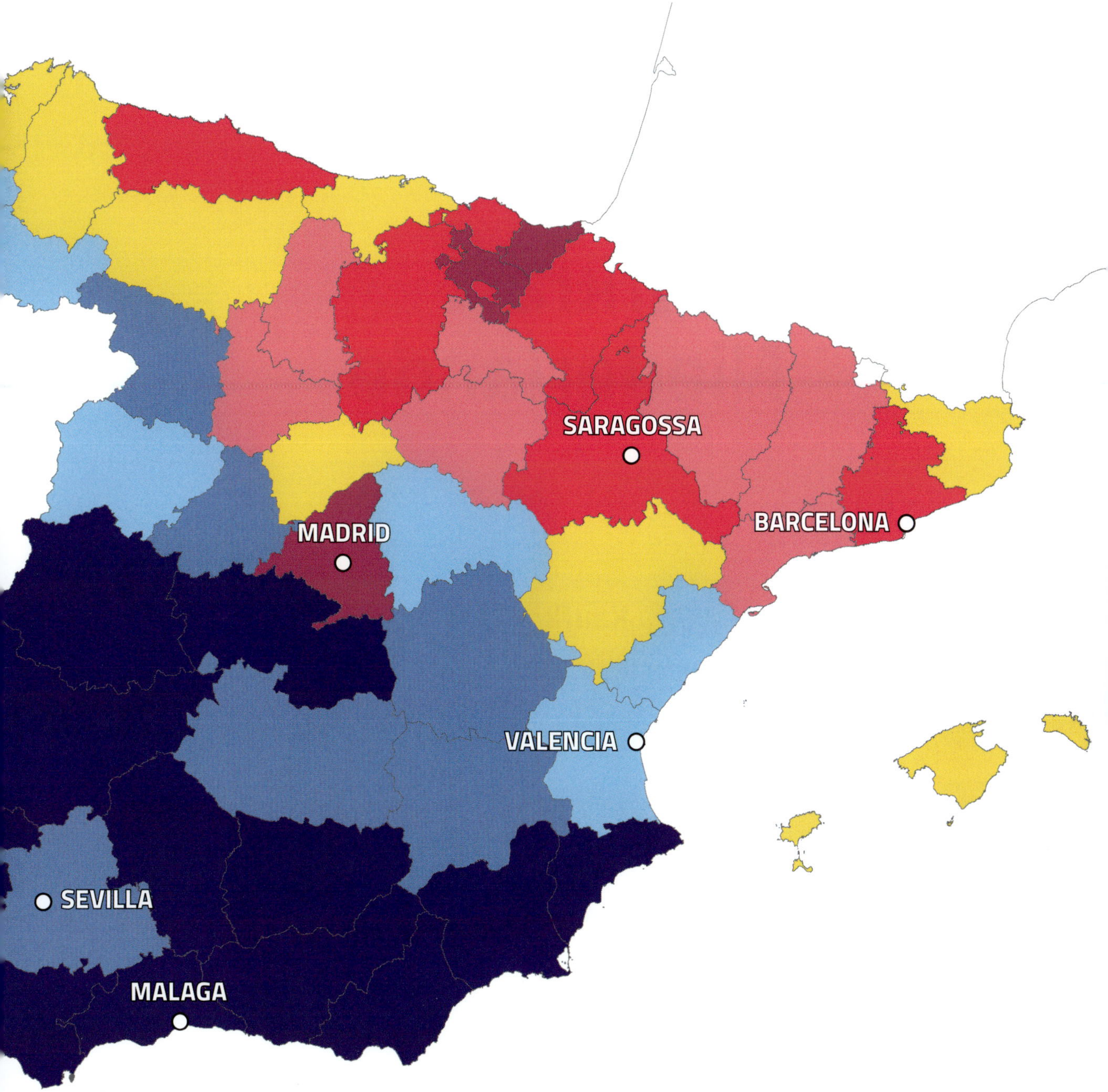
SARAGOSSA
MADRID
BARCELONA
VALENCIA
SEVILLA
MALAGA

Kaufkraft Niederlande

Kaufkraftindex je Einwohner

in den Provinzen (Landesdurchschnitt = 100)

	unter	80
80	bis unter	88
88	bis unter	96
96	bis unter	104
104	bis unter	112
112	bis unter	120
120	und mehr	

Stand: 2022

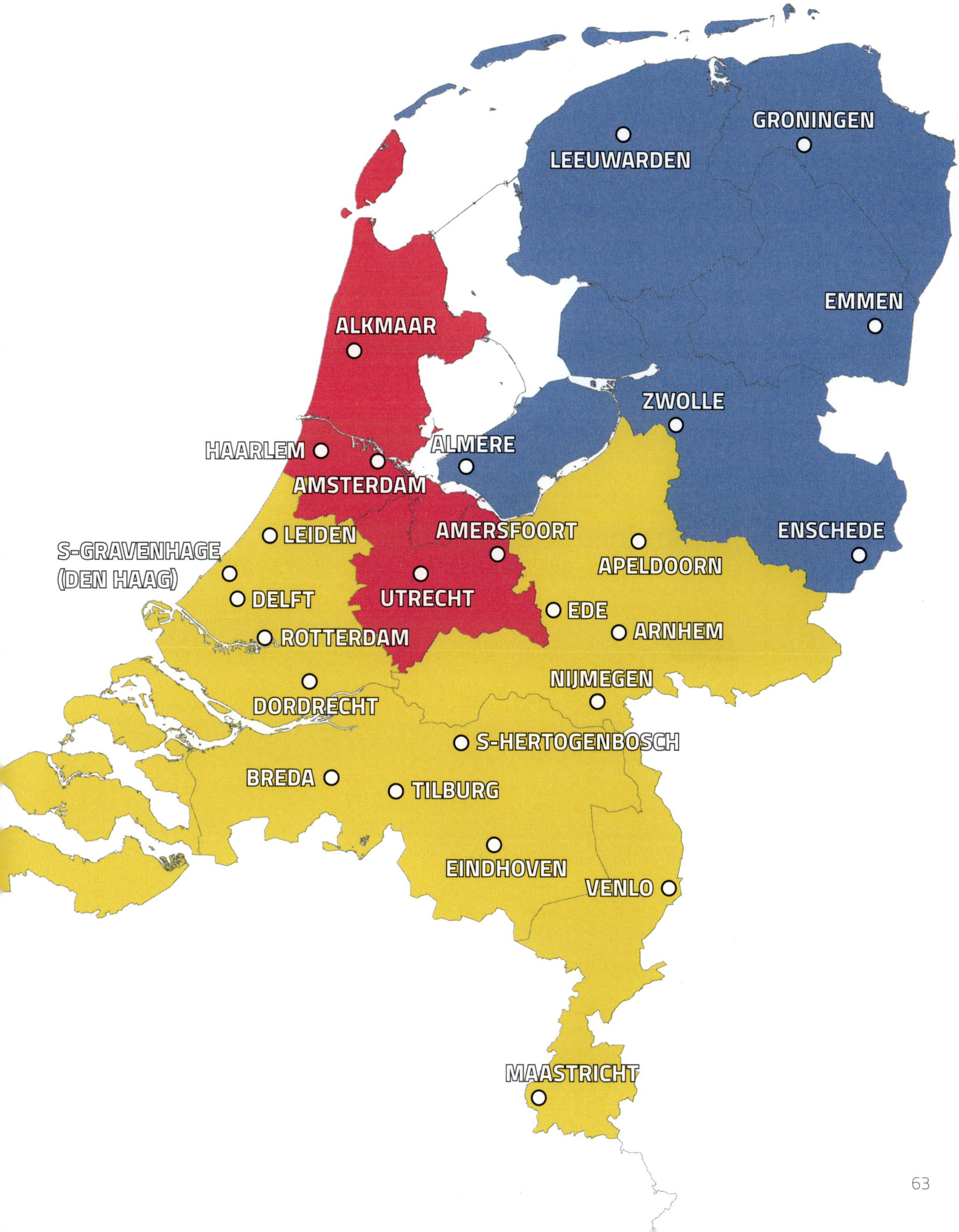
GRONINGEN
LEEUWARDEN
EMMEN
ALKMAAR
ZWOLLE
HAARLEM
ALMERE
AMSTERDAM
AMERSFOORT
ENSCHEDE
LEIDEN
S-GRAVENHAGE
(DEN HAAG)
APELDOORN
UTRECHT
DELFT
EDE
ARNHEM
ROTTERDAM
NIJMEGEN
DORDRECHT
S-HERTOGENBOSCH
BREDA
TILBURG
EINDHOVEN
VENLO
MAASTRICHT

Kaufkraft Schweden

Kaufkraftindex je Einwohner

in den Gemeinden (Landesdurchschnitt = 100)

	unter	80
80	bis unter	88
88	bis unter	96
96	bis unter	104
104	bis unter	112
112	bis unter	120
120	und mehr	

Stand: 2022

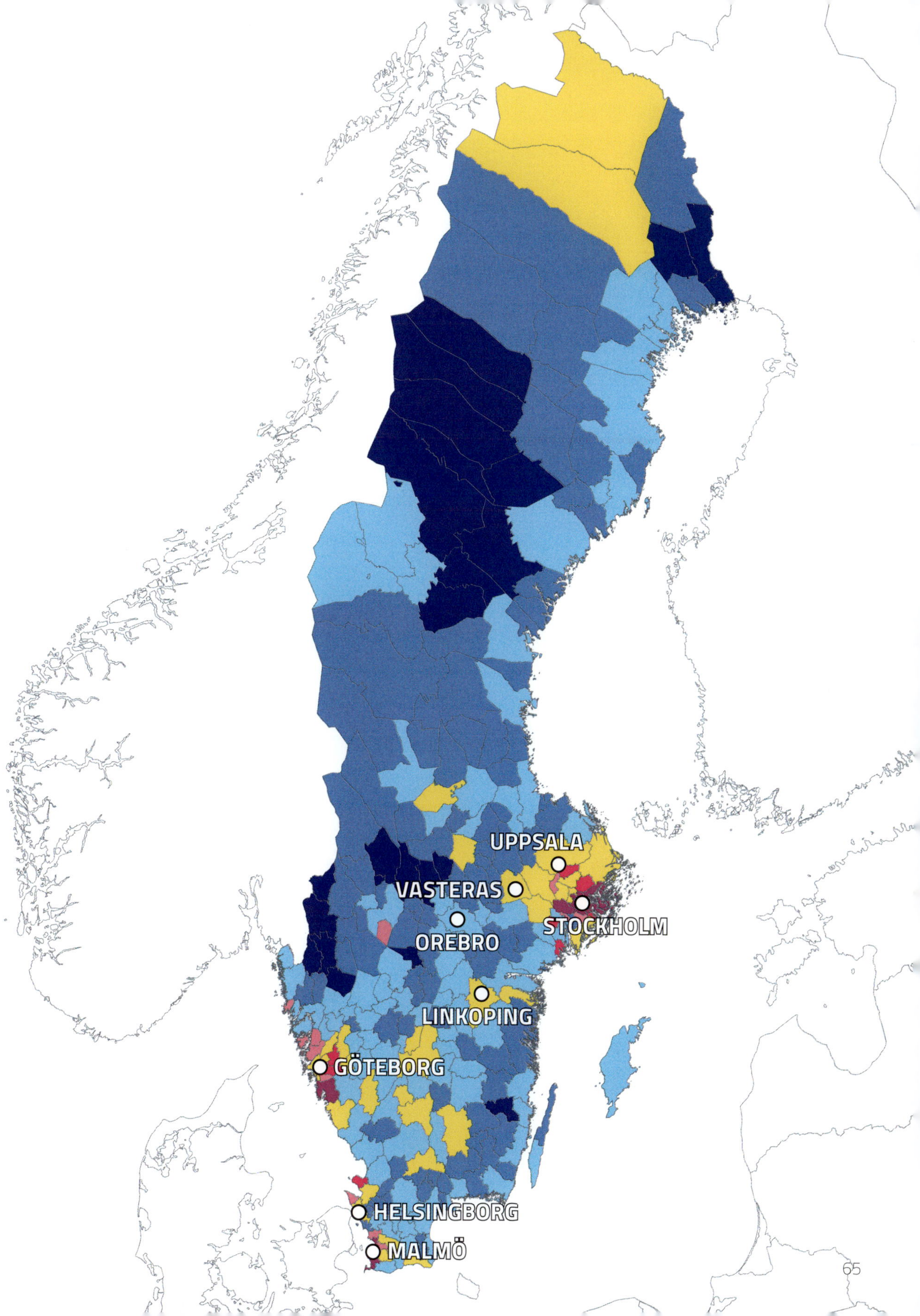
UPPSALA
VASTERAS
STOCKHOLM
OREBRO
LINKOPING
GÖTEBORG
HELSINGBORG
MALMÖ

3

Historische Perspektiven

Der Dow Jones im Zeitverlauf

1901 – 2022

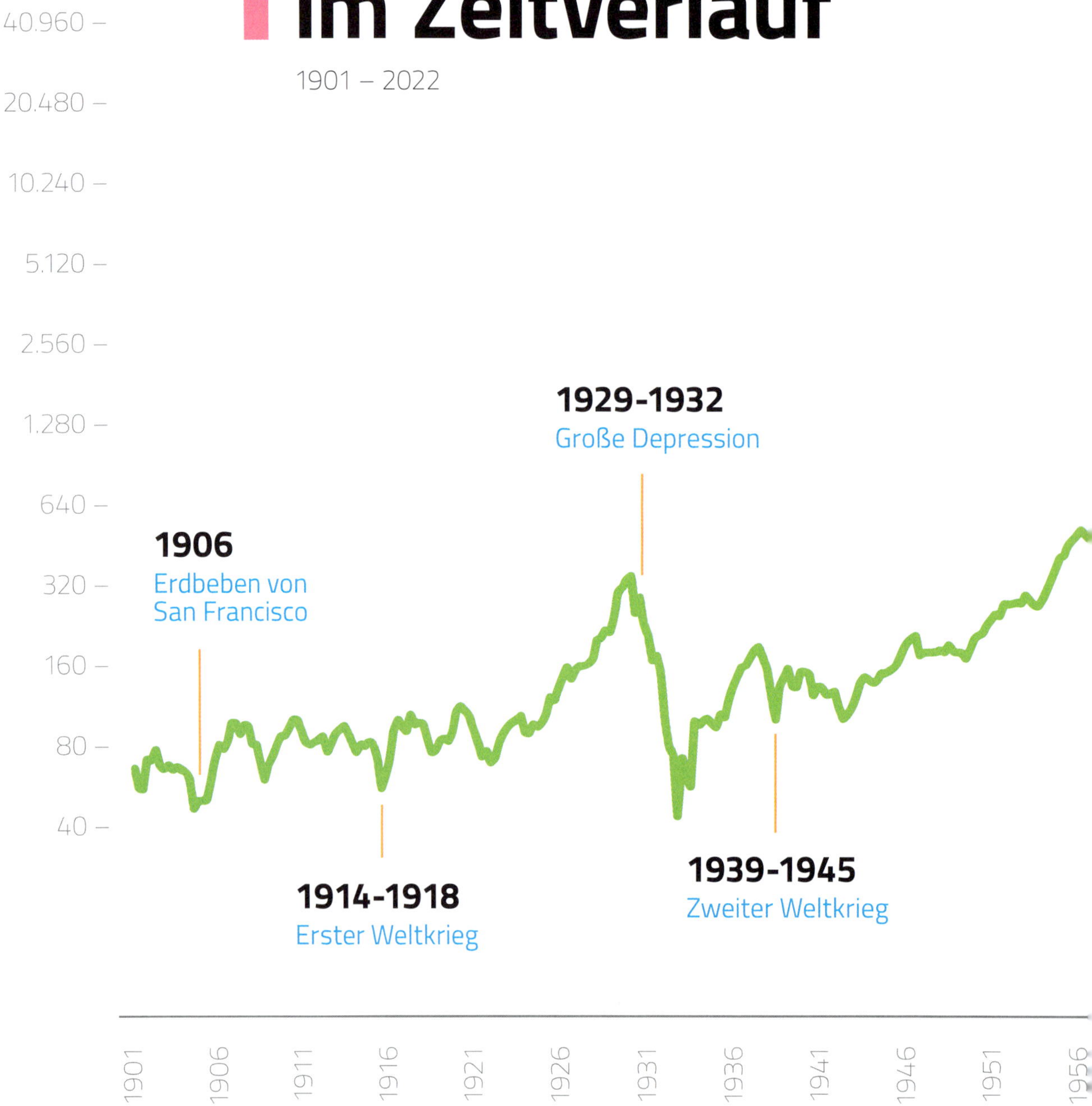

Stand: 2022

1962
Kuba-
krise
1963
Ermordung
John F. Kennedys
1964-1975
Vietnamkrieg
1973/74
Erste Ölkrise
1979/80
Zweite Ölkrise
1986
Tschernobyl
Oktober 1987
Schwarzer
Montag
1990/91
Golf-Krieg
1998
Asienkrise
2000-2003
Platzen der
Internetblase
11.9.2001
Terrorwelle in
den USA
2003
Golfkrieg
2008
Finanzkrise
11.3.2011
Fukushima
2020
Corona-
crash
2022
Zinswende und
Ukrainekrieg
1966
1971
1976
1981
1986
1991
1996
2001
2006
2011
2016
2022

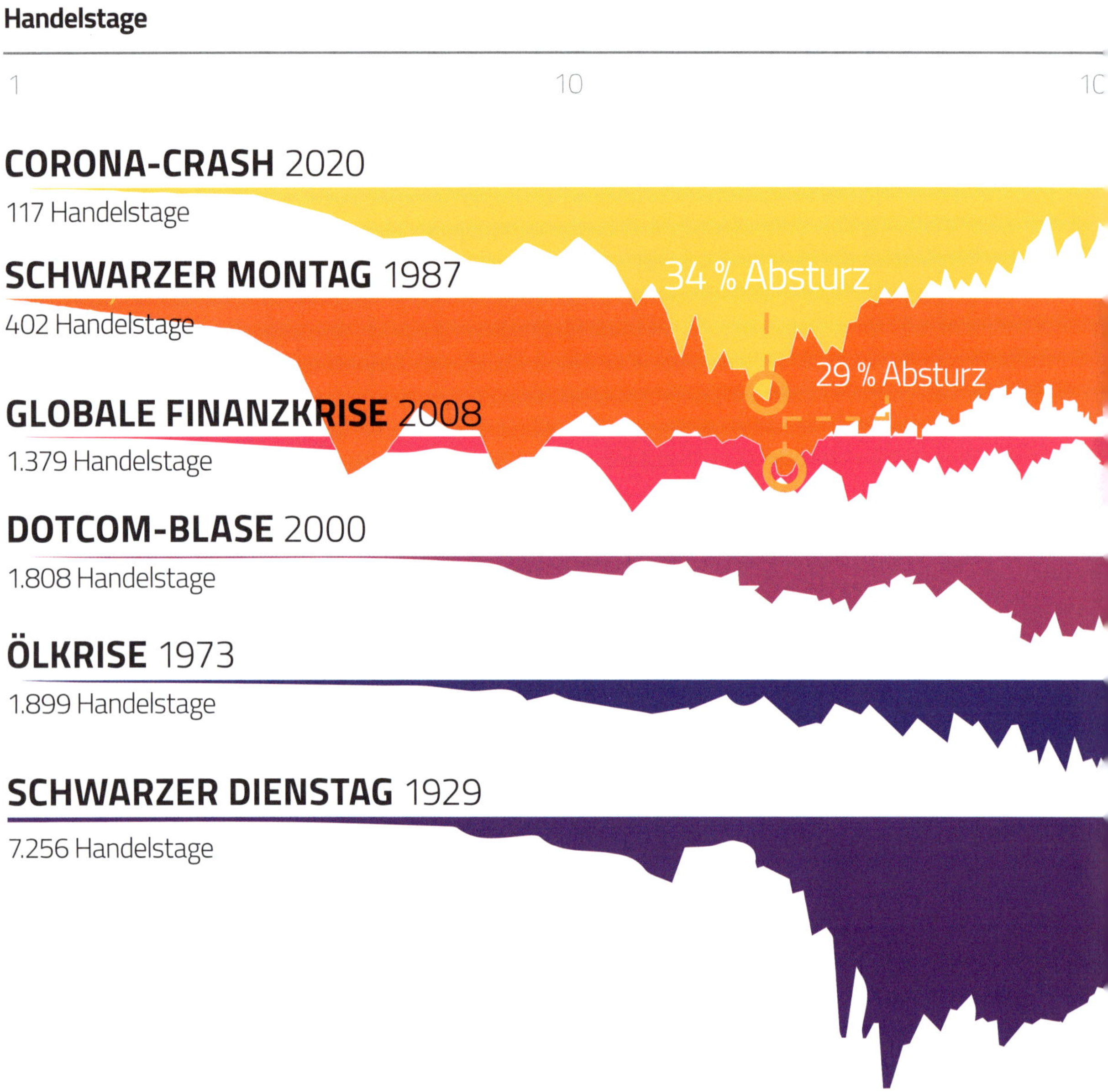

Handelstage
1
10
1C
CORONA-CRASH 2020
117 Handelstage
SCHWARZER MONTAG 1987
34 % Absturz
402 Handelstage
29 % Absturz
GLOBALE FINANZKRISE 2008
1.379 Handelstage
DOTCOM-BLASE 2000
1.808 Handelstage
ÖLKRISE 1973
1.899 Handelstage
SCHWARZER DIENSTAG 1929
7.256 Handelstage

Die größten Crashs aller Zeiten

Einbrüche des S&P 500 Index

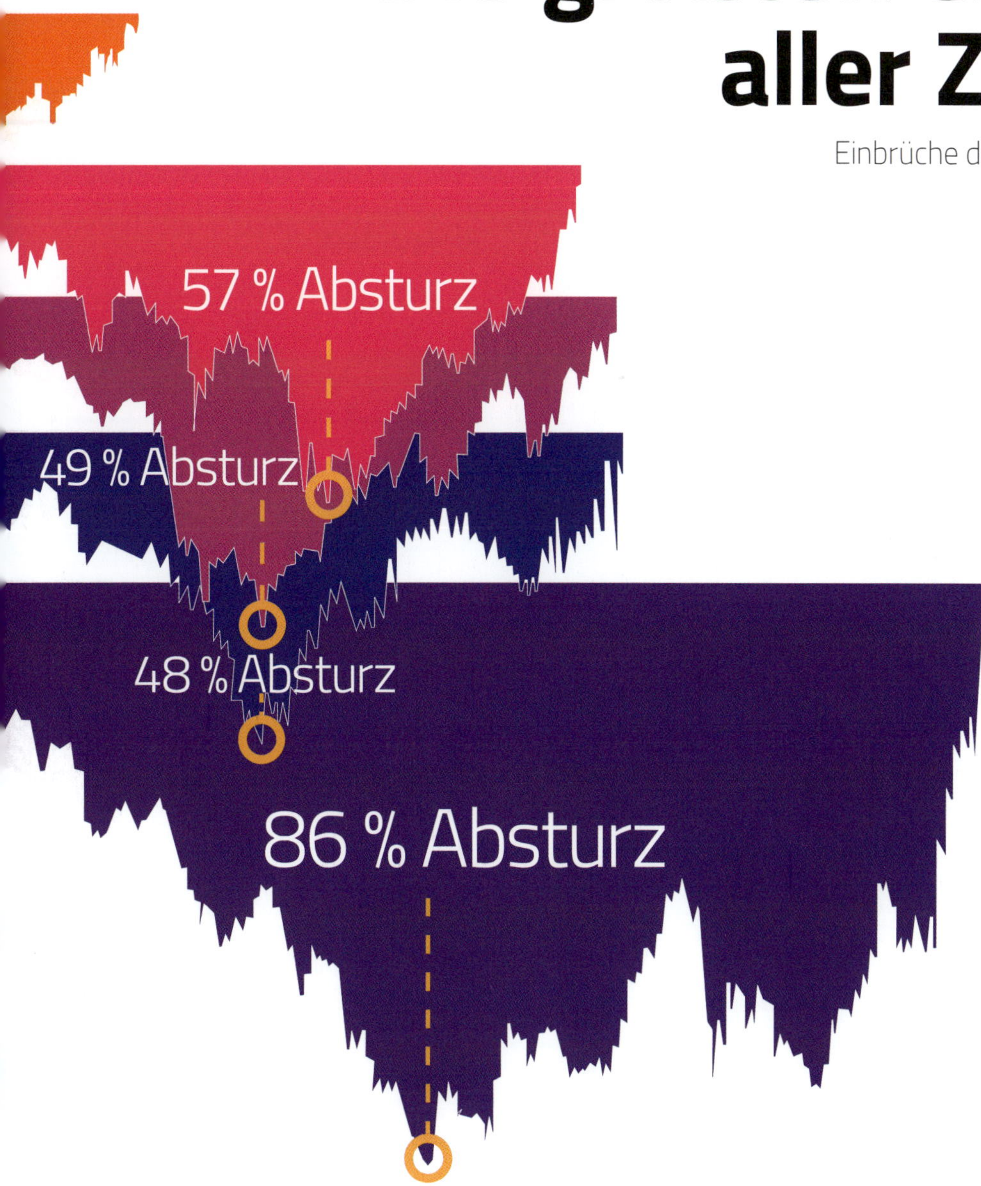

Stand: August 2021

Reale Renditen in verschiedenen Zeiträumen

in Prozent pro Jahr

Anlageklasse

1 Aktien Welt (MSCI World)

2 Deutsche Aktien (Dax)

3 Gold

4 Deutsche Staatsanleihen (Rex)

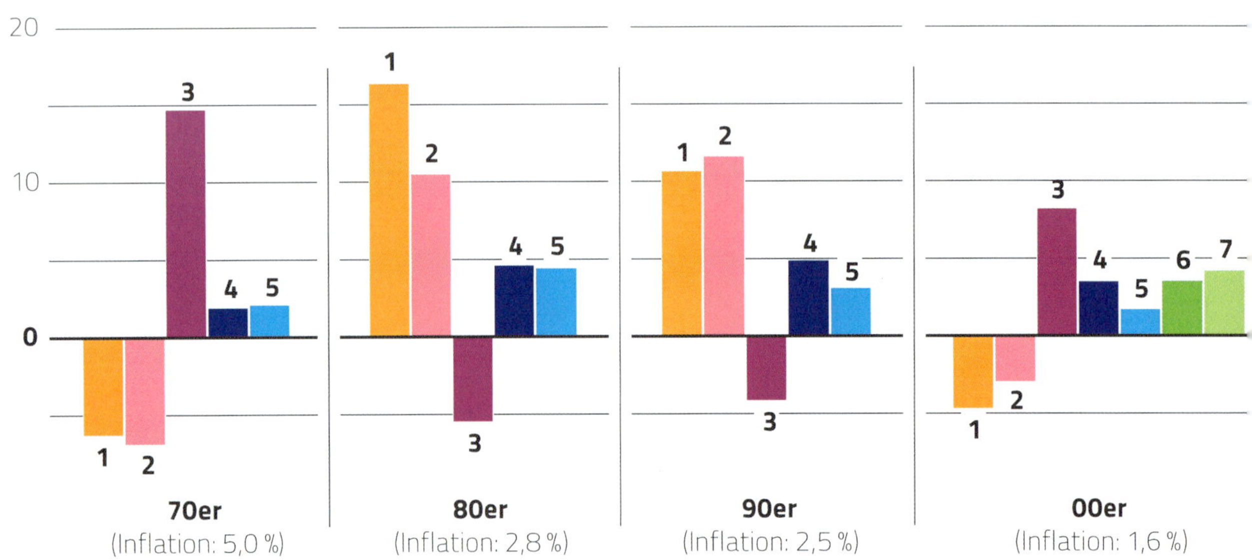

5 Deutsche Staatsanleihen 1-jährig

6 Euro-Staatsanleihen

7 Euro-Staatsanleihen inflationsgeschützt

Die Inflation trifft Sparer in Zeiten niedriger Zinsen besonders hart. Die Verzinsung auf dem Sparkonto und die Inflation ergeben zusammen den Realzins, also die „echte" Verzinsung. Liegen die Zinsen bei 1 Prozent und die Inflation ebenfalls bei 1 Prozent, ist der Realzins 0 Prozent. Die Kaufkraft des Vermögens bleibt dann erhalten. Sind die Zinsen aber bei 0 Prozent und die Inflation bei 6 Prozent, liegt der Realzins bei minus 6 Prozent. Das Vermögen verliert mit der Zeit an Wert. In der Vergangenheit gab es Inflationsschutz vor allem mit Aktien oder Gold, zeitweise aber auch mit Anleihen. Um sich für die Zukunft gut aufzustellen, empfiehlt sich eine Mischung aus verschiedenen Anlagen.

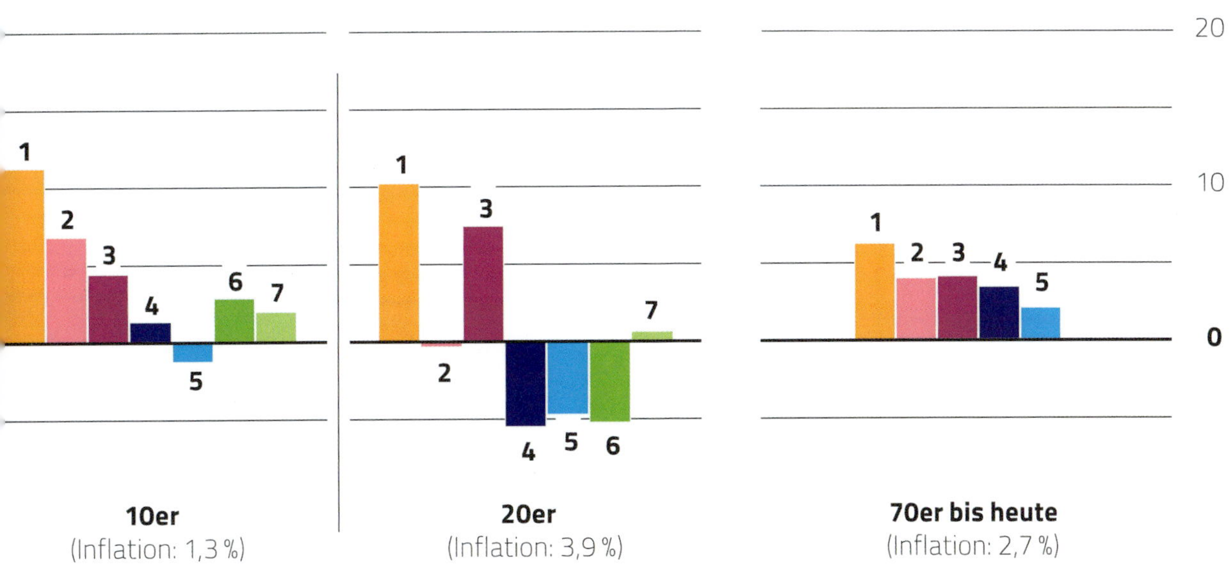

Stand: Juni 2022

Die Ära Merkel – eine Wirtschaftsbilanz

Kennzahlen zur wirtschaftlichen Entwicklung Deutschlands 2005 bis 2020

Angela Merkel hat Deutschlands Wirtschaft 16 Jahre lang geprägt. Doch wie hat die ehemalige Bundeskanzlerin die Bundesrepublik verändert? Der finanzielle Wohlstand ist deutlich und kontinuierlich gewachsen: das Bruttoinlandsprodukt pro Kopf stieg um rund 43 Prozent. Ohne Ausbruch der Coronapandemie hätte dieses Wachstum wohl knapp an die 50-Prozent-Marke herangereicht. Zur positiven Bilanz Merkels gehört auch die Zahl der Arbeitslosen. Diese ist – trotz des pandemiebedingten Anstiegs im Jahr 2020 – um rund 44 Prozent gesunken. 2005, als Merkel ins Kanzleramt einzog, waren knapp fünf Millionen Menschen als arbeitslos registriert, 2019 schließlich waren es nur noch 2,3 Millionen Menschen. Hingegen sind die Schulden des öffentlichen Gesamthaushalts von Bund, Ländern, Gemeinden und Sozialversicherung gestiegen – je Einwohner von rund 18.000 auf über 26.000 Euro.

Arbeitslose in Mio.

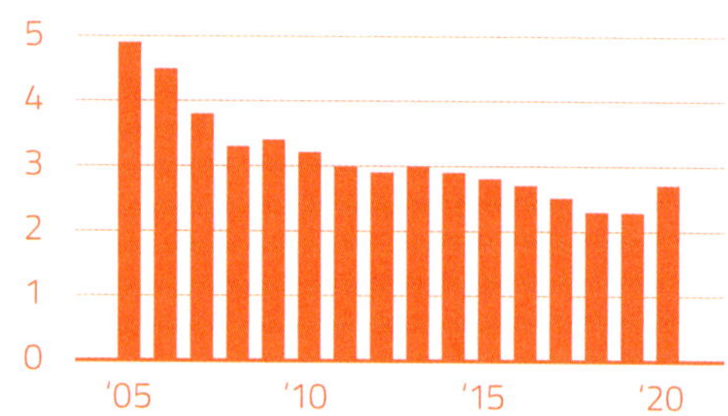

2020 ggü. 2005: - 44,4 %

Treibhausgasemissionen
(in Mio. Tonnen CO_2-Äquivalent)

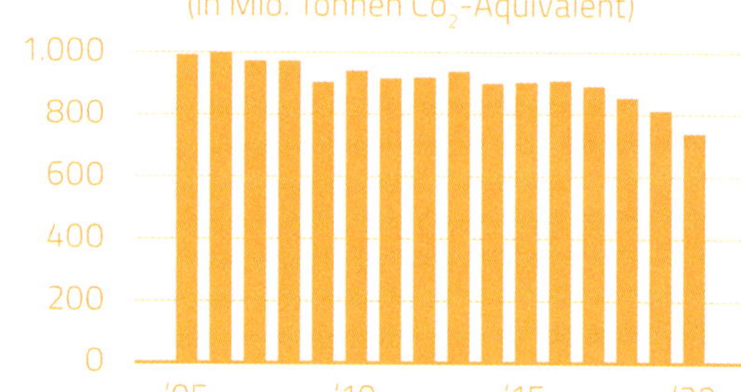

2020 ggü. 2005: - 25,5 %

BIP pro Kopf in €

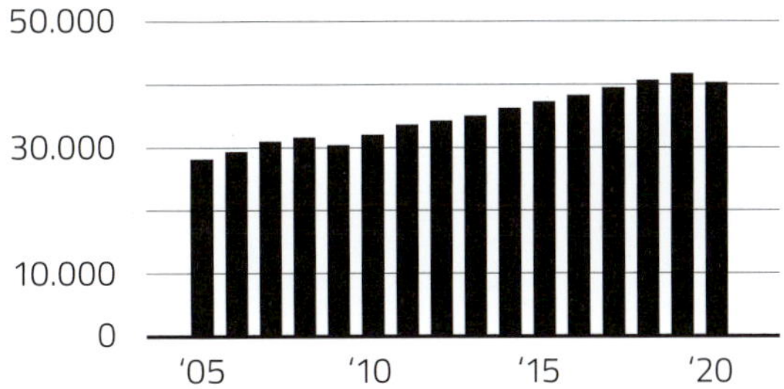

2020 ggü. 2005: + 42,5 %

Unternehmensinsolvenzen

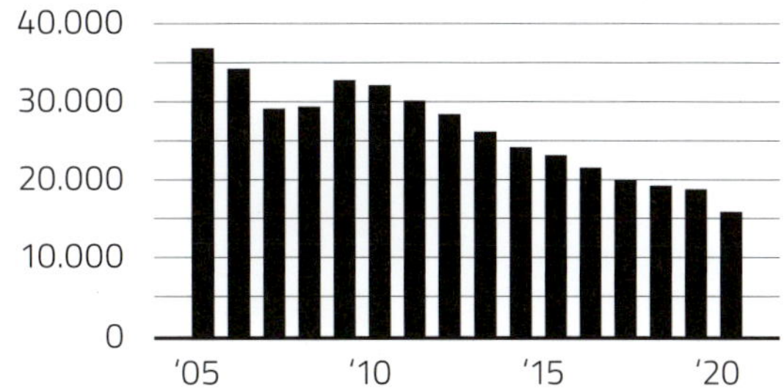

2020 ggü. 2005: - 57,0 %

Saldo Außenhandelsbilanz in Mrd. €

2020 ggü. 2005: + 13,7 %

Öffentl. Gesamtschulden pro Kopf in €

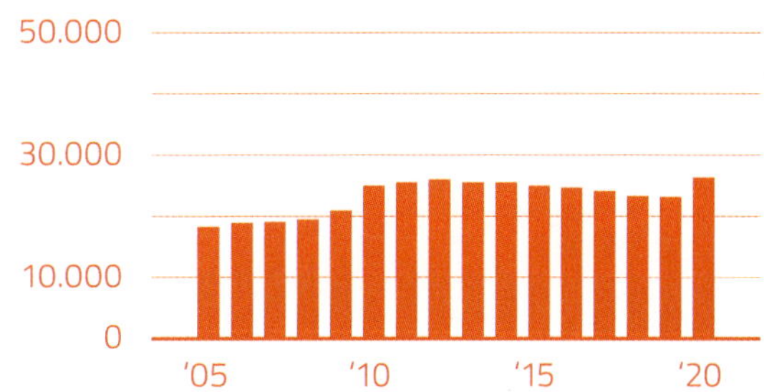

2020 ggü. 2005: + 44,7 %

Steuereinnahmen in Mrd. €

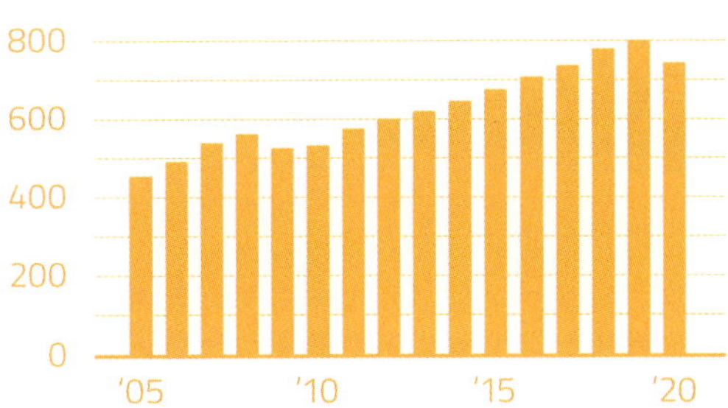

2020 ggü. 2005: + 63,6 %

Militärausgaben in Mrd. €

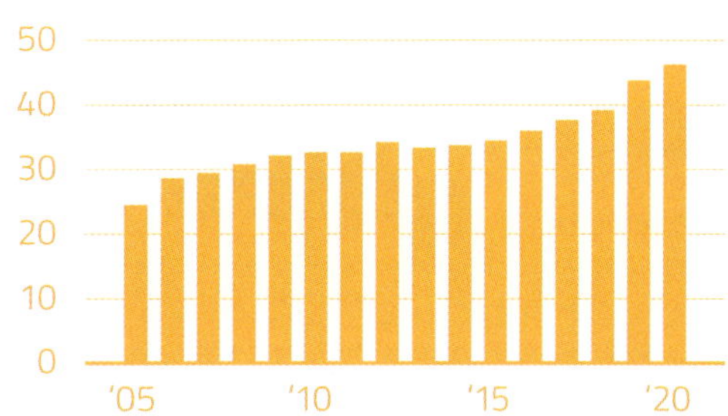

2020 ggü. 2005: + 89,8 %

Stand: September 2021

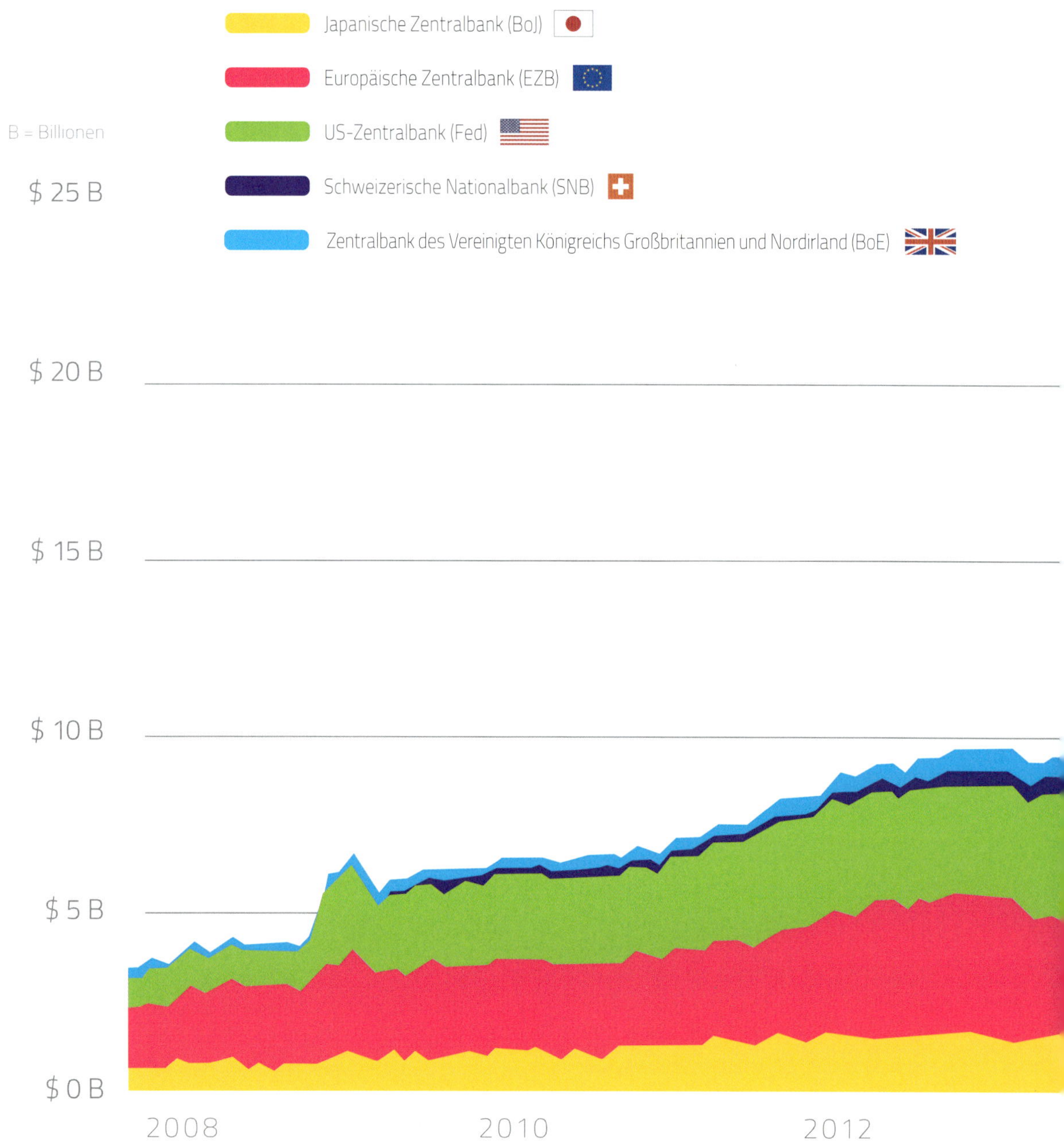
Japanische Zentralbank (BoJ)
Europäische Zentralbank (EZB)
US-Zentralbank (Fed)
Schweizerische Nationalbank (SNB)
Zentralbank des Vereinigten Königreichs Großbritannien und Nordirland (BoE)
B = Billionen
$ 25 B
$ 20 B
$ 15 B
$ 10 B
$ 5 B
$ 0 B
2008
2010
2012

Stand 2020

Bilanzen der Zentralbanken

in US-Dollar

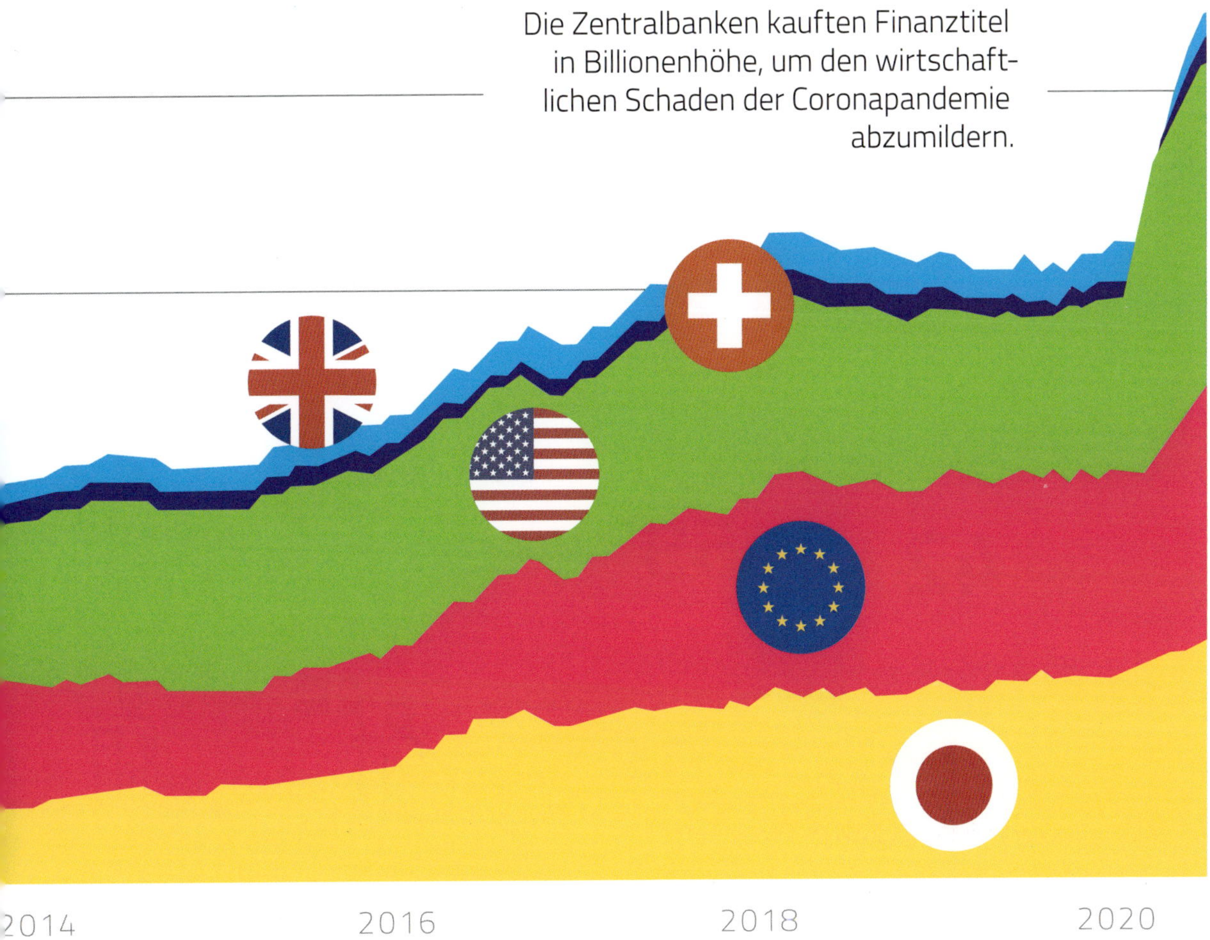

Börsengänge weltweit

im Zeitraum 2016 bis 2020

Wie diese Grafik zeigt, bleibt Deutschland in Sachen IPOs (Börsengänge) hinter wichtigen Industrieländern wie China, den USA, Großbritannien, Schweden und Frankreich deutlich zurück. Insgesamt wirken sich die Folgen des russischen Krieges gegen die Ukraine und der Coronapandemie negativ aufs Parkett aus: Sowohl die Zahl der Neuemissionen als auch das Volumen sind zuletzt deutlich zurückgegangen.

Ein IPO ist die erste Ausgabe von Aktien eines Unternehmens an die breite Öffentlichkeit. Ab diesem Zeitpunkt können Anleger und Investoren also erstmals Anteile einer Aktiengesellschaft an der Börse kaufen und so zum Miteigentümer der Firma werden. Der Hauptgrund für einen Börsengang ist, dass sich eine Firma mit einem Börsengang neues Eigenkapital beschaffen kann. Dafür verkauft sie mittels einer Aktie einen Teil des Unternehmens an Investoren.

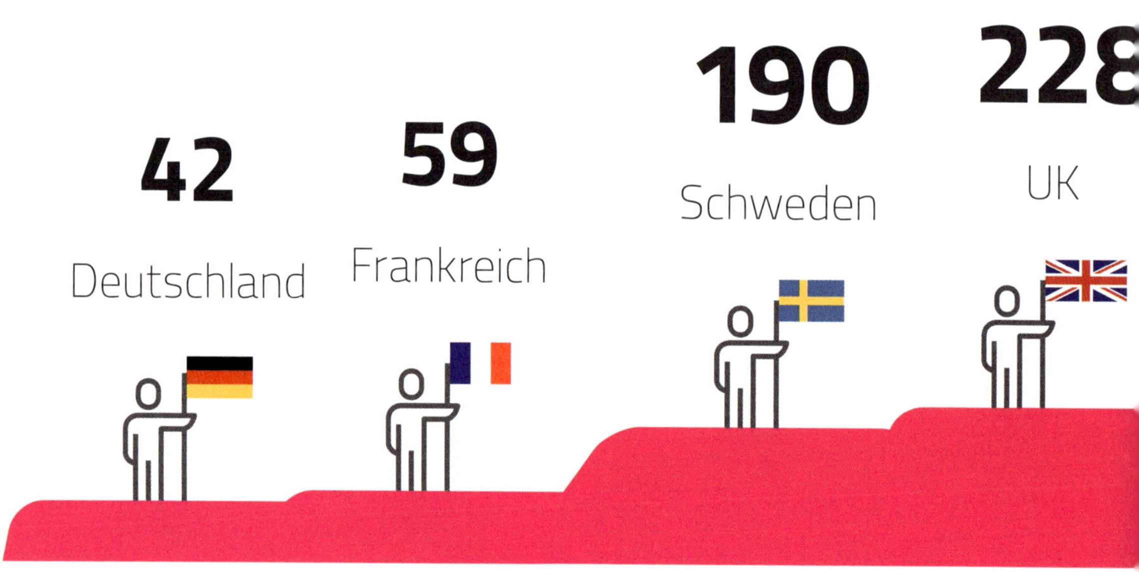

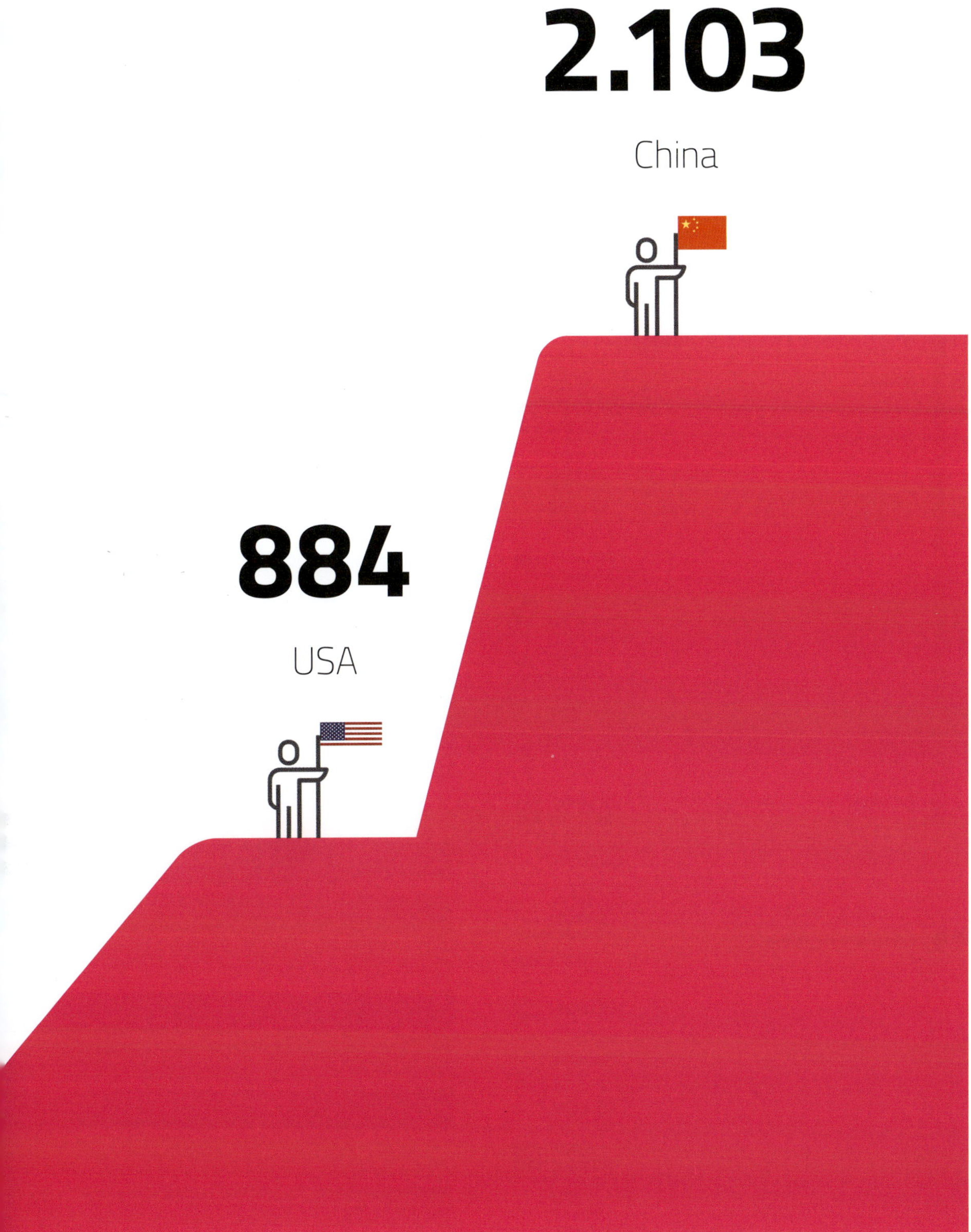

Stand: 2021

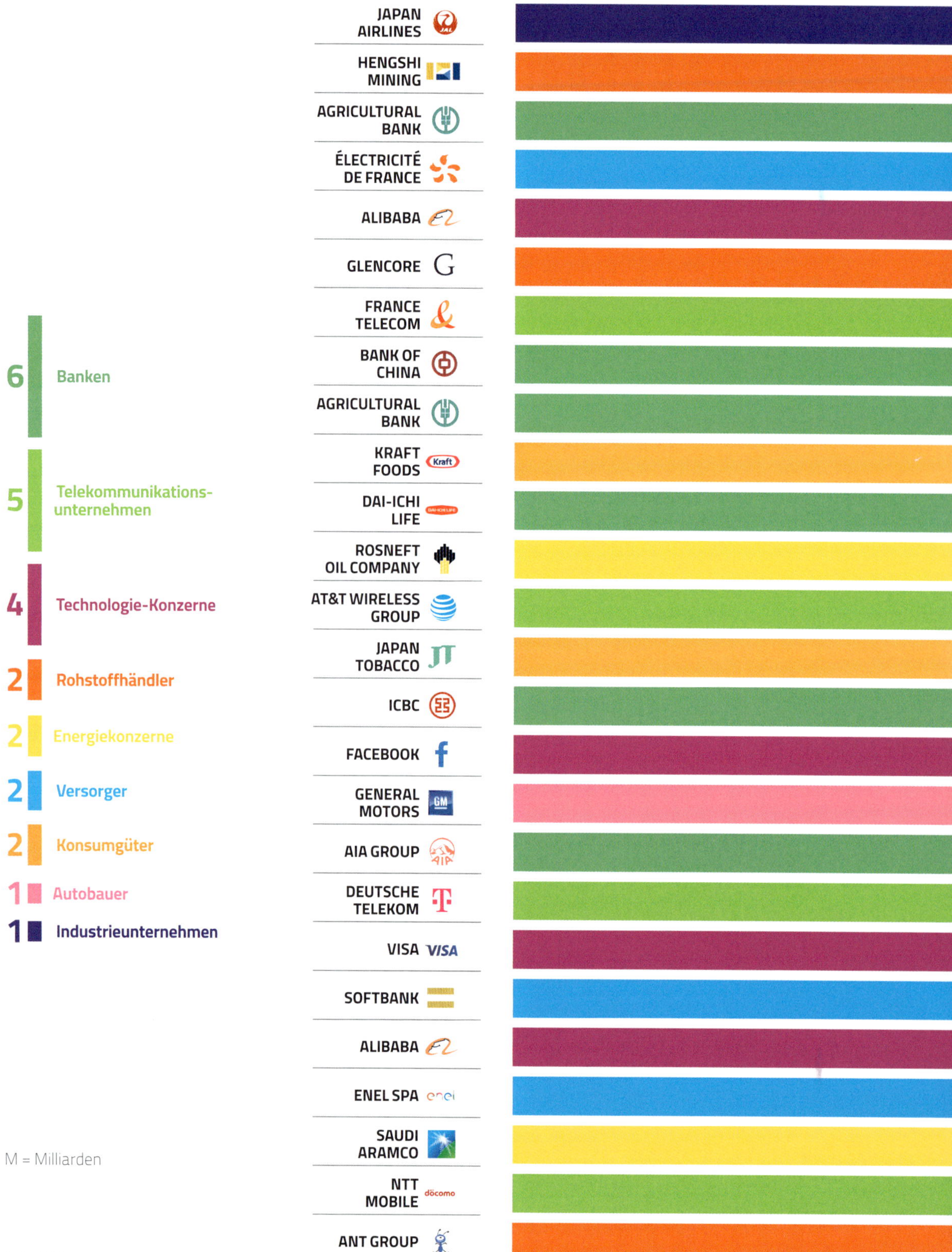

M = Milliarden

Stand: 2020

Die größten Börsengänge der Welt

Inflationsbereinigt

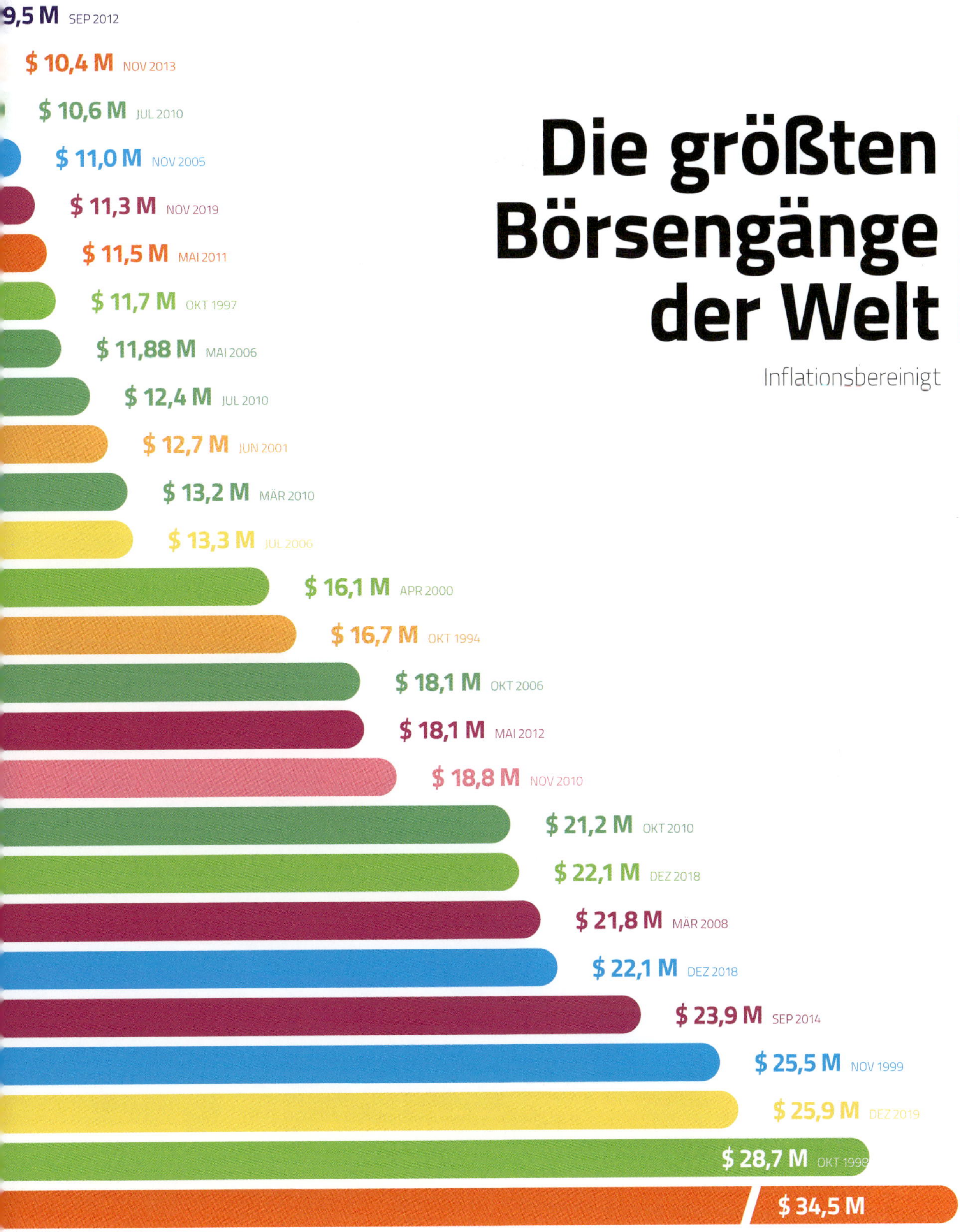

Bedeutung der Sektoren an der US-Börse

im Zeitverlauf

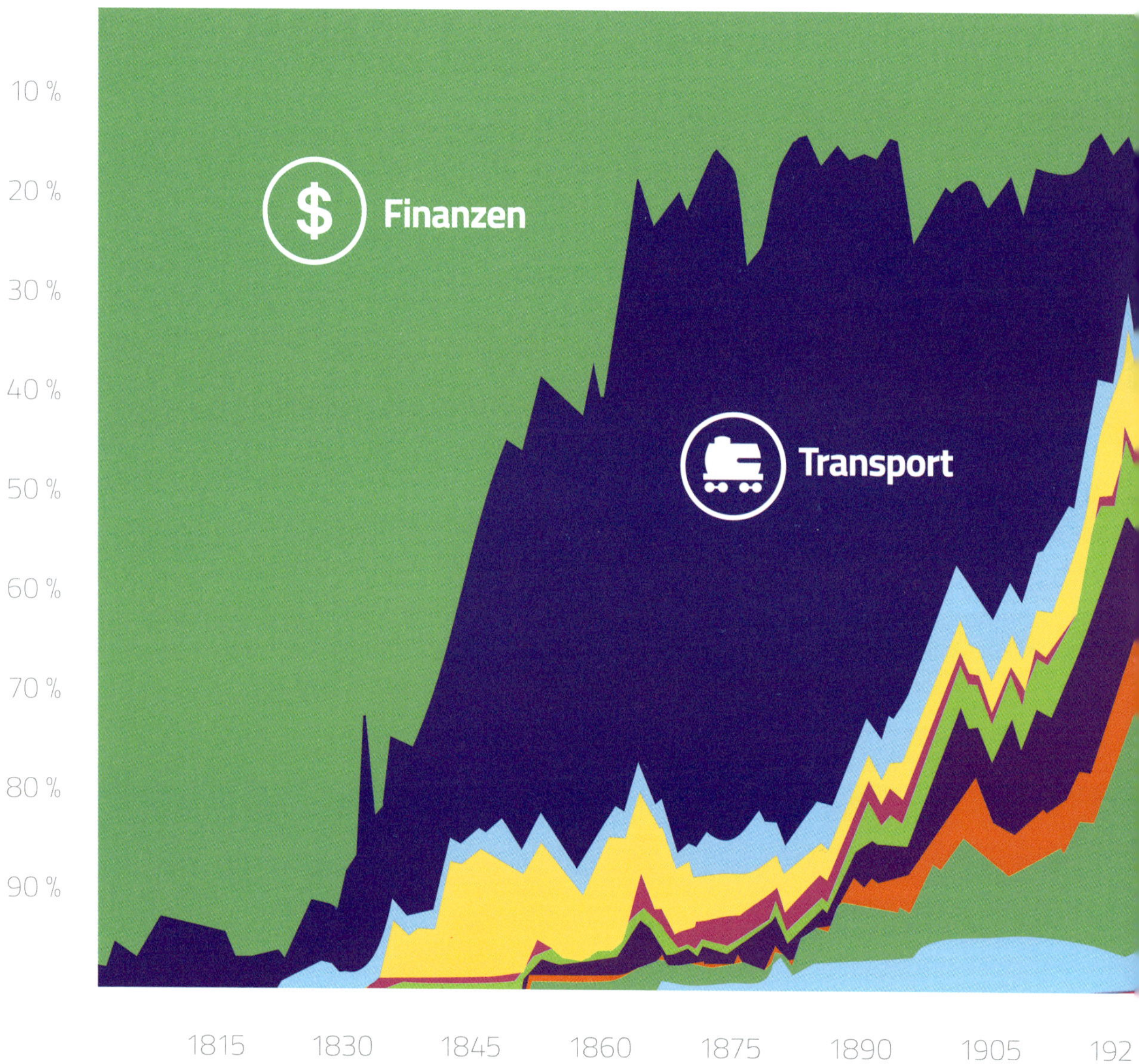

Stand: 2020

„Global Financial Data" teilt den Aktienmarkt in zwölf Sektoren ein. Die zwölf Sektoren umfassen jene elf Sektoren, die den Sektoren im Global Industry Classification Standard ähneln, fügen aber einen zwölften Sektor für Transportwerte hinzu, da dieser historisch wichtig für die USA, Großbritannien und andere Volkswirtschaften war. Der Sektor Kommunikation umfasst nicht nur Telekommunikationswerte, sondern auch allgemeine Kommunikation wie Medien und Verlagswesen.

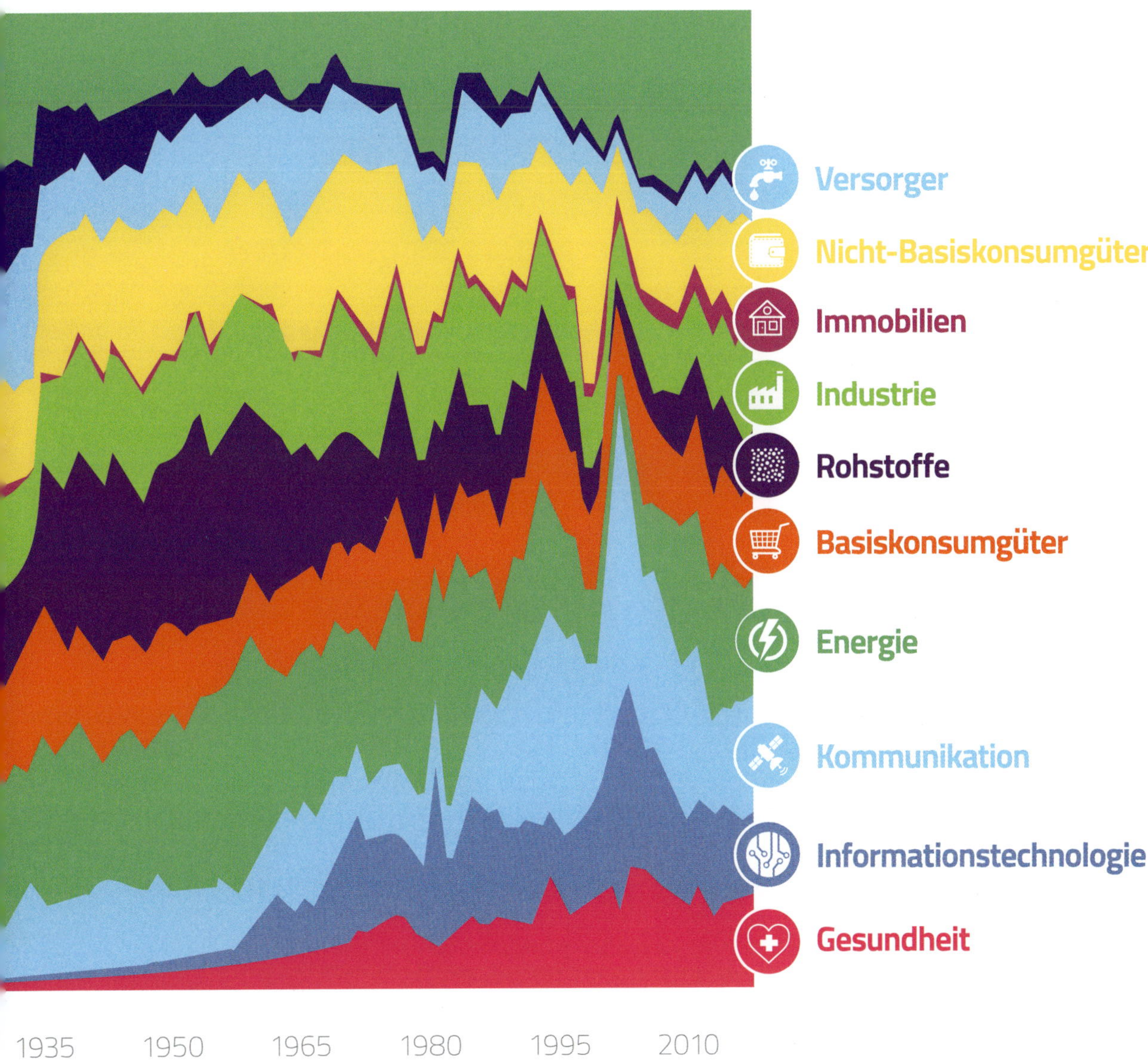

Branchenrotation im letzten Jahrhundert

an der US-Börse

Finanzen

Transport 38 %

Versorger

Nicht-Basiskonsumgüter

Immobilien

Industrie

Rohstoffe

Basiskonsumgüter

Energie

Kommunikation

Informationstechnologie

Gesundheit

40 %

Im Laufe des letzten Jahrhunderts haben wichtige Sektoren wie das Transportwesen ihren Glanz verloren.

Gleichzeitig hat die technologische Entwicklung dazu geführt, dass ganz neue Branchen wie die Informationstechnologie und das Gesundheitswesen an Bedeutung gewonnen haben.

Stand: 2020

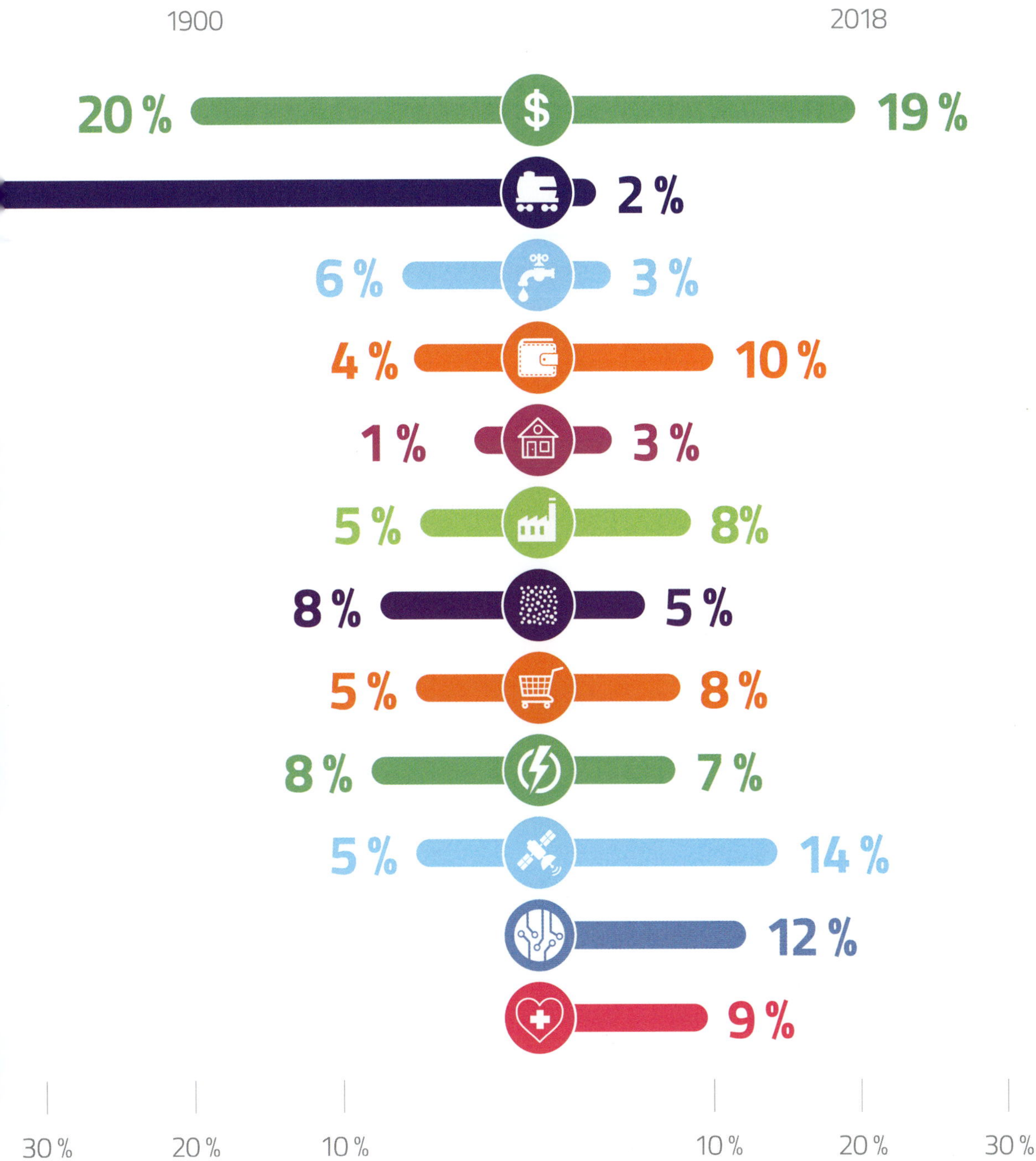

1900
2018
20 %
19 %
2 %
6 %
3 %
4 %
10 %
1 %
3 %
5 %
8%
8 %
5 %
5 %
8 %
8 %
7 %
5 %
14 %
12 %
9 %
30 %
20 %
10 %
10 %
20 %
30 %

Die größten Unternehmen der Welt

Marktkapitalisierung in Milliarden US-Dollar

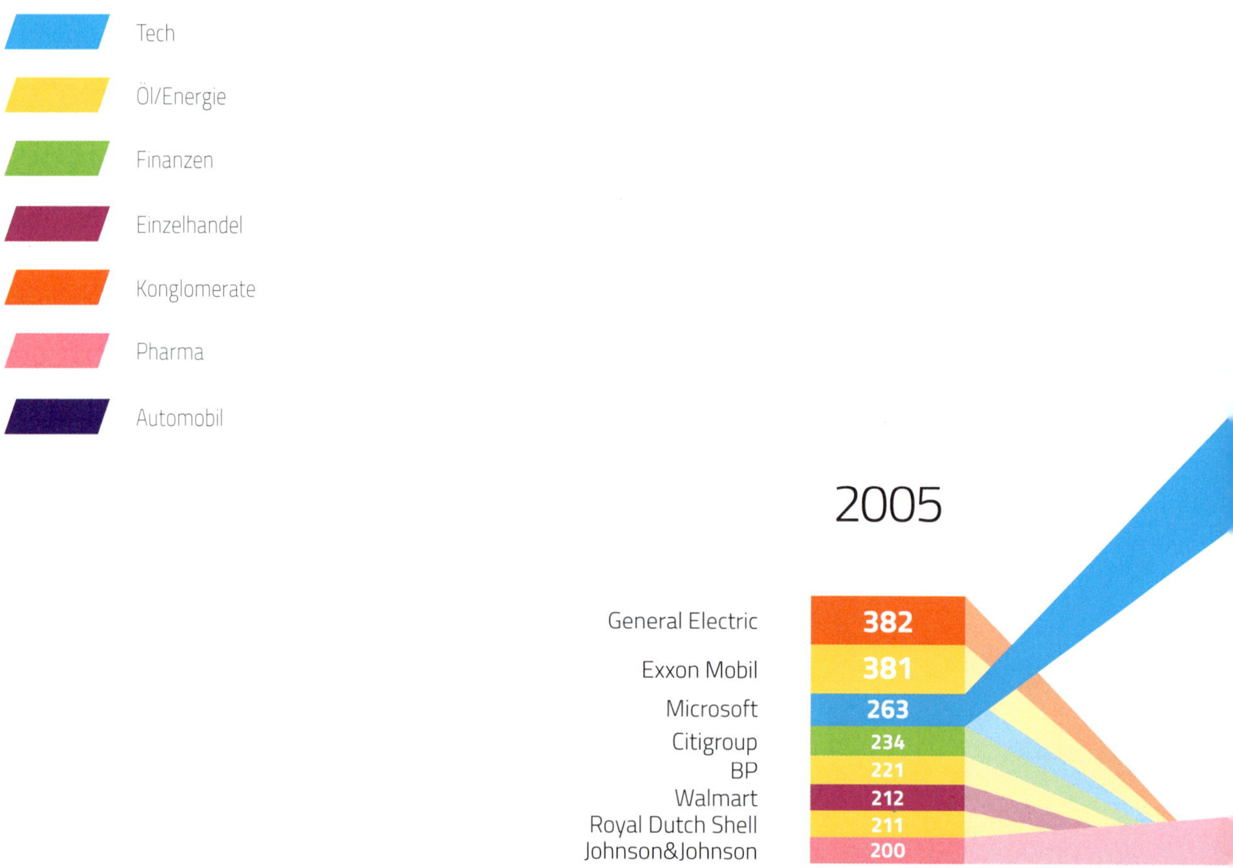

Stand: 31. März 2005 und 29. Juni 2022

2022

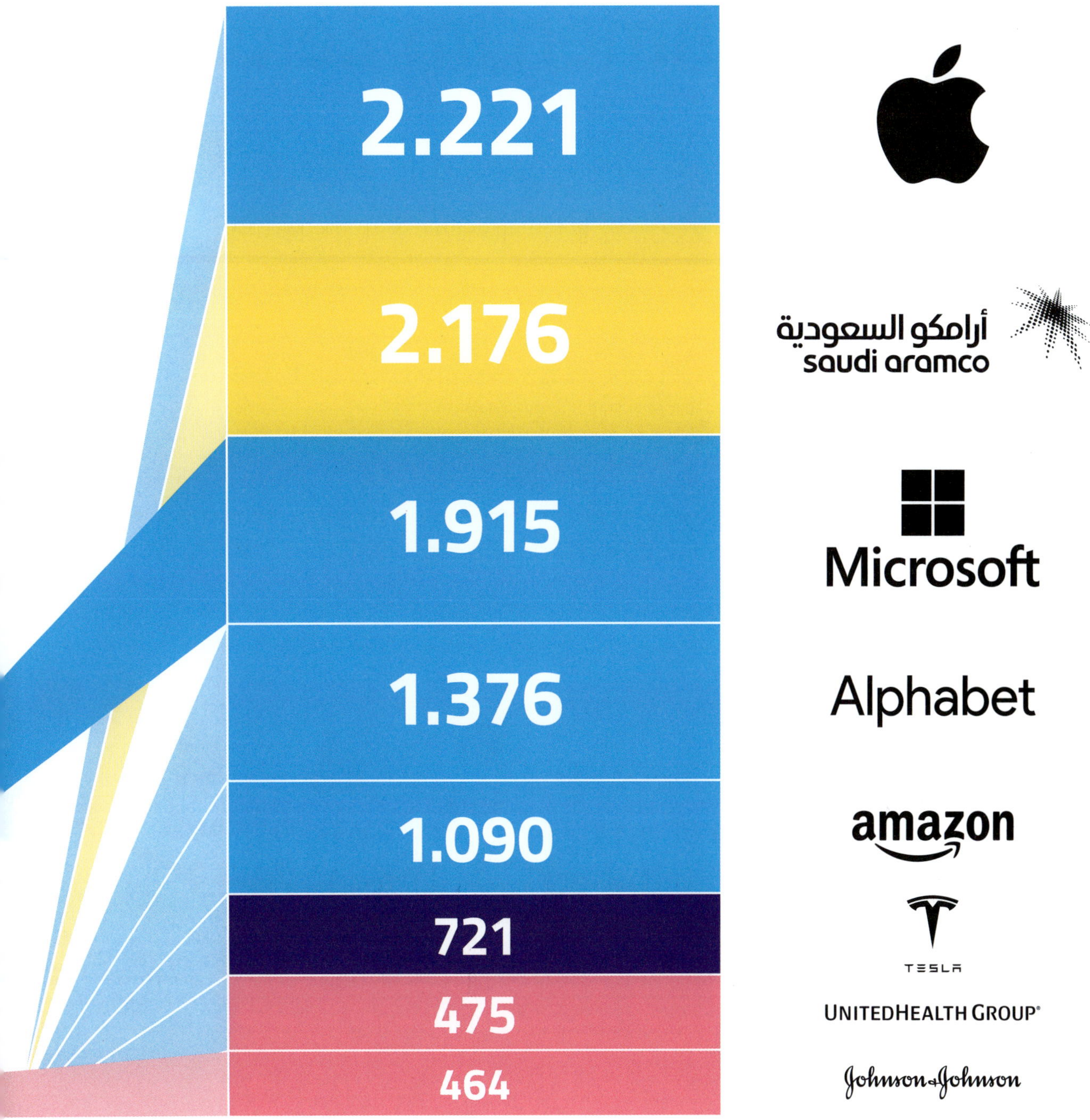
2.221
2.176
أرامكو السعودية
saudi aramco
1.915
Microsoft
1.376
Alphabet
1.090
amazon
721
TESLA
475
UNITEDHEALTH GROUP
464
Johnson&Johnson

Das wertvollste Unternehmen im Zeitverlauf

in Milliarden US-Dollar

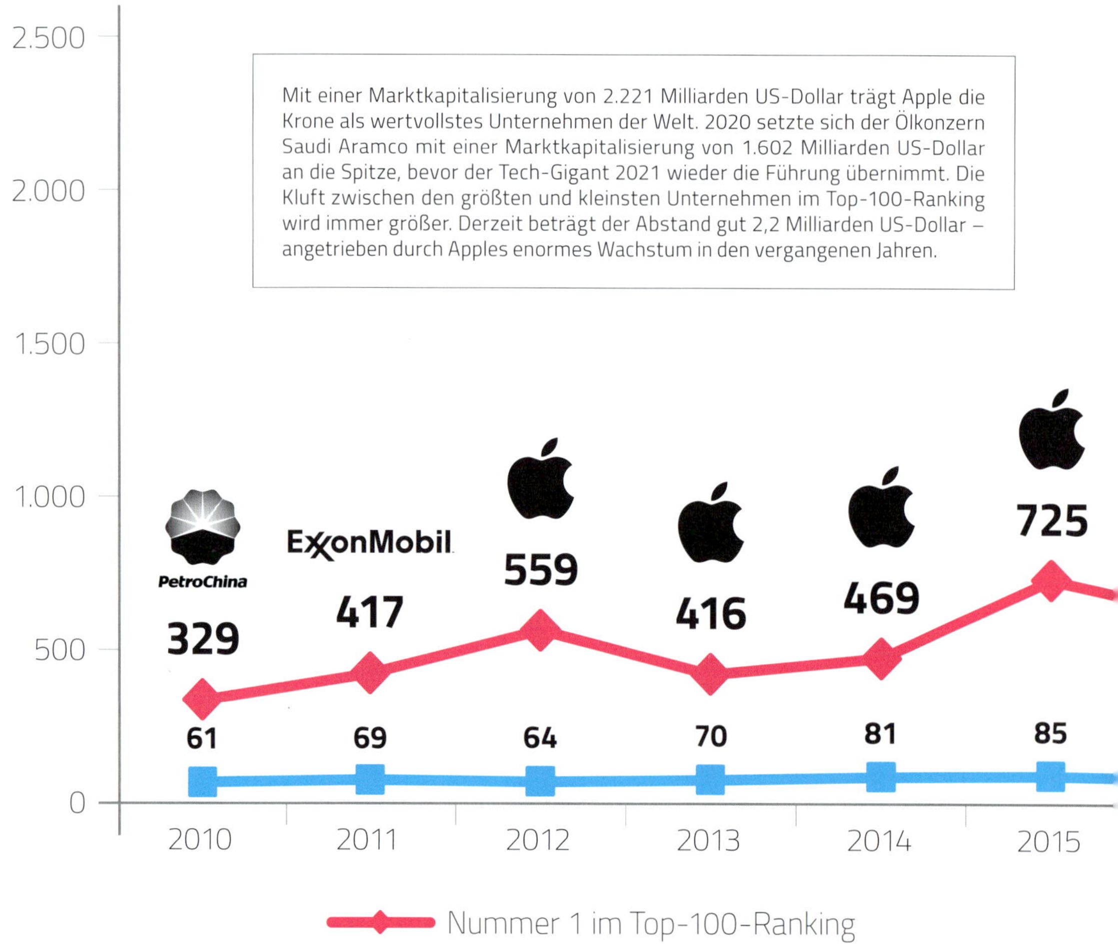

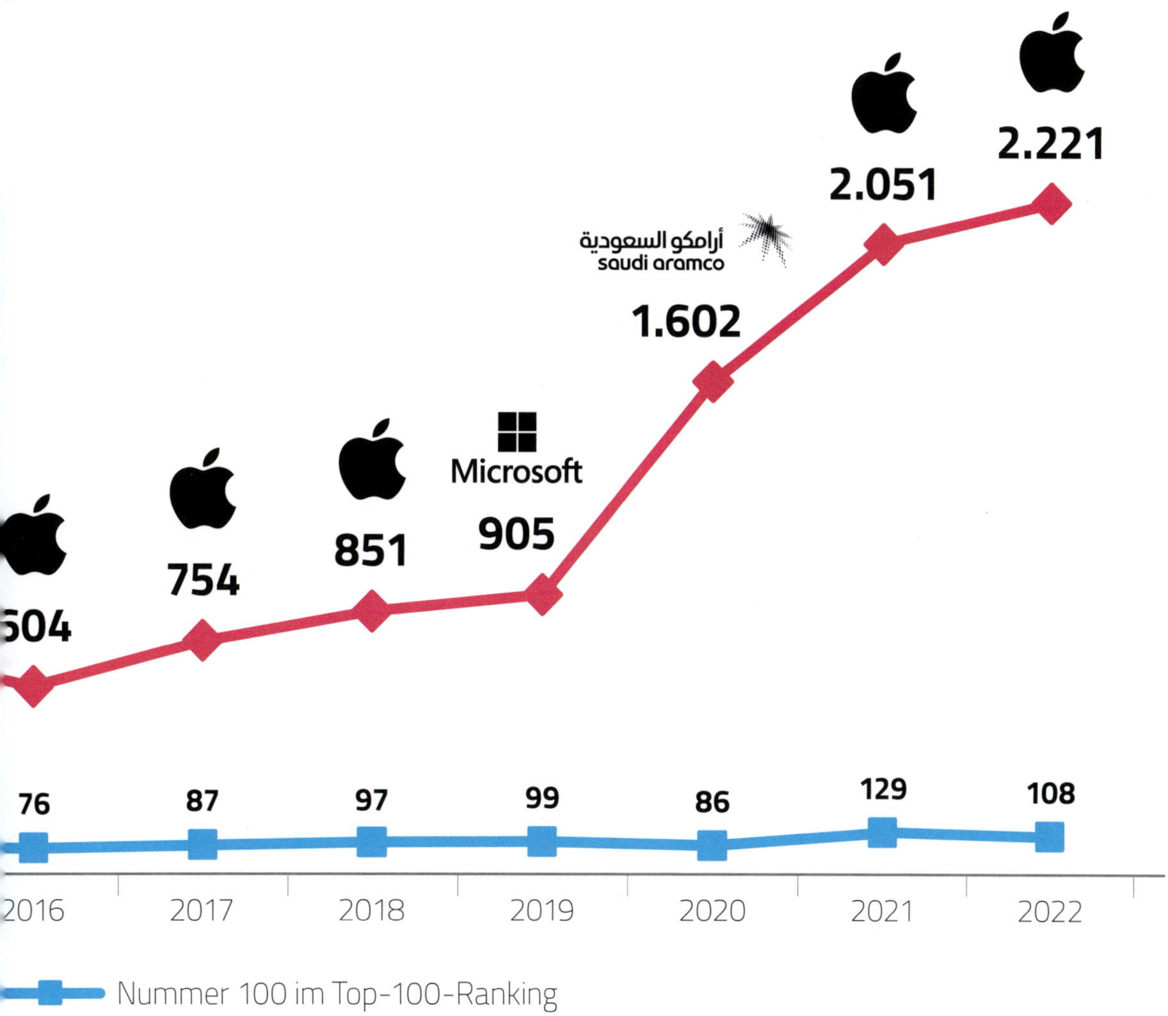

Stand: Juni 2022

Die Lebensdauer von Unternehmen wird immer kürzer. Hohes Innovationstempo verkürzt die Lebenserwartung. Und dieser Trend ist global einheitlich: Da sich Kapital- und Innovationszyklen immer schneller bewegen, die Märkte immer transparenter und wettbewerbsintensiver werden, schrumpft auch die Lebensdauer von Unternehmen. So zeigt beispielsweise ein Blick auf die durchschnittliche Verweildauer amerikanischer Unternehmen im marktbreiten Börsenindex S&P 500, dass sich die Lebenszyklen von Konzernen in den letzten Jahrzehnten drastisch verkürzt haben. Abzulesen ist das an der durchschnittlichen Verweildauer der Index-Mitglieder im S&P 500: Verweilten US-Konzerne im Jahr 1965 noch rund 33 Jahre im Index, waren es 1990 nur noch 20 Jahre, wie die Unternehmensberatung Innosight herausfand. Der Trend geht weiter. Für das Jahr 2026 prognostiziert die Agentur, dass Unternehmen im Schnitt nur noch rund 14 Jahre im S&P verweilen. Rund die Hälfte der 500 im S&P vertretenen Firmen wird in den nächsten zehn Jahren aus dem Index fliegen.

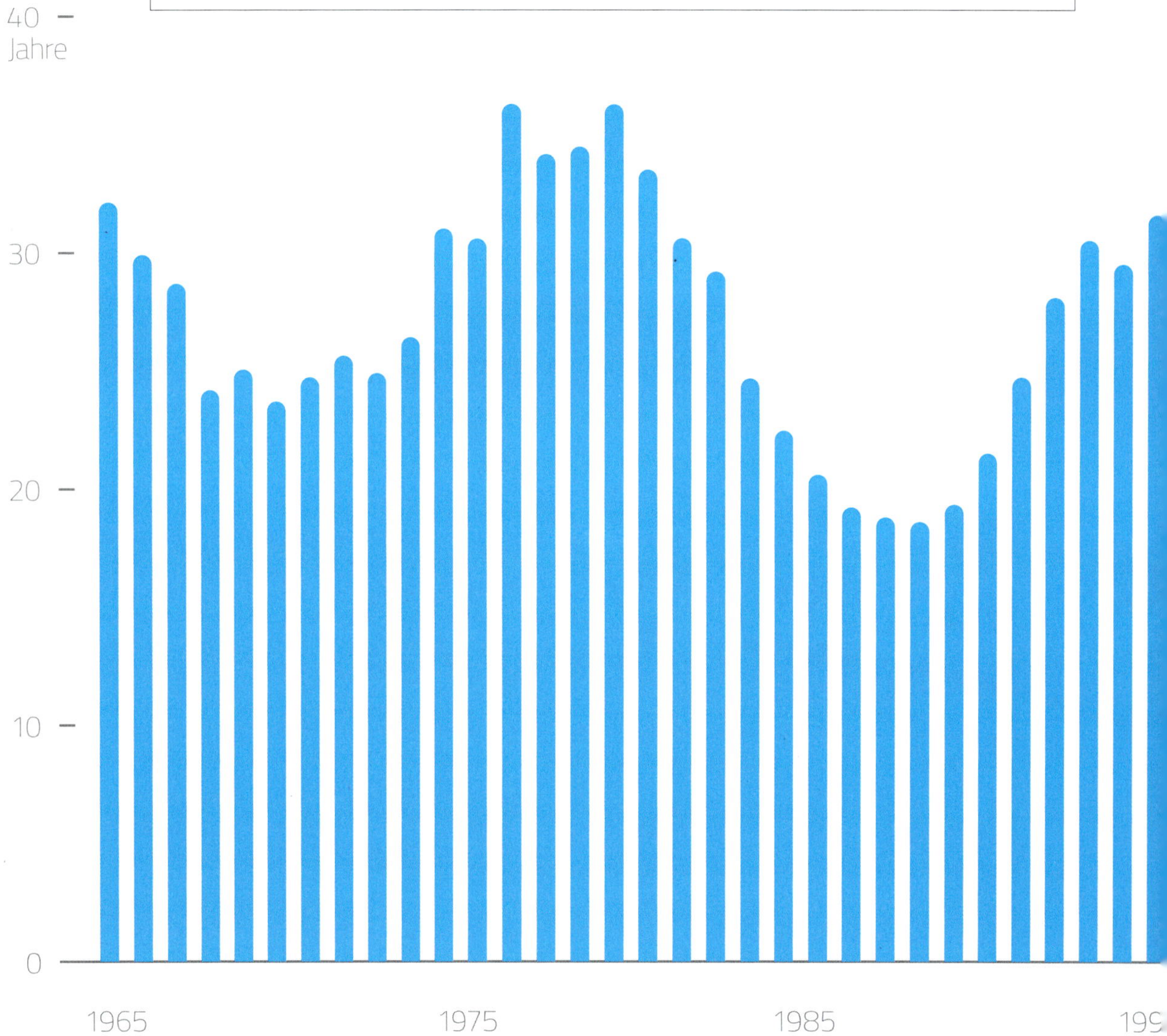

Stand: Mai 2021

Durchschnittliche Unternehmenslebensdauer im S&P 500

Berechnet auf der Grundlage eines rollierenden 7-Jahres-Durchschnitts

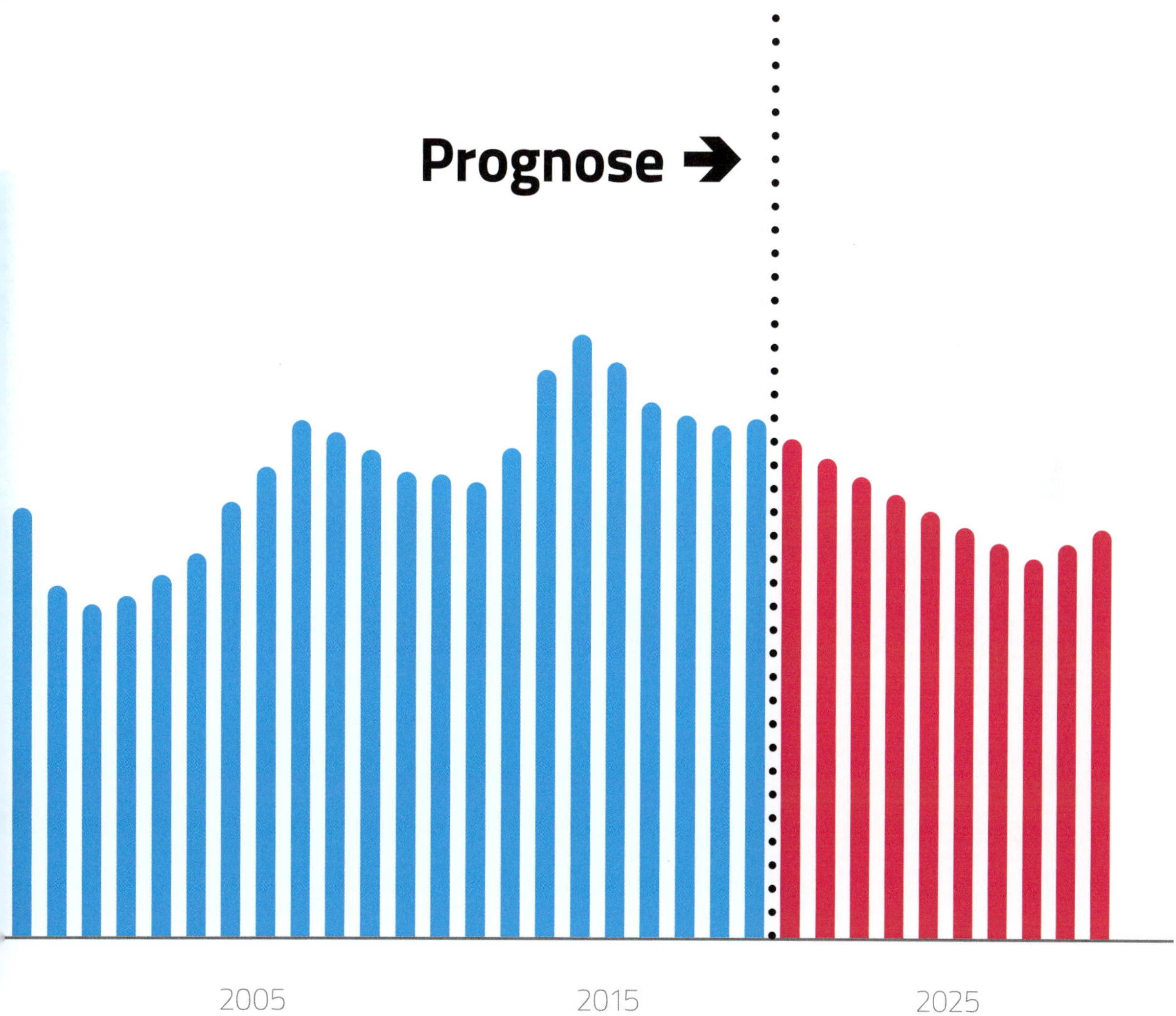

200 Jahre Zinssätze in den USA

in Prozent

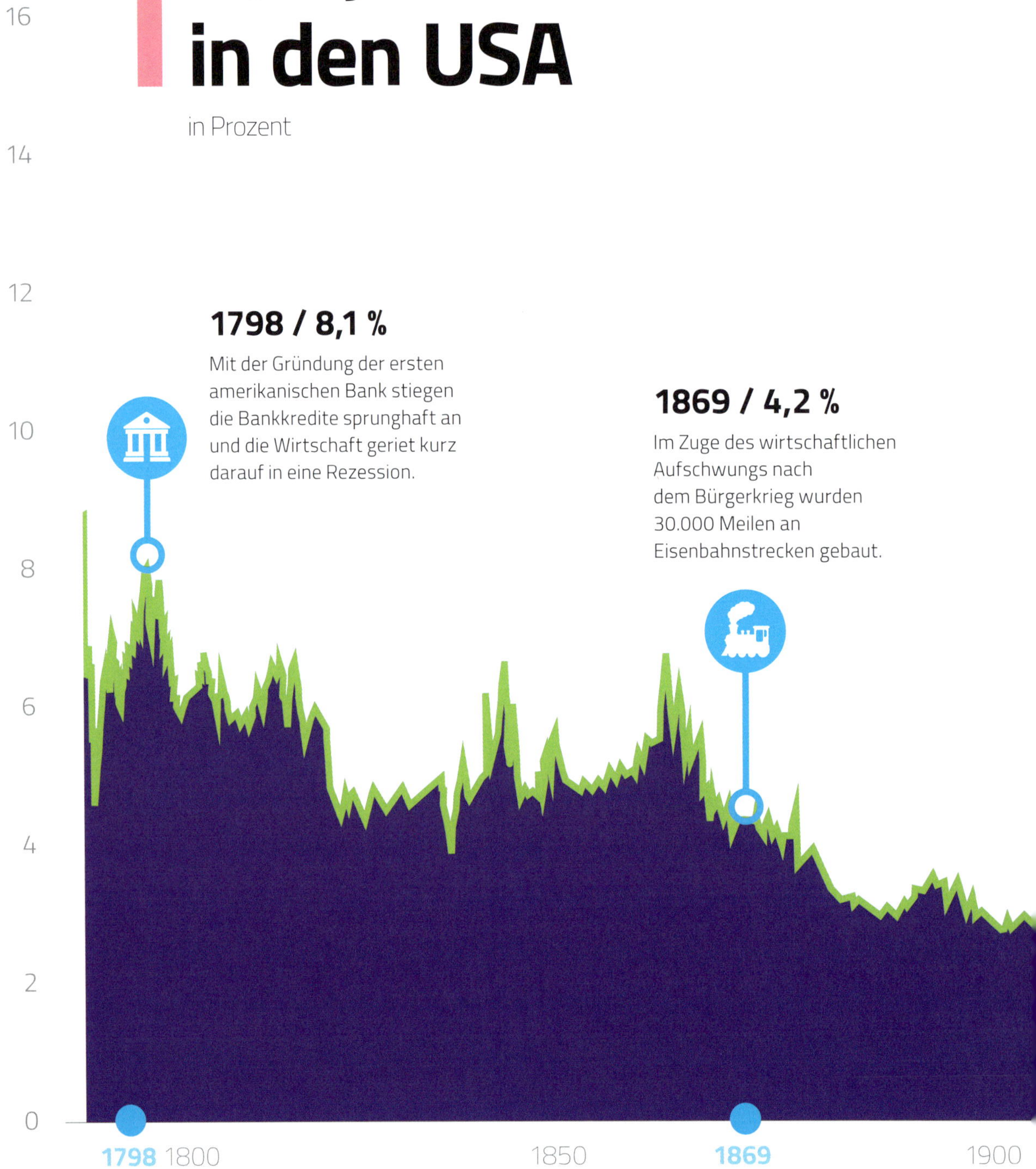

Stand: 2020

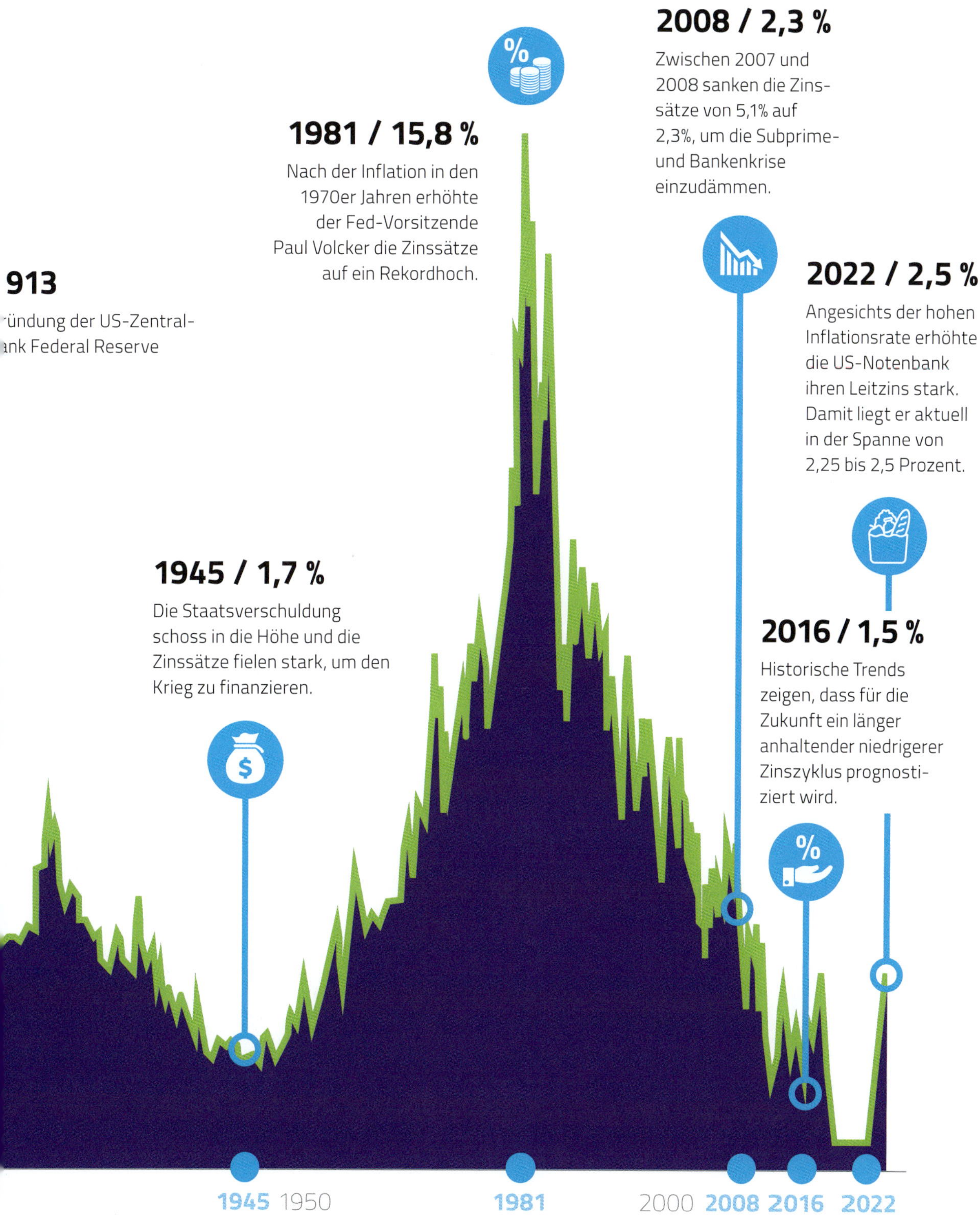
2008 / 2,3 %
Zwischen 2007 und 2008 sanken die Zinssätze von 5,1% auf 2,3%, um die Subprime- und Bankenkrise einzudämmen.
1981 / 15,8 %
Nach der Inflation in den 1970er Jahren erhöhte der Fed-Vorsitzende Paul Volcker die Zinssätze auf ein Rekordhoch.
913
ündung der US-Zentral-
ank Federal Reserve
2022 / 2,5 %
Angesichts der hohen Inflationsrate erhöhte die US-Notenbank ihren Leitzins stark. Damit liegt er aktuell in der Spanne von 2,25 bis 2,5 Prozent.
1945 / 1,7 %
Die Staatsverschuldung schoss in die Höhe und die Zinssätze fielen stark, um den Krieg zu finanzieren.
2016 / 1,5 %
Historische Trends zeigen, dass für die Zukunft ein länger anhaltender niedrigerer Zinszyklus prognostiziert wird.
%
$
1945
1950
1981
2000
2008
2016
2022

Zinserhöhungen vs. Inflationsrate

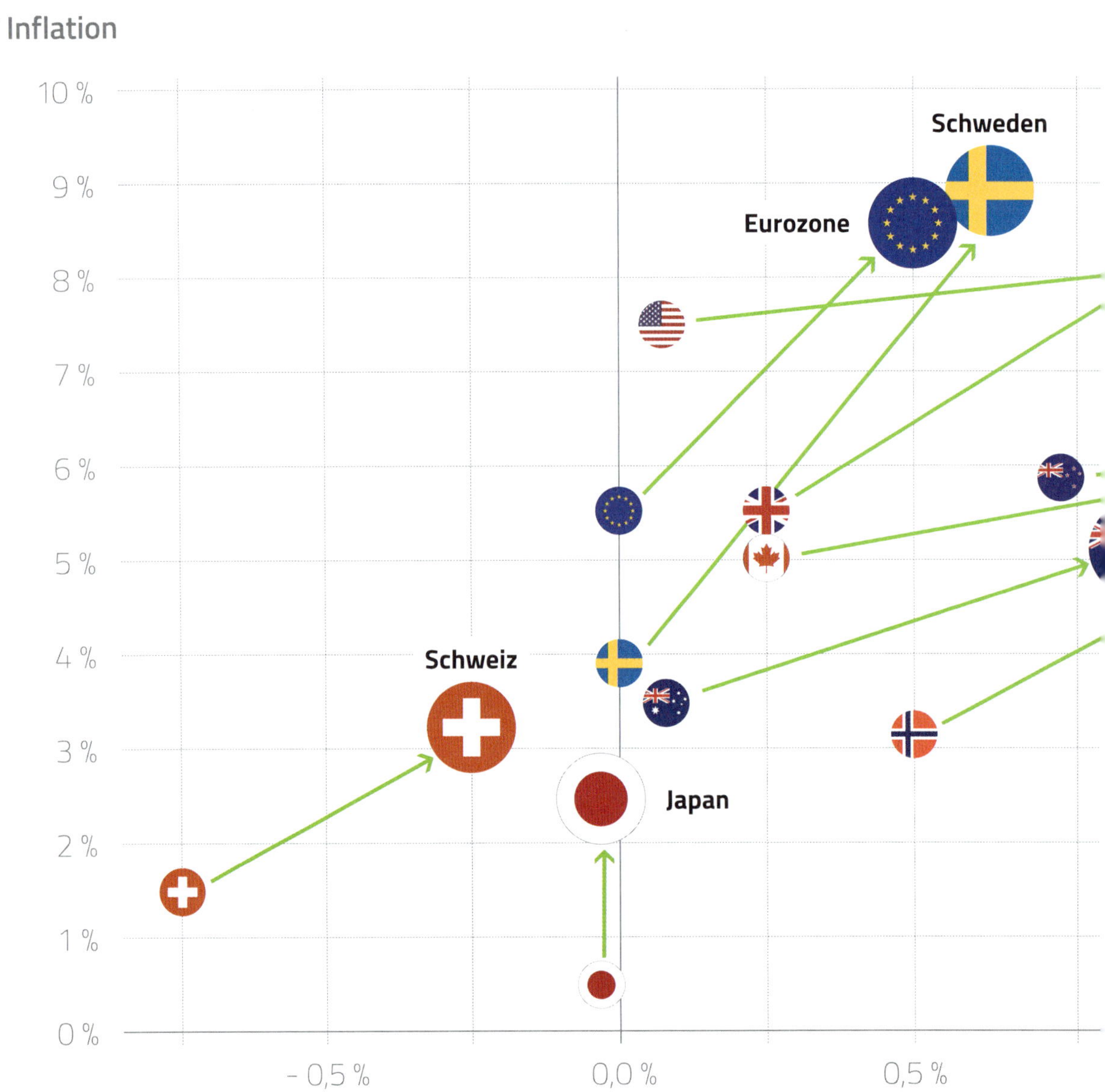

Stellen Sie sich die hohe Inflation wie ein Auto vor, das einen Berg hinunterrast. Um sie zu verlangsamen, muss man auf die Bremse treten. Zinserhöhungen sollen die Ausgaben bremsen. Einige Zentralbanken treten jedoch stärker auf die Bremse als andere.

Unter Leitzinsen versteht man die von der zuständigen Zentralbank festgelegten Zinssätze, zu denen sich Geschäftsbanken bei einer Zentral- oder Notenbank Geld beschaffen oder anlegen können. In der Eurozone ist die Europäische Zentralbank (EZB) zuständig für die Festlegung der Leitzinsen. Geschäftsbanken geben einen Teil der Zinsen an ihre Kunden weiter, wodurch die Kaufkraft von Unternehmen und Verbrauchern sinkt. So wird es beispielsweise teurer, sich Geld für ein Haus oder ein Auto zu leihen. Letztlich bremsen Zinserhöhungen die Ausgaben und fördern das Sparen. Dies veranlasst die Unternehmen, die Preise langsamer zu erhöhen oder zu senken, um die Nachfrage wieder anzukurbeln.

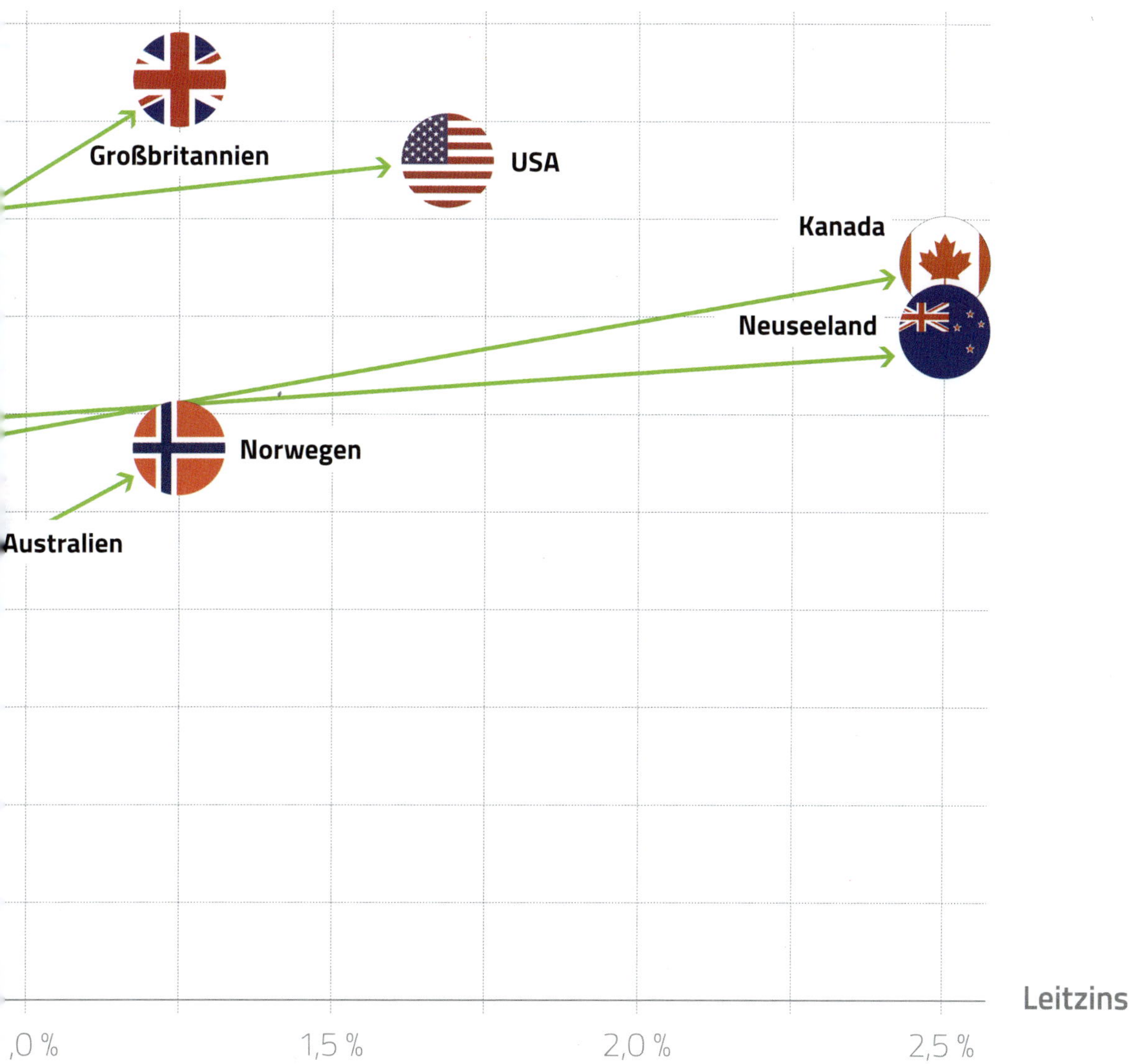

Stand: Juli 2022

März ist bester Monat, September schlechtester

Durchschnittliche Performance des DAX von 1959 bis 2022

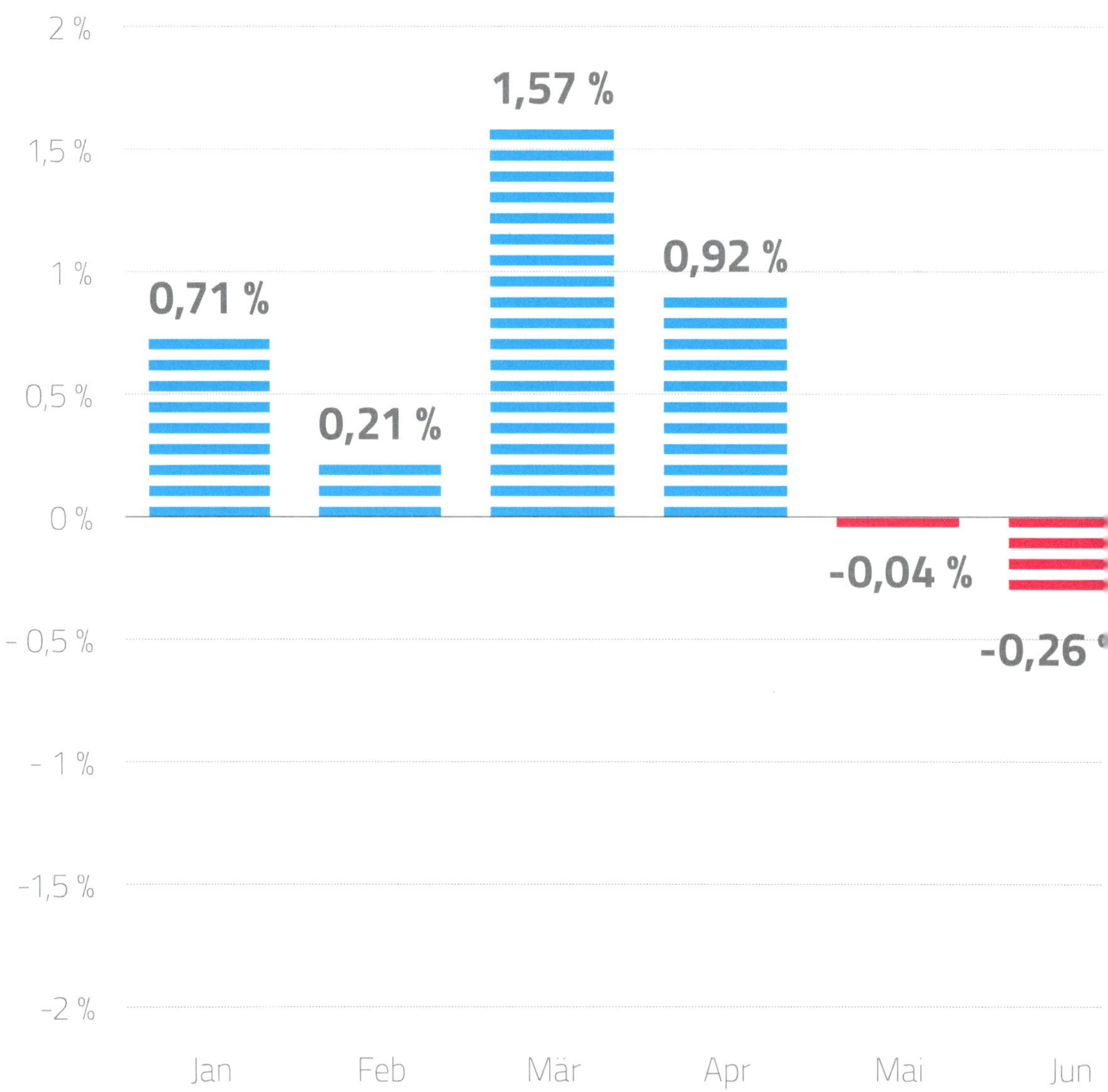

Der März ist der nach der Performance beste Börsenmonat des DAX. So konnte der deutsche Leitindex bei einer Betrachtung jeden einzelnen Monats über einen Zeitraum von 1959 bis 2022 im März eine durchschnittliche Wertsteigerung von etwa 1,57 Prozent verzeichnen. Der schlechteste Börsenmonat ist traditionell der September.

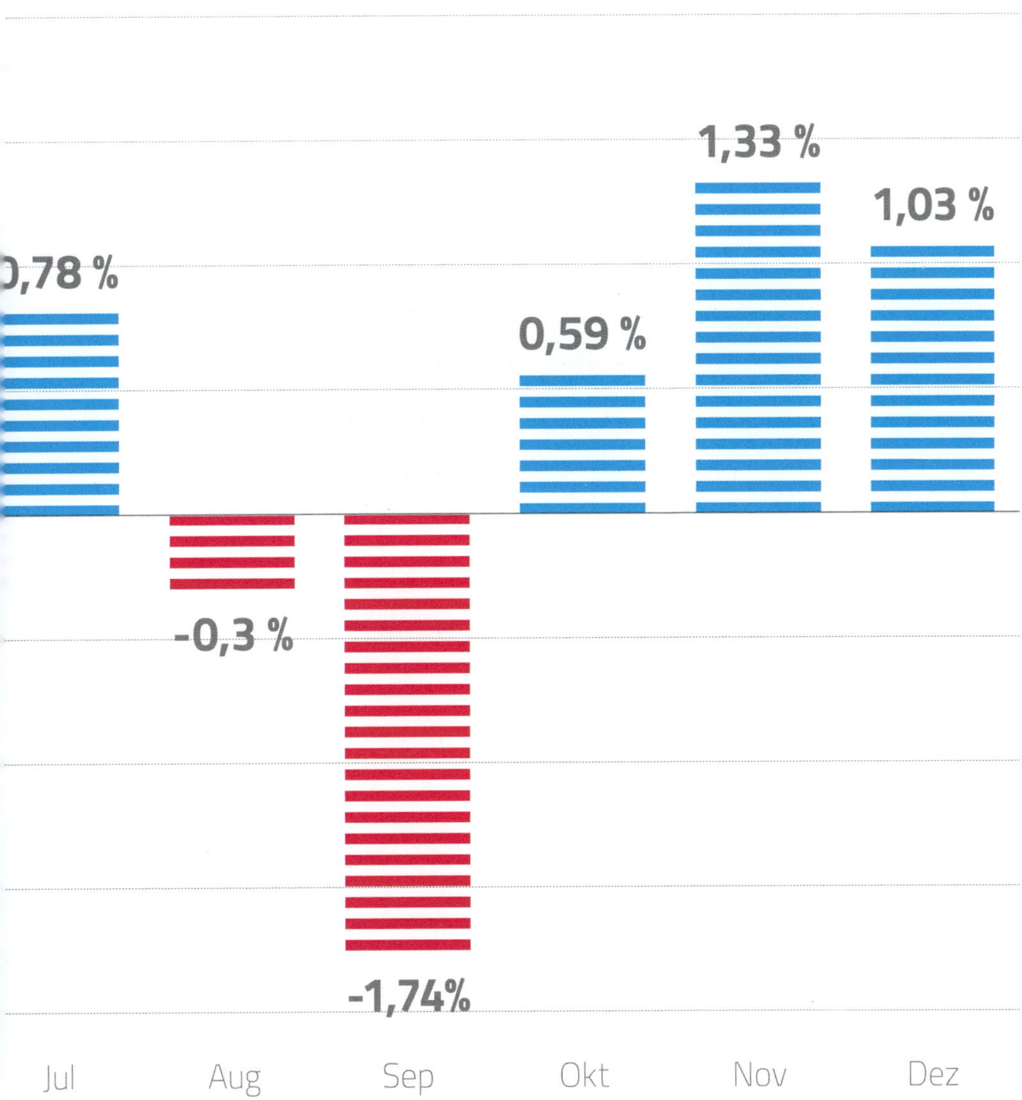

Stand: Juni 2022

4

Unternehmerische Perspektiven

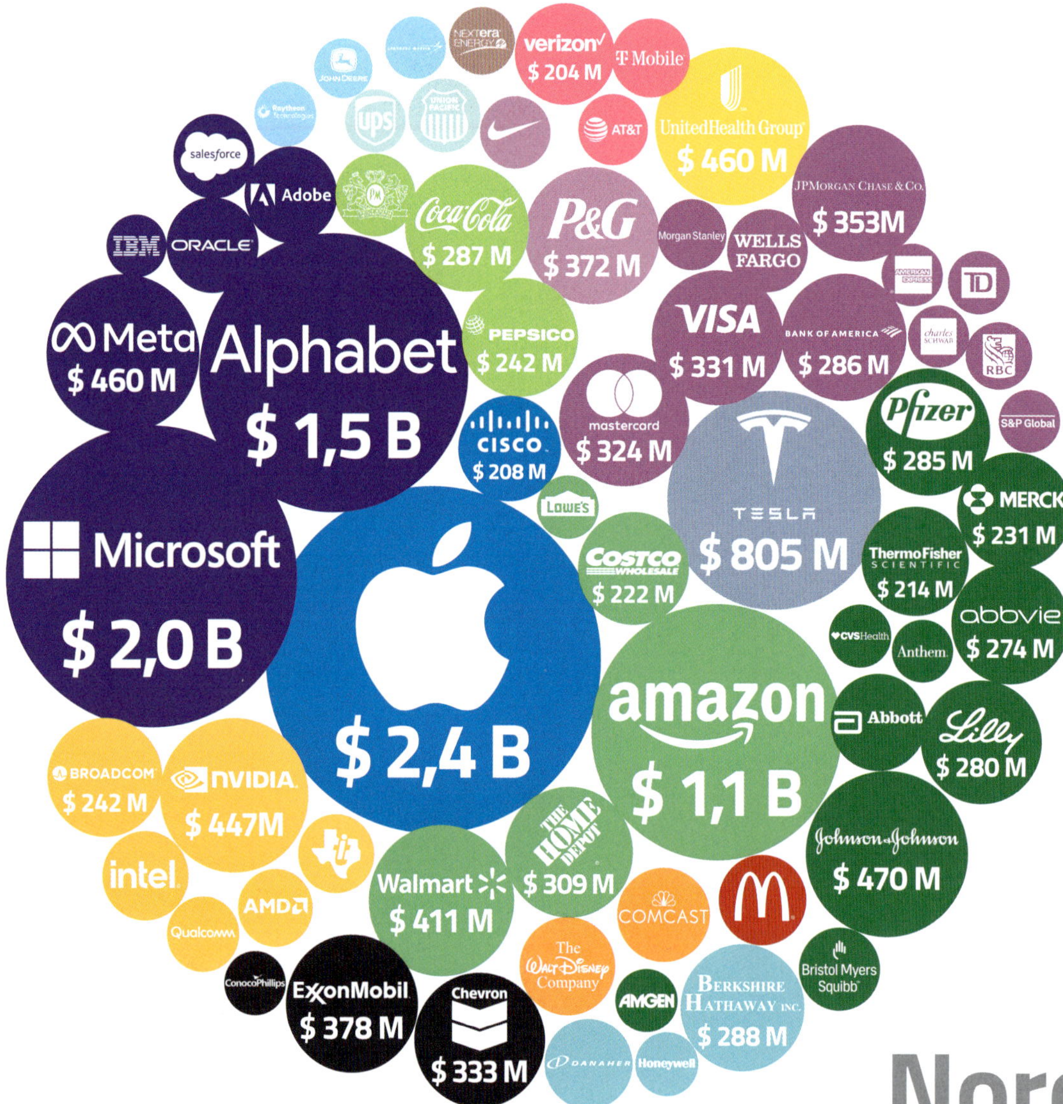

Nord-amerika

Energieversorger & Energietechnik	
Finanzen & Banking	
Langlebige Konsumgüter	
Essen, Trinken & Tabak	
Transport & Logistik	
Konglomerate	
Chiphersteller	
Einzelhandel	
Pharmazie, Gesundheit & Biotechnologie	
Hotels, Restaurants & Freizeit	

Stand: Mai 2ç022

Die größten Unternehmen der Welt

Top 100 nach Marktkapitalisierung

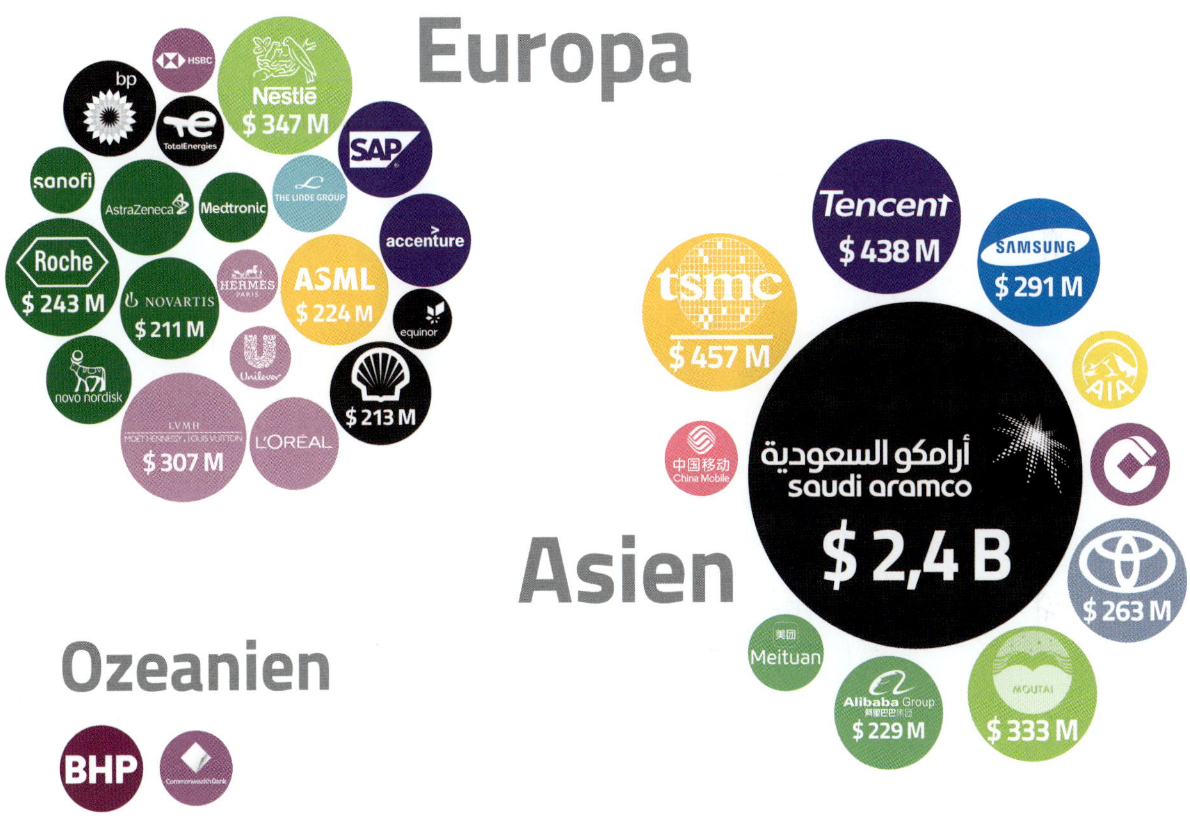

M = Milliarden
B = Billionen

Haushalt und persönliche Produkte
Versicherung
IT & Software
Rohstoffe
Medien
Öl- und Gasunternehmen
Hardwarehersteller
Telekommunikation
Sonstiges

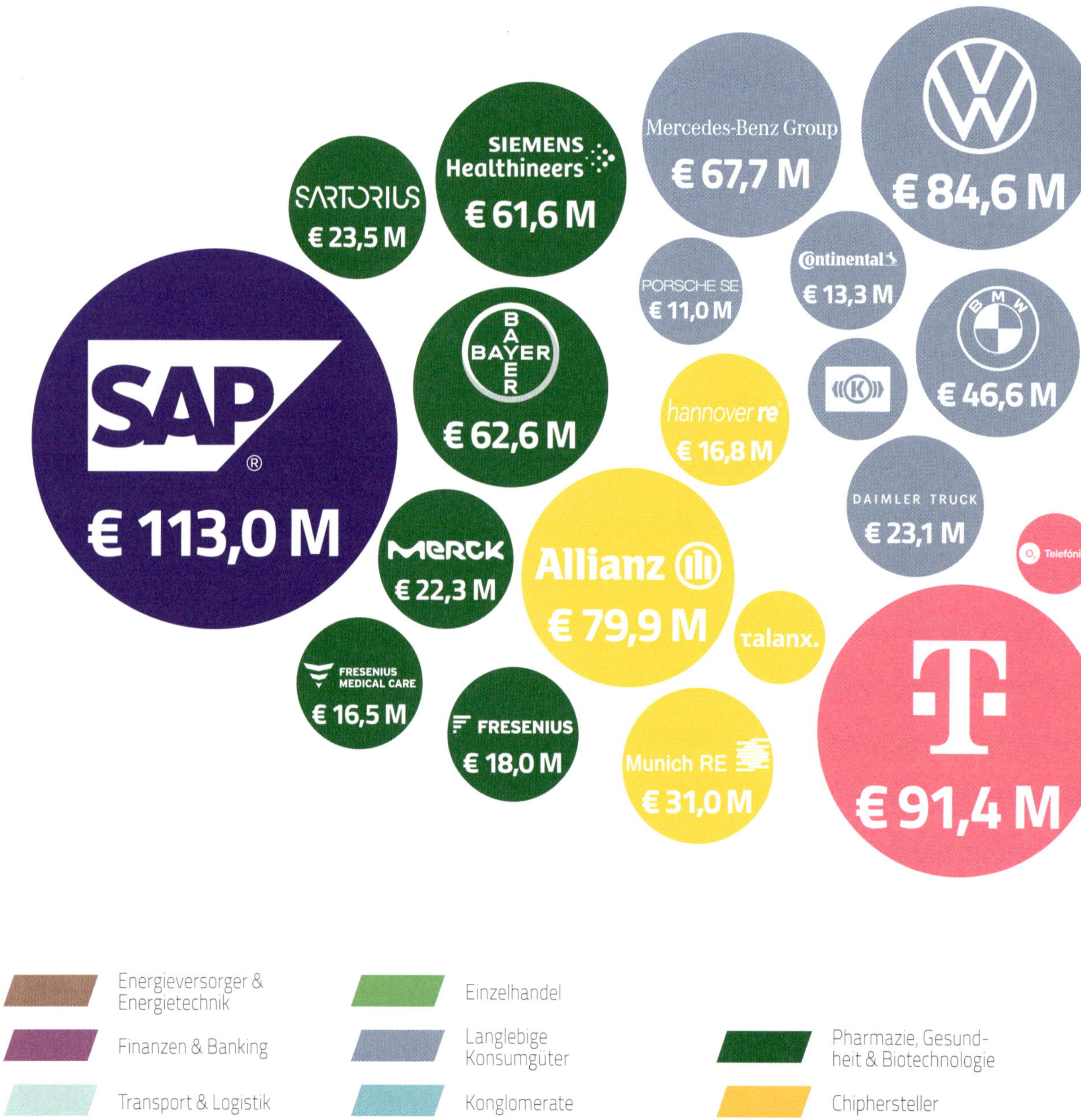

Stand: Mai 2022

Die größten deutschen Unternehmen

Top 50 nach Marktkapitalisierung

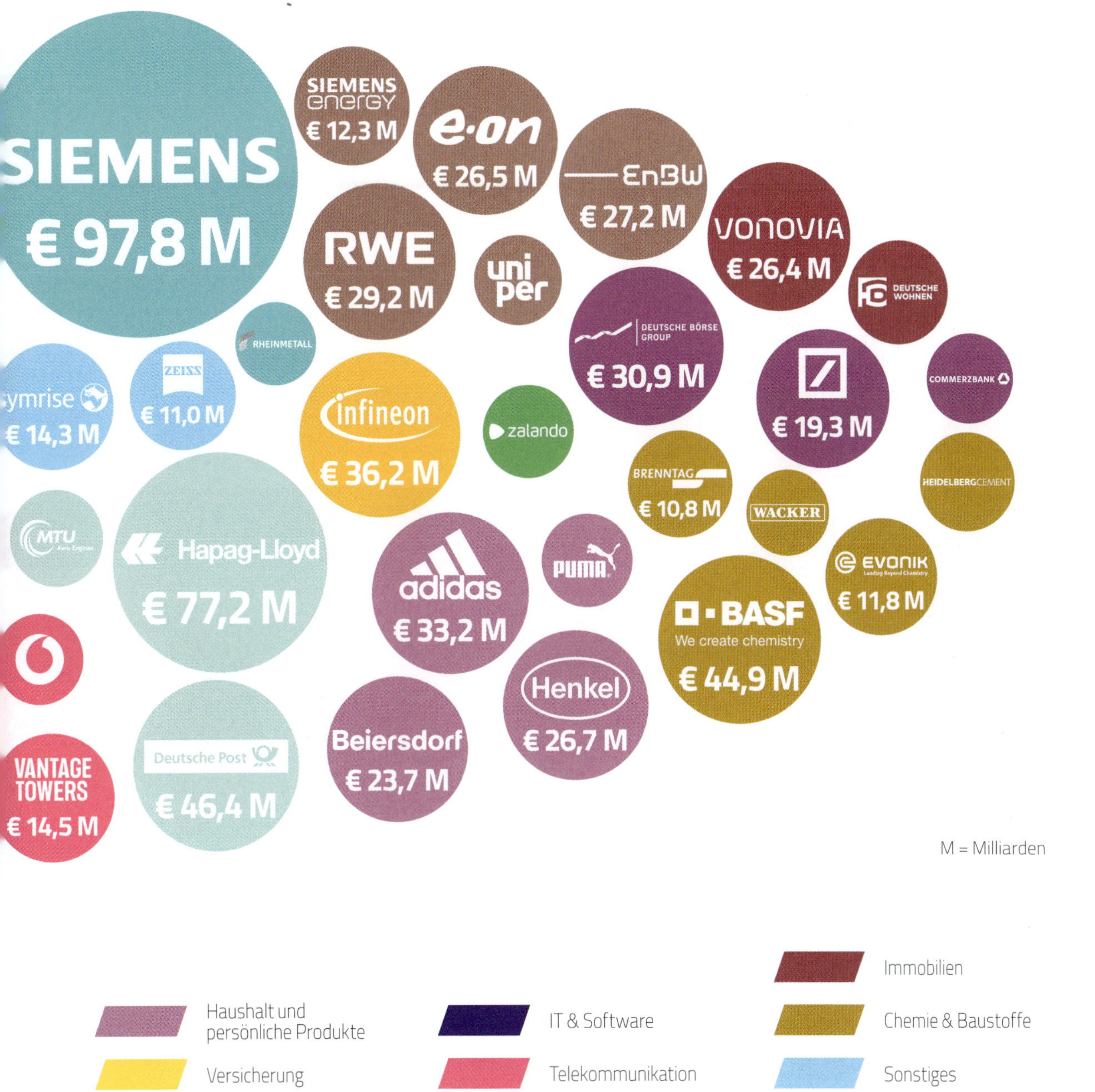

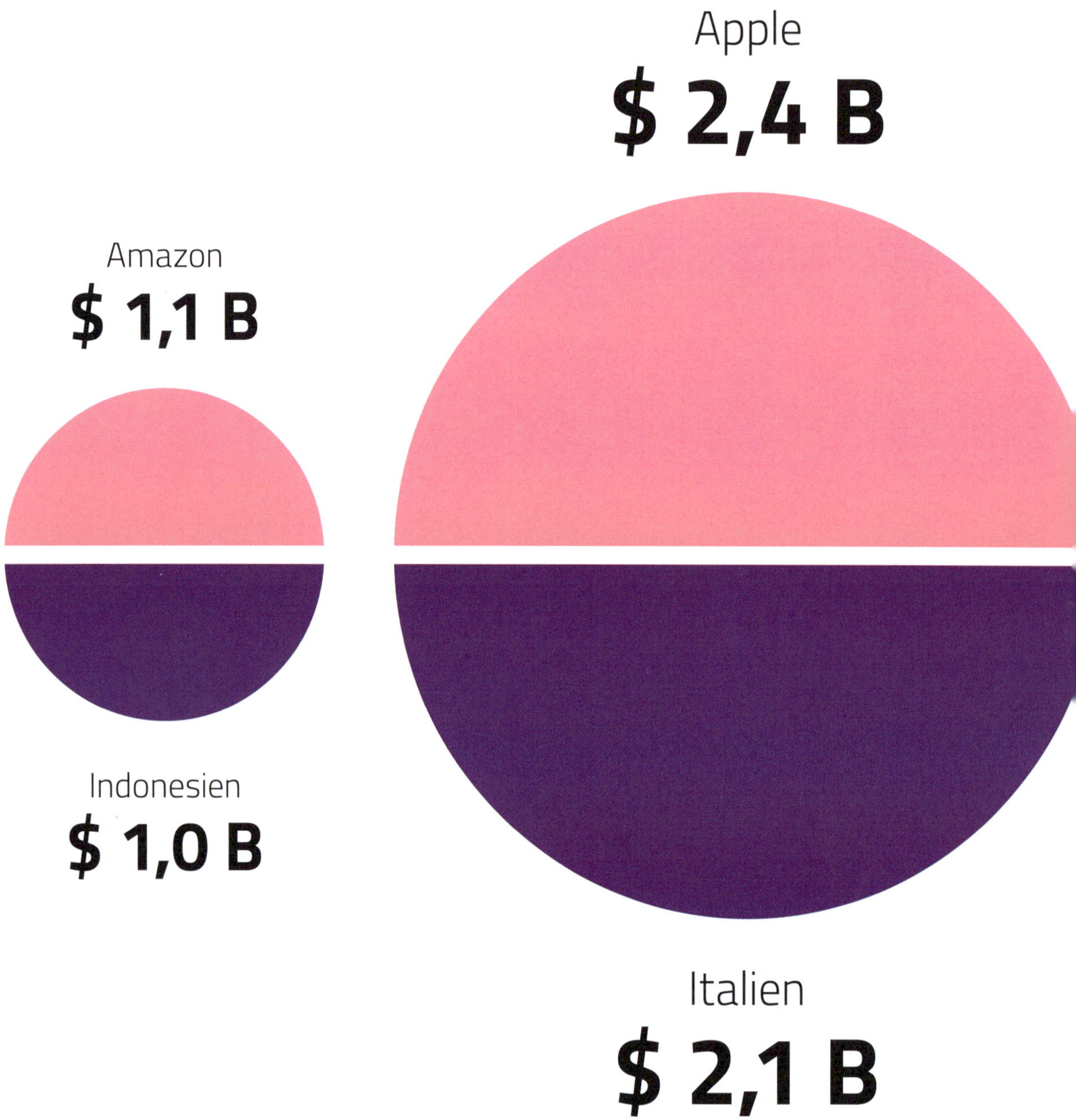
Apple
$ 2,4 B
Amazon
$ 1,1 B
Indonesien
$ 1,0 B
Italien
$ 2,1 B

Vergleich der Marktkapitalisierungen

in US-Dollar

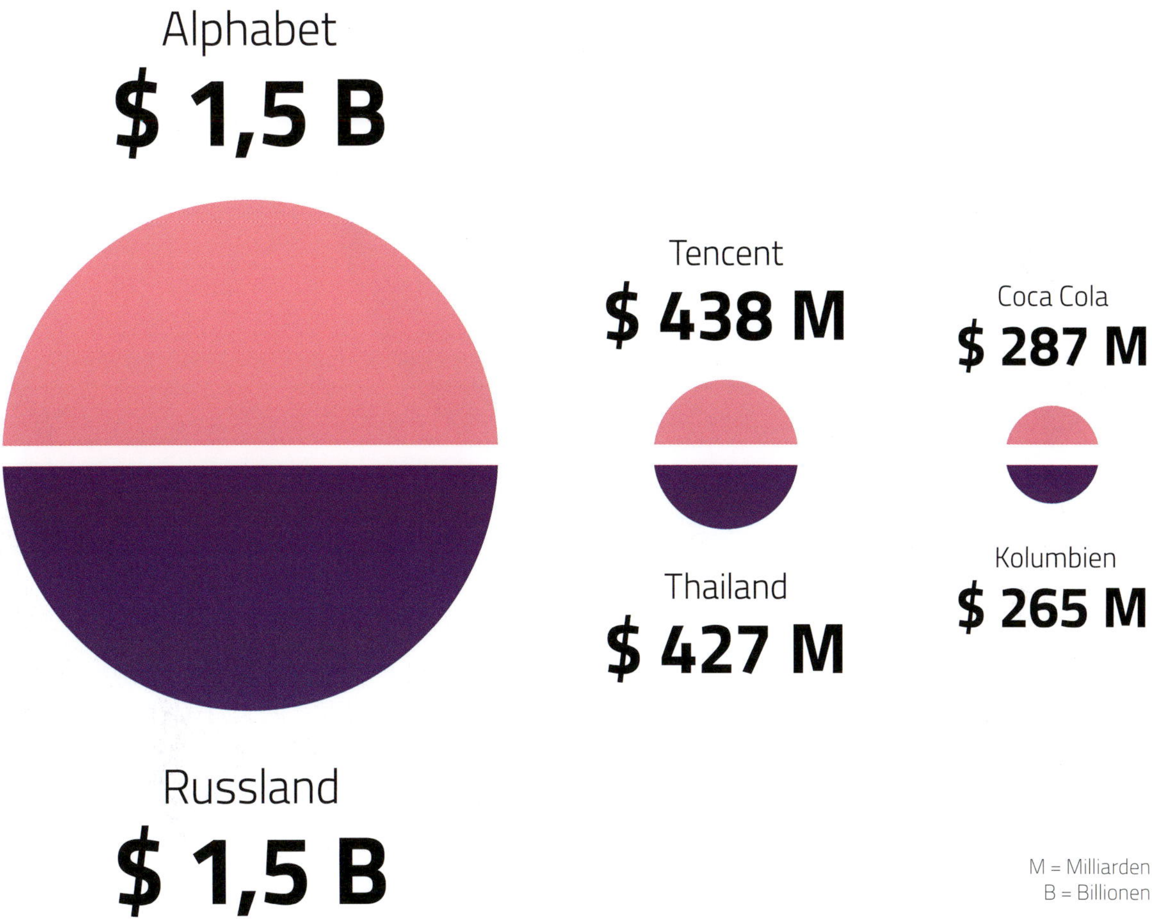

Stand: 2021 (BIPs) und 2022 (Unternehmen)

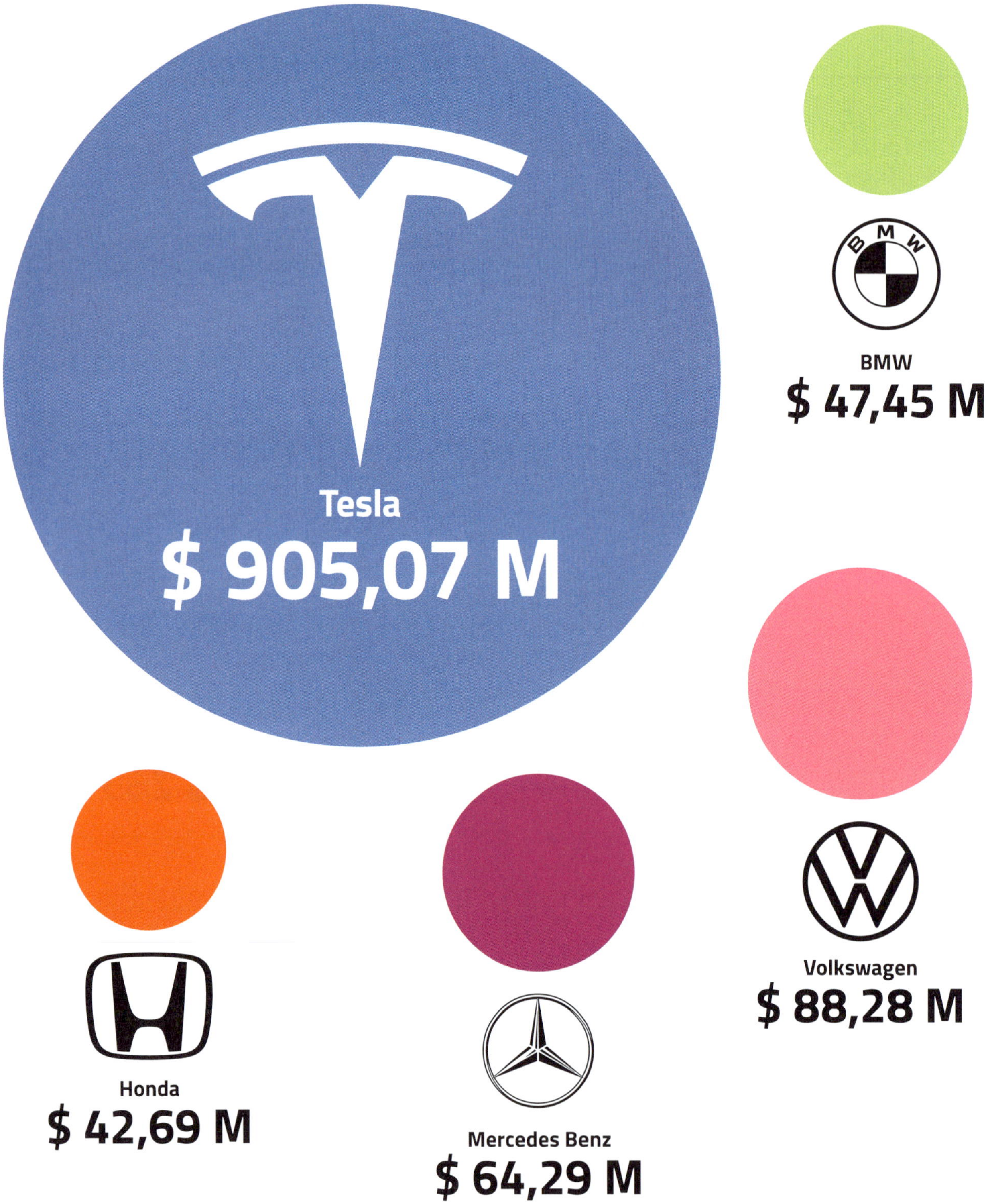
Tesla
$ 905,07 M
BMW
$ 47,45 M
Volkswagen
$ 88,28 M
Honda
$ 42,69 M
Mercedes Benz
$ 64,29 M

Die größten Automobilkonzerne

nach Marktkapitalisierung

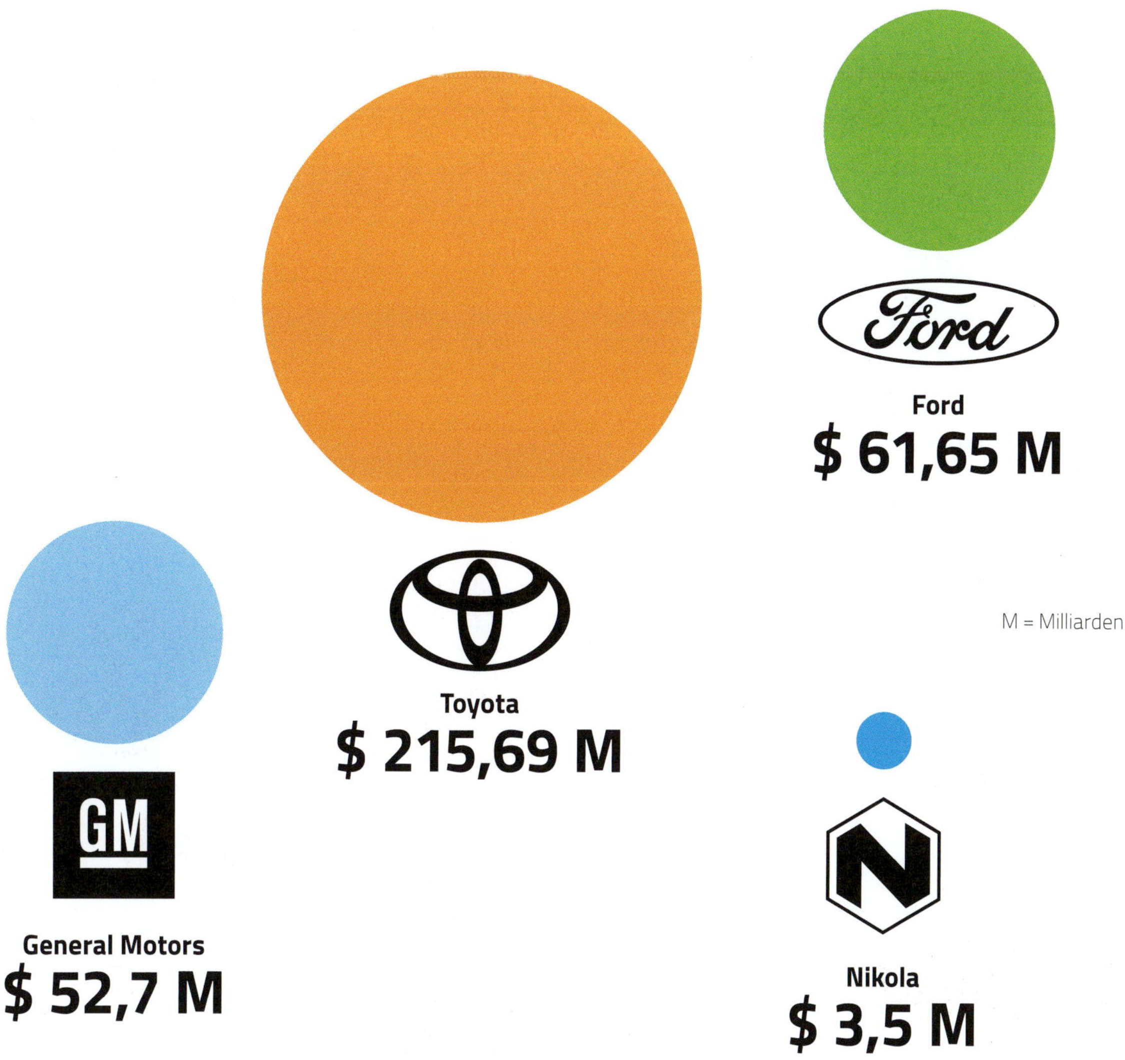

Stand: 8. August 2022

Gehaltsgräben der Tech-Riesen

Verhältnis zwischen Geschäftsführer- und Angestelltengehalt

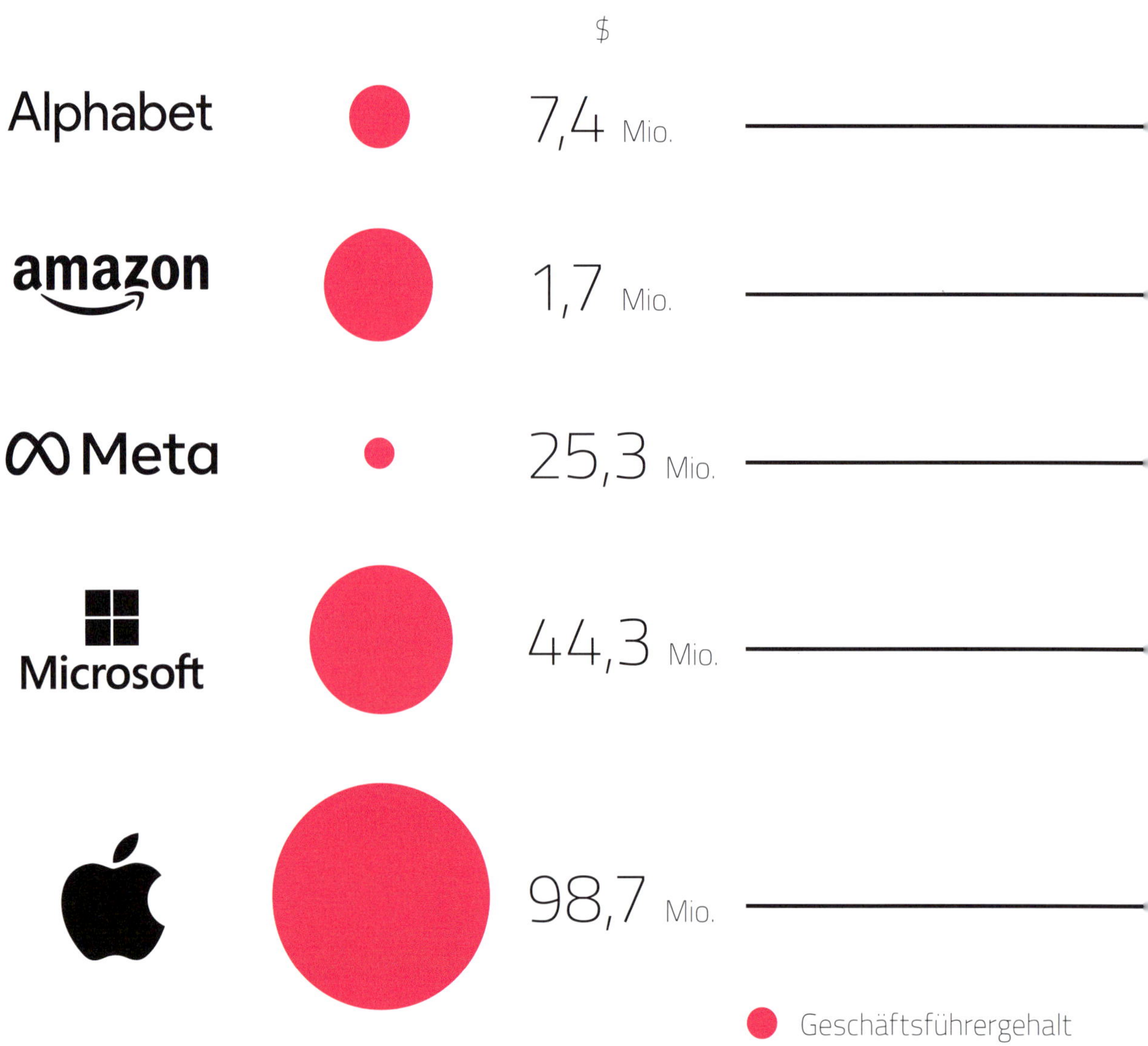

$

27:1 →	● 273,5 Tsd.
58:1 →	● 29,0 Tsd.
96:1 →	● 262,3 Tsd.
257:1 →	● 172,1 Tsd.
1.447:1 →	● 68,3 Tsd.

● mittleres Angestelltengehalt

Apple ist mit einer Marktkapitalisierung von fast 2.221 Milliarden US-Dollar (Stand: Juni 2022) nicht nur der wertvollste Konzern an der Börse, auch sein Geschäftsführer Tim Cook hat vom Höhenflug des Tech-Riesen profitiert. Laut des jährlichen Berichts an die Börsenaufsichtsbehörde SEC hat der Apple-Manager im Jahr 2021 knapp 98,7 Millionen US-Dollar Gehalt ausbezahlt bekommen. Mit diesem saftigen Gehalt ist Cook nicht nur der bestbezahlteste CEO der Tech-Branche, sondern Apple auch das Unternehmen mit dem schlechtesten Verhältnis von Geschäftsführer- zu Angestelltengehalt.

Die SEC führt in ihrem Bericht neben den Gehältern der Chefetage auch den mittleren Angestelltenlohn der jeweiligen Firmen auf. Bei Apple liegt dieser bei etwa 68.000 US-Dollar. Cook hat im zweiten Pandemiejahr also fast 1.500 Mal so viel verdient. Diese Diskrepanz lässt sich teilweise mit einer Sondervergütung (Aktienzuteilungen) erklären, die etwa 82 Millionen US-Dollar ausgemacht hatte. Klammert man diesen Bonus aus, wandert das Technologie-Unternehmen aus dem kalifornischen Cupertino mit einem Verhältnis von 240:1 vom ersten auf den zweiten Platz. Die tatsächlichen Einkünfte der Tech-CEOs fallen aber meistens noch viel höher aus und werden in den SEC-Berichten nicht abgebildet. Trotz seines über die Jahre stabilen und vergleichsweise geringen Gehalts von 1,7 Millionen US-Dollar hat Amazon-Chef Jeff Bezos sein Vermögen im Jahr 2021 beispielsweise um fünf Milliarden US-Dollar vermehrt.

Stand: 2020, Stand Apple: 2021

M = Milliarden
B = Billionen

2007

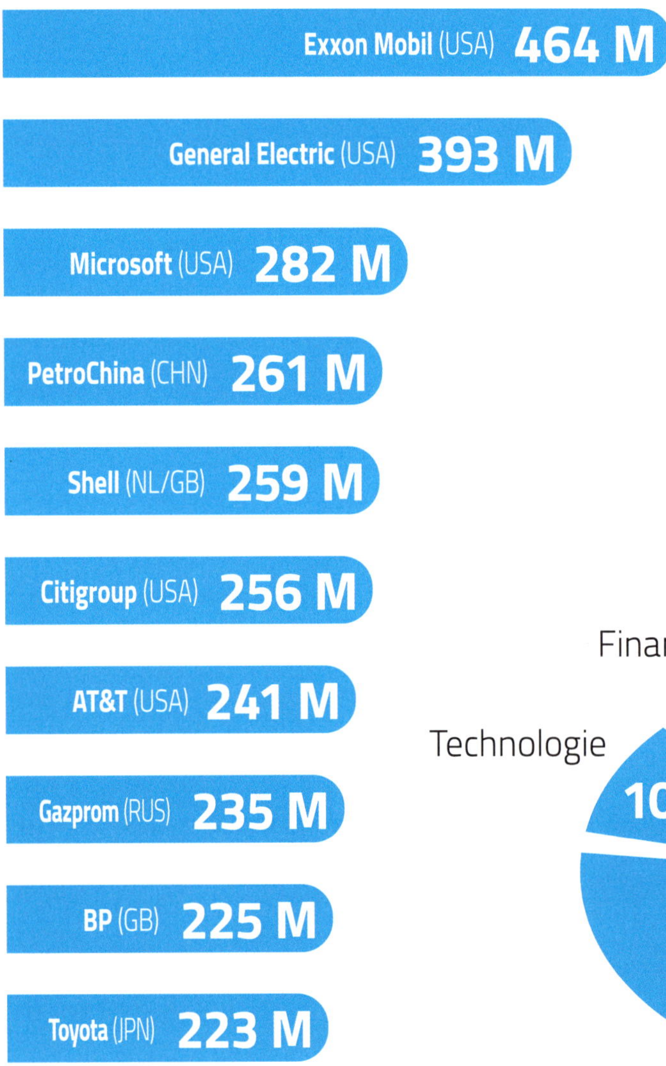

Branchen 2007

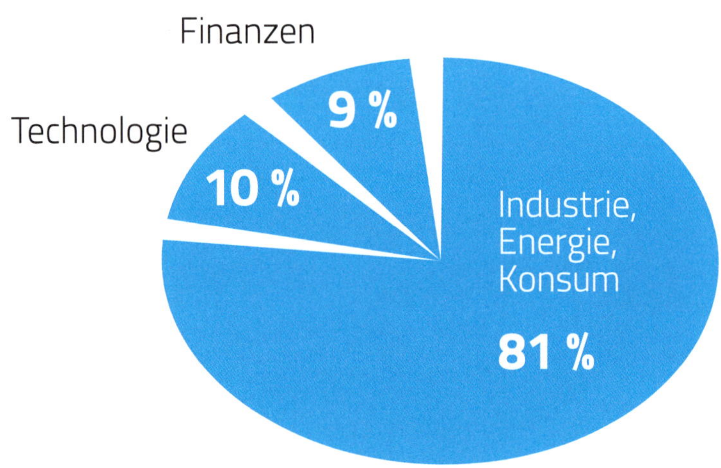

Die 10 größten Unternehmen der Welt damals und heute

nach Marktkapitalisierung in US-Dollar

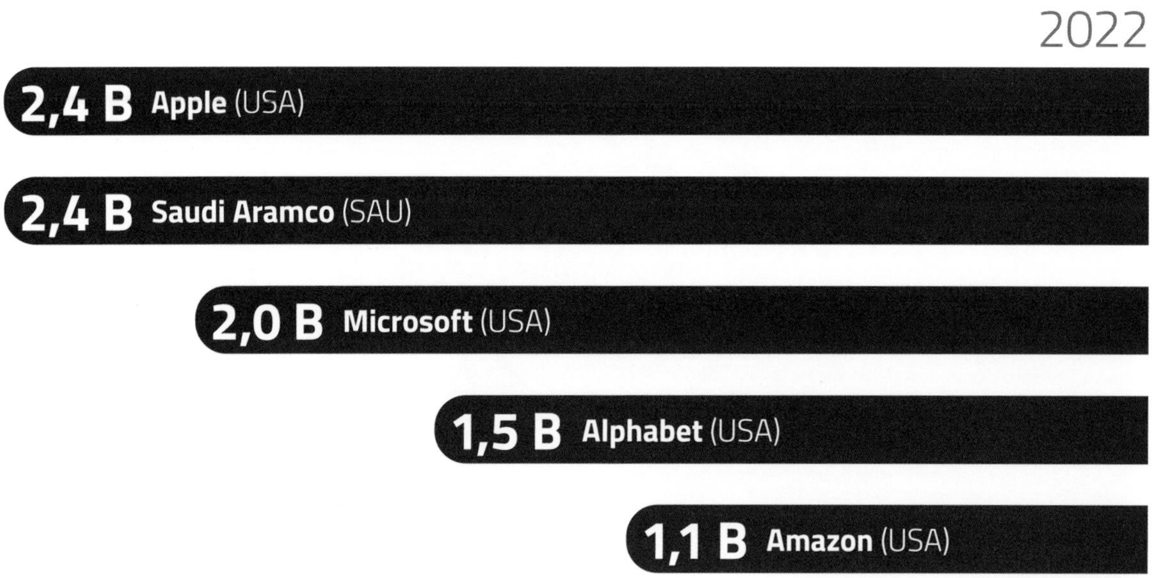

Branchen 2022

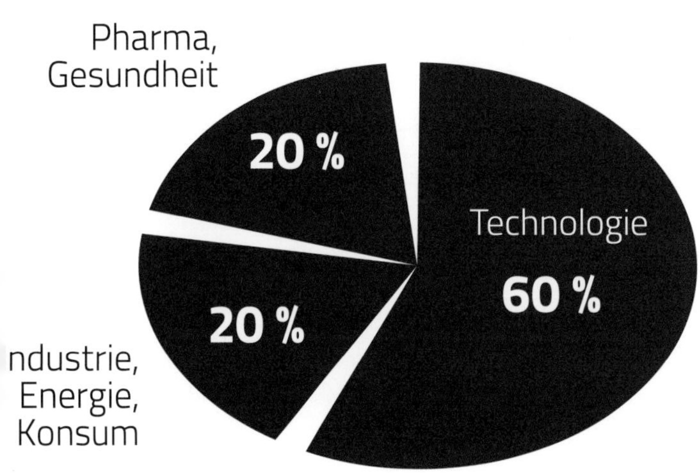

Stand: 9. August 2022

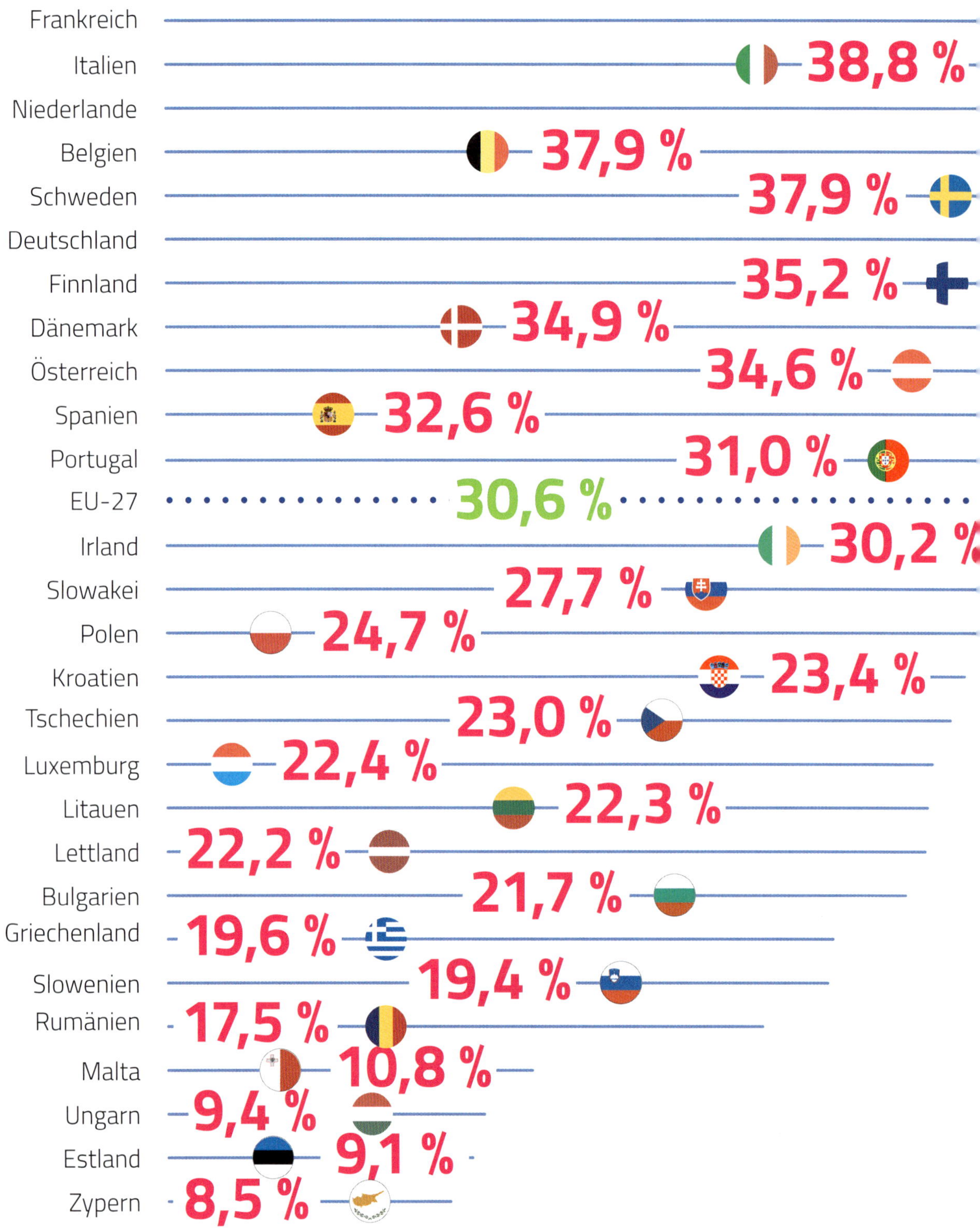

Frankreich
Italien
38,8 %
Niederlande
Belgien
37,9 %
Schweden
37,9 %
Deutschland
Finnland
35,2 %
Dänemark
34,9 %
Österreich
34,6 %
Spanien
32,6 %
Portugal
31,0 %
EU-27
30,6 %
Irland
30,2 %
Slowakei
27,7 %
Polen
24,7 %
Kroatien
23,4 %
Tschechien
23,0 %
Luxemburg
22,4 %
Litauen
22,3 %
Lettland
22,2 %
Bulgarien
21,7 %
Griechenland
19,6 %
Slowenien
19,4 %
Rumänien
17,5 %
Malta
10,8 %
Ungarn
9,4 %
Estland
9,1 %
Zypern
8,5 %

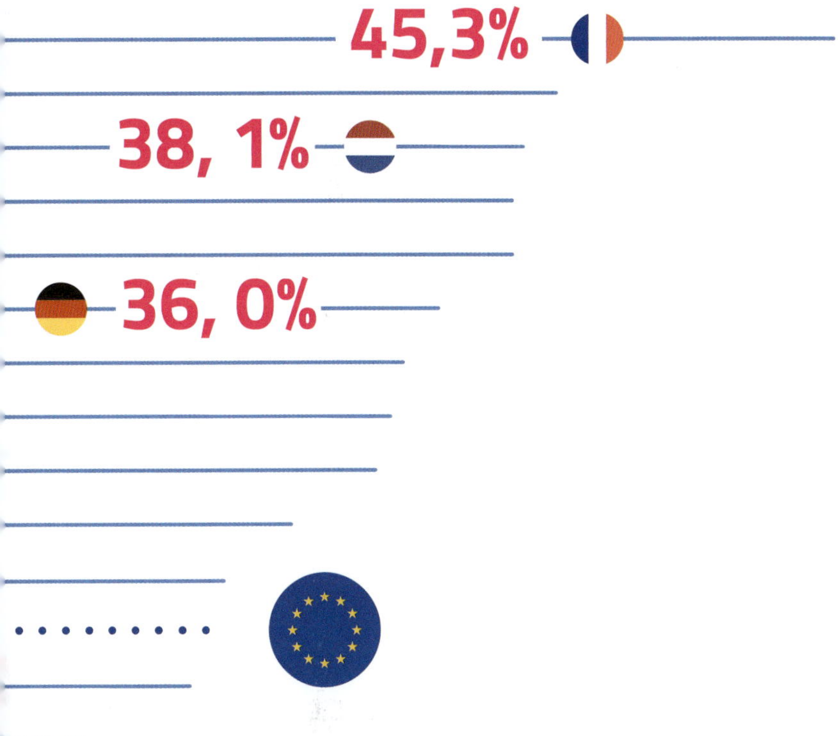

Frauenanteil in den Aufsichtsräten oder Verwaltungsräten

börsennotierter Unternehmen in Ländern der EU

Stand: 2022

5

Markt-
Perspektiven

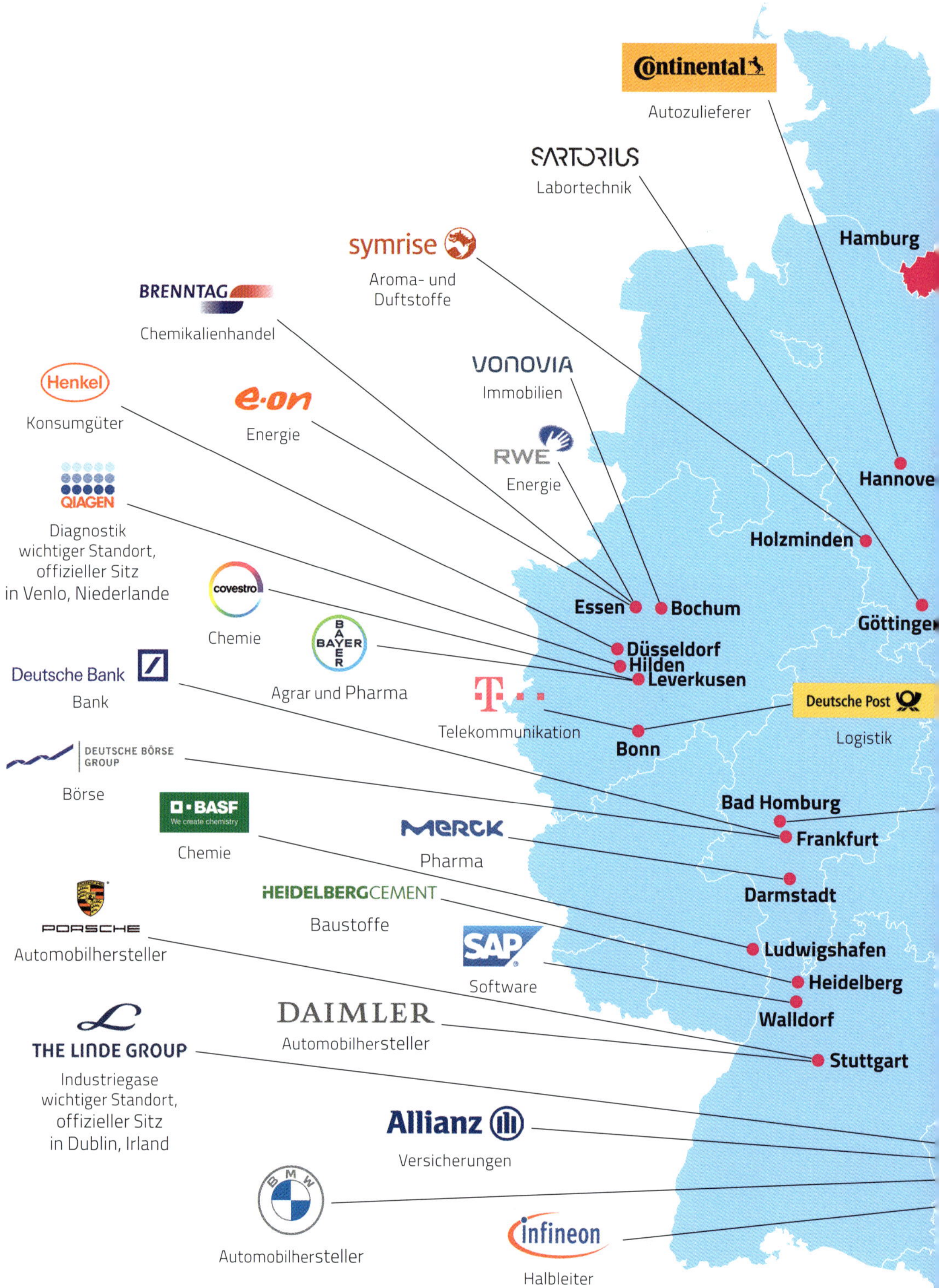

Continental
Autozulieferer
SARTORIUS
Labortechnik
symrise
Aroma- und Duftstoffe
BRENNTAG
Chemikalienhandel
Henkel
Konsumgüter
e·on
Energie
VONOVIA
Immobilien
RWE
Energie
QIAGEN
Diagnostik
wichtiger Standort,
offizieller Sitz
in Venlo, Niederlande
covestro
Chemie
BAYER
Agrar und Pharma
Deutsche Bank
Bank
Telekommunikation
Deutsche Post
Logistik
DEUTSCHE BÖRSE GROUP
Börse
BASF
We create chemistry
Chemie
MERCK
Pharma
HEIDELBERGCEMENT
Baustoffe
PORSCHE
Automobilhersteller
SAP
Software
DAIMLER
Automobilhersteller
THE LINDE GROUP
Industriegase
wichtiger Standort,
offizieller Sitz
in Dublin, Irland
Allianz
Versicherungen
BMW
Automobilhersteller
infineon
Halbleiter
Hamburg
Hannove
Holzminden
Göttinge
Essen
Bochum
Düsseldorf
Hilden
Leverkusen
Bonn
Bad Homburg
Frankfurt
Darmstadt
Ludwigshafen
Heidelberg
Walldorf
Stuttgart

DAX 40-Deutschlandkarte

Stand: 2022

MDax-Deutschlandkarte

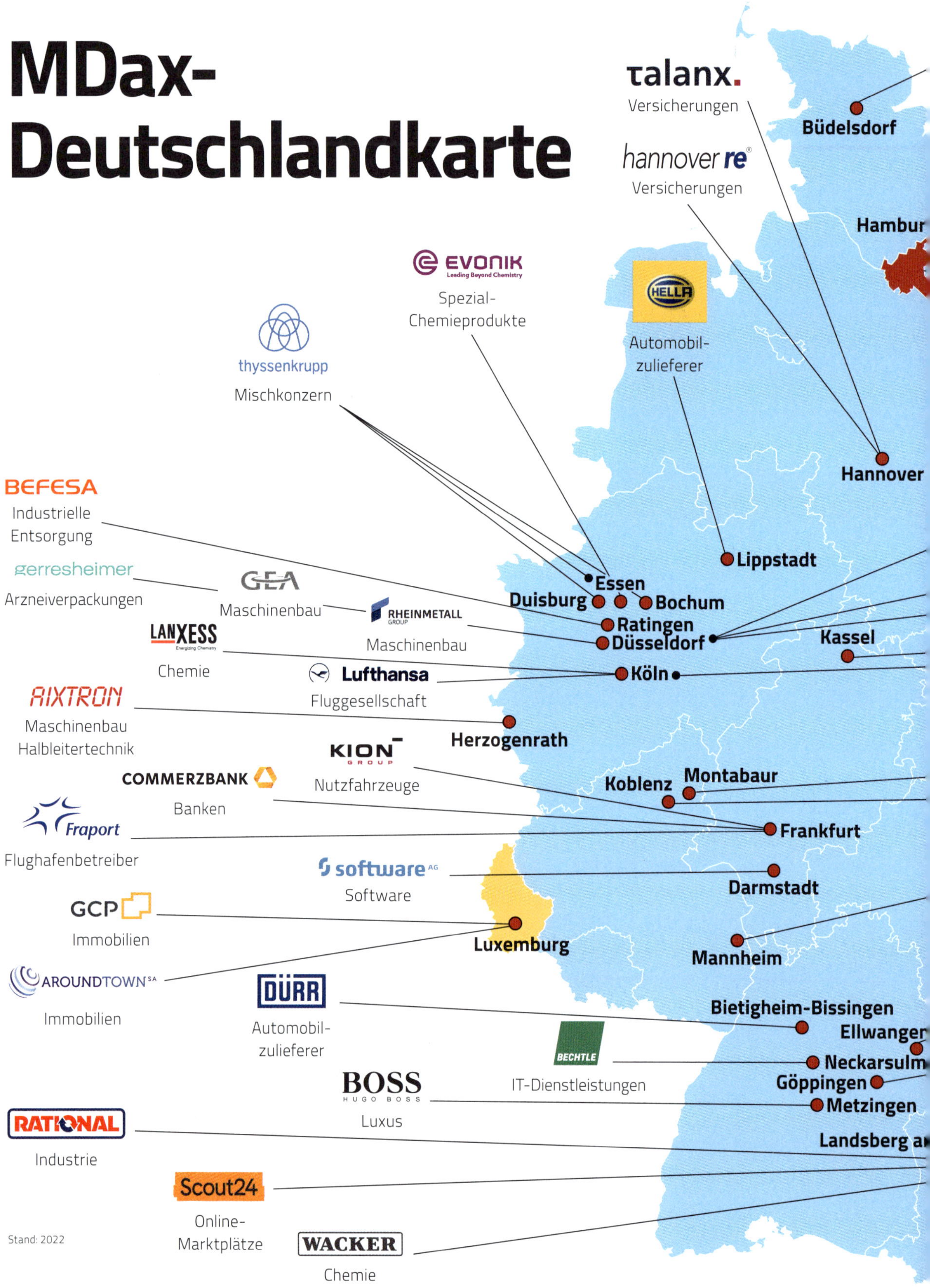

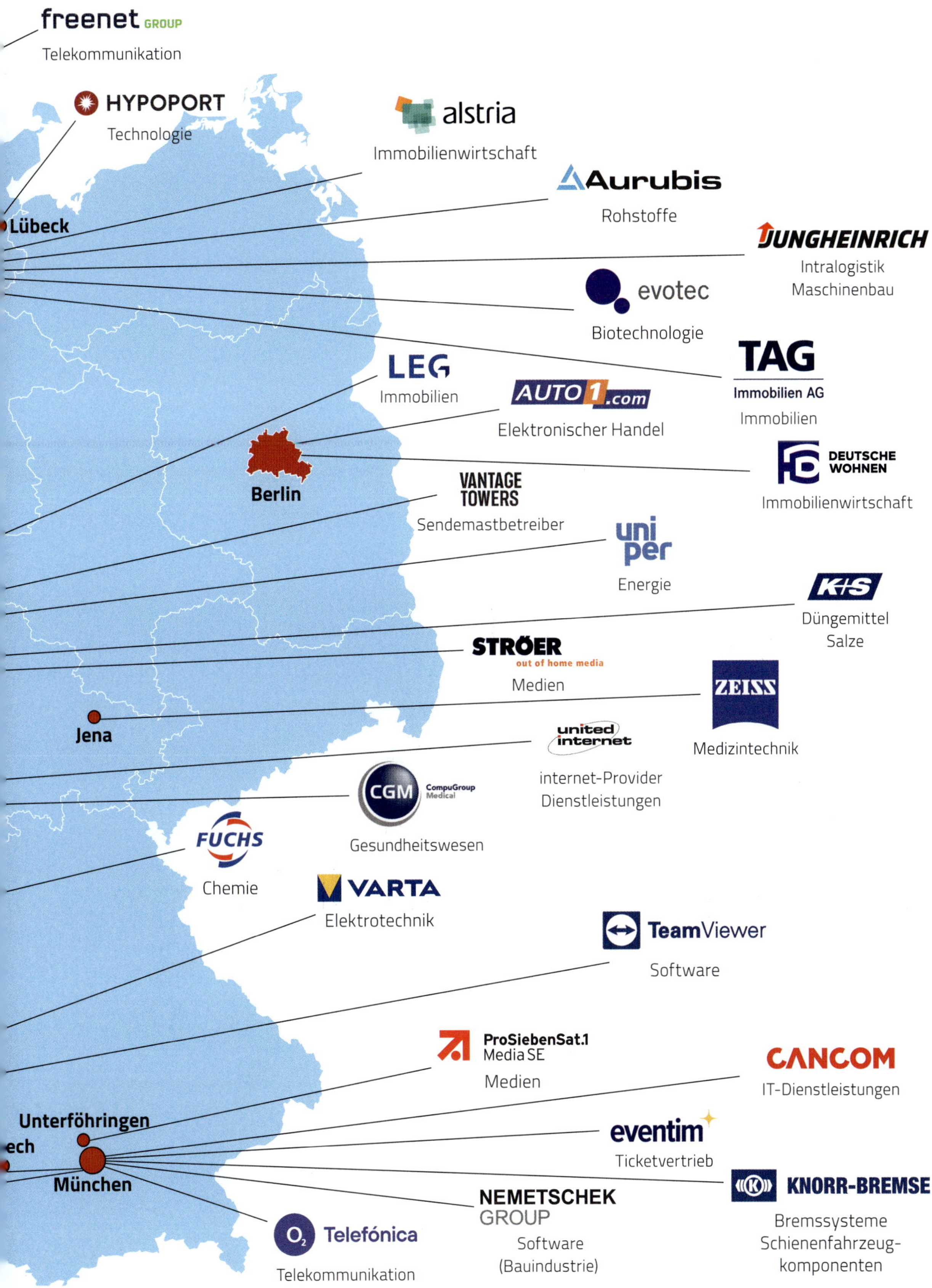

freenet GROUP
Telekommunikation
HYPOPORT
Technologie
alstria
Immobilienwirtschaft
Aurubis
Rohstoffe
Lübeck
JUNGHEINRICH
Intralogistik
Maschinenbau
evotec
Biotechnologie
LEG
Immobilien
TAG
Immobilien AG
Immobilien
AUTO1.com
Elektronischer Handel
DEUTSCHE WOHNEN
Immobilienwirtschaft
Berlin
VANTAGE TOWERS
Sendemastbetreiber
uniper
Energie
K+S
Düngemittel
Salze
STRÖER
out of home media
Medien
ZEISS
Medizintechnik
Jena
united internet
internet-Provider
Dienstleistungen
CGM CompuGroup Medical
Gesundheitswesen
FUCHS
Chemie
VARTA
Elektrotechnik
TeamViewer
Software
ProSiebenSat.1 Media SE
Medien
CANCOM
IT-Dienstleistungen
Unterföhringen
ech
eventim
Ticketvertrieb
München
KNORR-BREMSE
Bremssysteme
Schienenfahrzeug-
komponenten
NEMETSCHEK GROUP
Software
(Bauindustrie)
O2 Telefónica
Telekommunikation

Euro Stoxx 50-Europakarte

SAFRAN
AEROSPACE · DEFENCE · SECURITY
Luft- und Raumfahrt, Verteidigung
Schneider Electric
Elektrotechnik
KONE
Industriegüter-produktion, Aufzüge, Rolltreppen, Automatiktüren
Automobilhersteller
Allianz
Versicherungen
adidas
Sportartikelhersteller
BASF
We create chemistry
Chemie
BAYER
Agrar und Pharma
Mercedes-Benz Group
Automobilhersteller
BMW
Automobilhersteller
DEUTSCHE BÖRSE GROUP
Börse
T
Telekommunikation
infineon
Halbleiter
Munich RE
Versicherungen, Vermögensverwaltung
Deutsche Post
Logistik
VONOVIA
Immobilien
SIEMENS
Anlagenbau, Bahn, Software
SAP
Software
eni
Erdöl, Erdgas, Petrochemie, tromerzeugung, Tankstellen
enel
Energieversorger

Stand: 2022

Dow Jones-USA-Karte

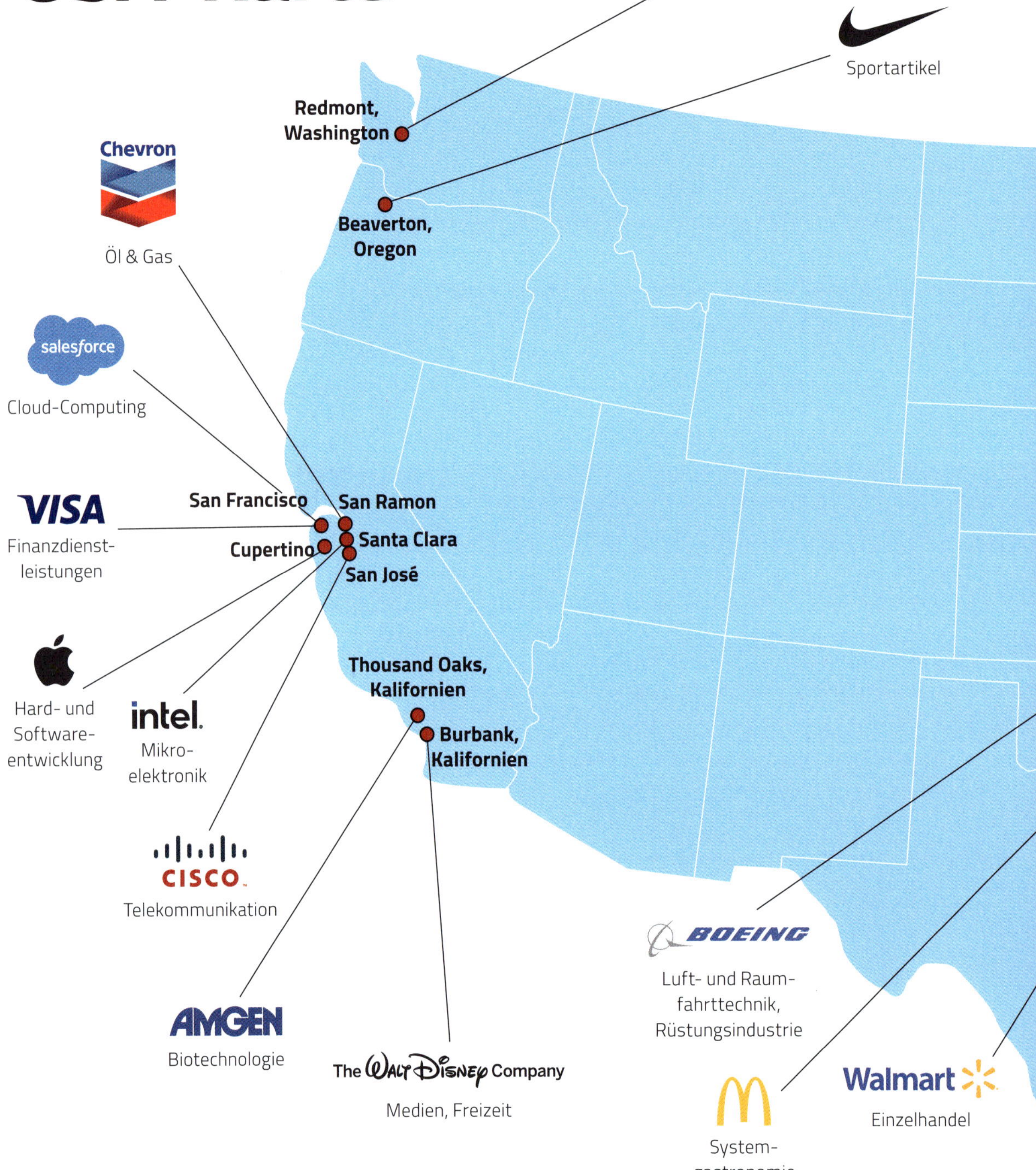

Walgreens Boots Alliance
Pharma
nitedHealth Group
Versicherungen
CATERPILLAR
Maschinenbau
IBM
Informationstechnik
3M
Chemie, Mischkonzern
Honeywell
Chemikalien, Luft- und Raumfahrttechnik, Rüstungsindustrie
DOW
Chemie
verizon
Telekommunikation
TRAVELERS
Versicherungen
nnetonka, Minnesota
Saint Paul, Minnesota
Armonk, New York
Morristown, New Jersey
Goldman Sachs
Deerfield, Illinois
Midland, Michigan
Kenilworth, New Jersey
New York City
New Brunswick, New Jersey
Finanzdienstleistungen
Chicago, Illinois
Cincinnati, Ohio
JPMorgan Chase & Co.
Banken
American Express
Finanzdienstleistungen
Bentonville, Arkansas
Atlanta, Georgia
MERCK
Pharmazie
Johnson & Johnson
Pharmazeutische Produkte
P&G
Konsumgüter
The Coca-Cola Company
Getränkeindustrie
The Home Depot
Baumarkt
Stand: 2022

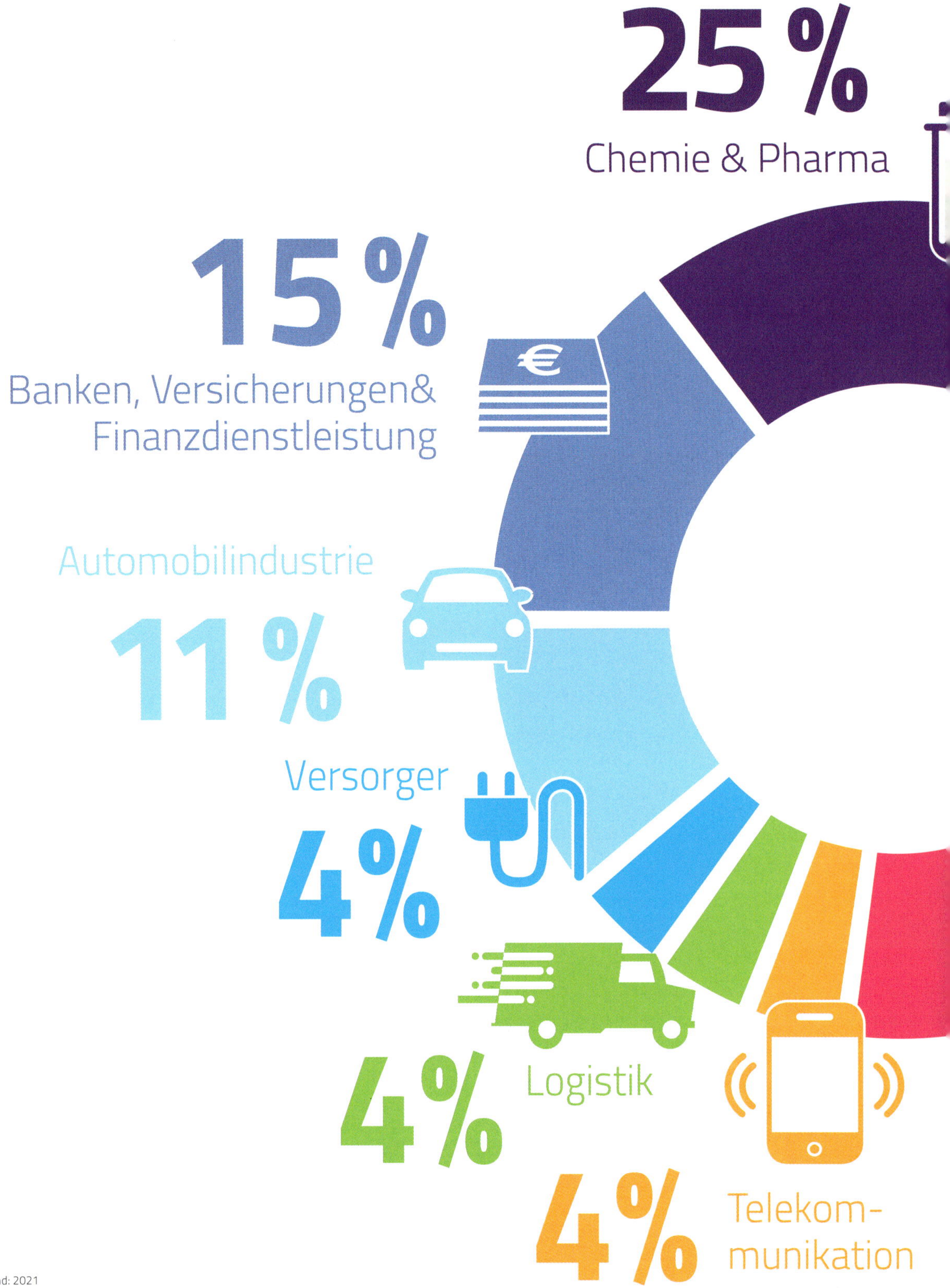
25 %
Chemie & Pharma
15 %
Banken, Versicherungen&
Finanzdienstleistung
Automobilindustrie
11 %
Versorger
4%
4%
Logistik
4%
Telekom-
munikation

Stand: 2021

Zusammensetzung des DAX 40

nach Branchen

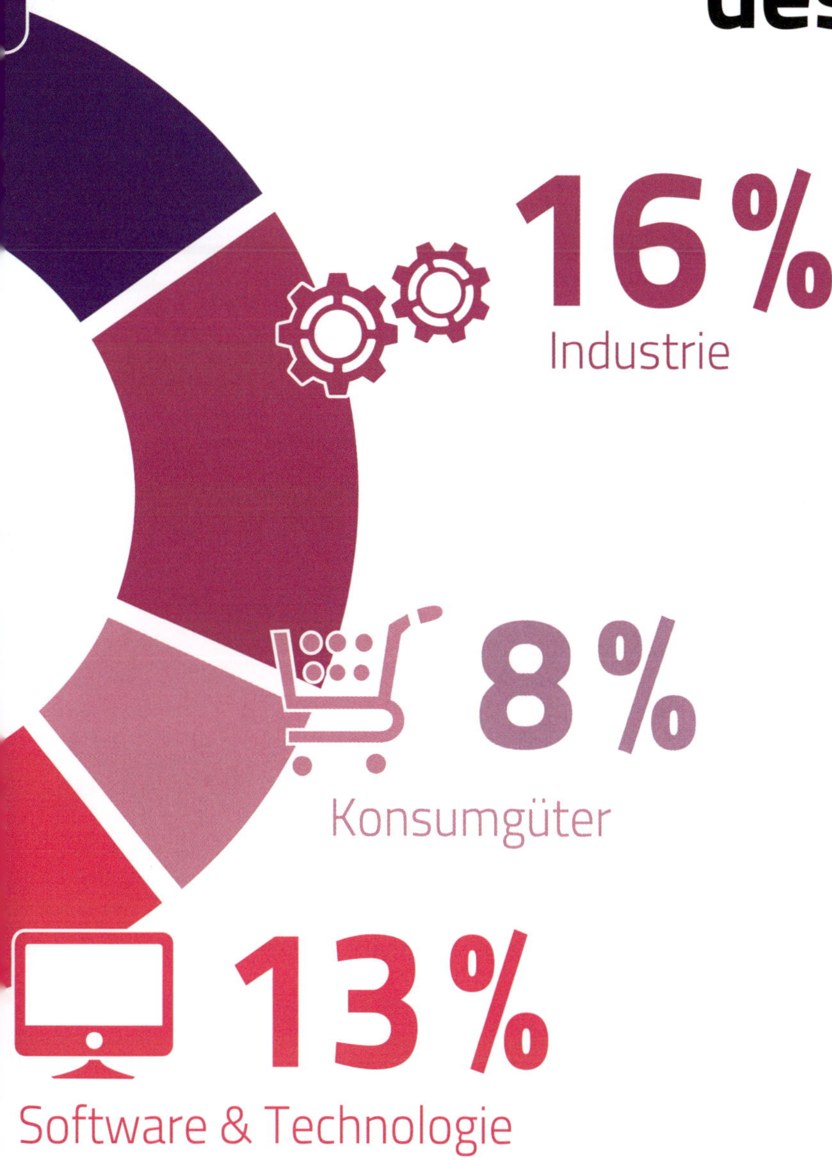

Der deutsche Aktienindex Dax ist seit 1988 das Barometer der deutschen Wirtschaft. Seine Kursentwicklung zeigt an, wie gut oder wie schlecht es den heimischen Firmen geht – soweit sie börsennotiert sind. Doch ist der Leitindex repräsentativ zusammengesetzt? Viele Experten und Investoren verneinen das. Der Dax bilde die deutsche Wirtschaft nicht angemessen ab, kritisieren sie seit Jahren. Denn lange wurde der Index von der „old economy" dominiert, den schwächelnden zyklischen Branchen wie der Chemie- und Autoindustrie, der Energiewirtschaft und der Finanzdienstleistungsbranche. Mit der Einführung des DAX 40 im Jahr 2021 sollte sich das ändern. Die Deutsche Börse stockte den Leitindex von 30 auf 40 Mitglieder auf. Doch nach wie vor sind Branchen wie Chemie und Pharma (25 Prozent) überdurchschnittlich vertreten.

Finanzsegmente im globalen Größenvergleich

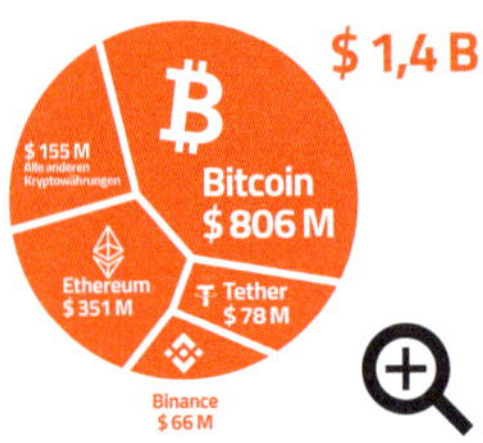

Quelle: https://coinmarketcap.com
Stand: Februar 2022

Der gesamte Kryptowährungsmarkt

Das Gold der Welt

Der weltweite Goldwert wird auf $ 11,9 B geschätzt. Damit ist der Markt etwa 9-mal so groß wie der gesamte Kryptowährungsmarkt.

Quelle: Infinite Market Cap
Stand: August 2022

Globale Aktienmärkte

Die Weltbörsen haben sich seit der Großen Rezession gut erholt und weisen einen Gesamtwert von $ 108 B auf.

Quelle: Securities Industry and Financial Markets Association
Stand: 2022

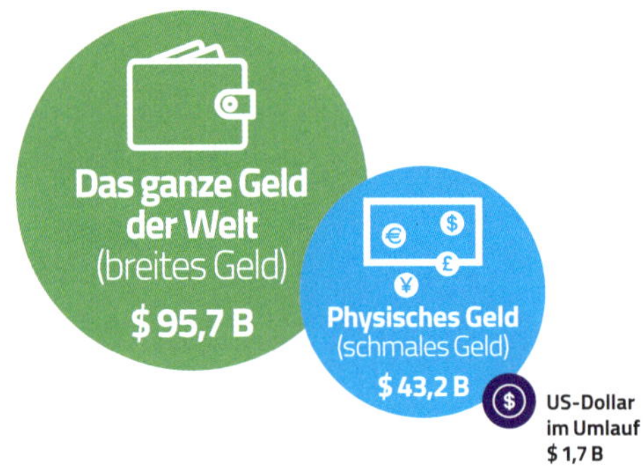

Globale Geldmenge

Über die Hälfte der weltweiten Geldmenge existiert elektronisch in Depots bei diversen Banken und Institutionen. Der US-Dollar macht nur 1,7 Prozent des gesamten Geldumlaufs aus.

Quellen: https://www.cia.gv/index.html
https://www.federalreserve.gov
Stand: 2020

M = Milliarden
B = Billionen

Globaler Immobilienmarkt

Gewerbeimmobilien und landwirtschaftliche Betriebe machen insgesamt nur 25 Prozent des globalen Immobilienmarktes aus. Der überwiegende Wert steckt in Wohnungen und Häusern.

Quelle: Savills
Stand: 2022

Der Derivatemarkt

Derivate sind Finanzinstrumente, deren Preise von Kursschwankungen oder den Preiserwartungen anderer Investments abhängig sind. Sie sind so konstruiert, dass sie die Schwankungen der Preise dieser Anlageobjekte überproportional nachvollziehen. Daher lassen sie sich sowohl zur Absicherung gegen Wertverluste als auch zur Spekulation auf Kursgewinne des Basiswerts verwenden. Zu den wichtigsten Derivaten zählen Zertifikate, Optionen, Futures und Swaps.

Quelle: Bank für Internationalen Zahlungsausgleich
Stand: 2022

Globale Verschuldung

Die globale Verschuldung reicht von der Staatsverschuldung über Kommunalanleihen bis hin zu Hypotheken und Studentenkrediten. Insgesamt beläuft sie sich auf $ 305 B.

Quellen: Securities Industry and Financial Markets Association
Stand: 2022

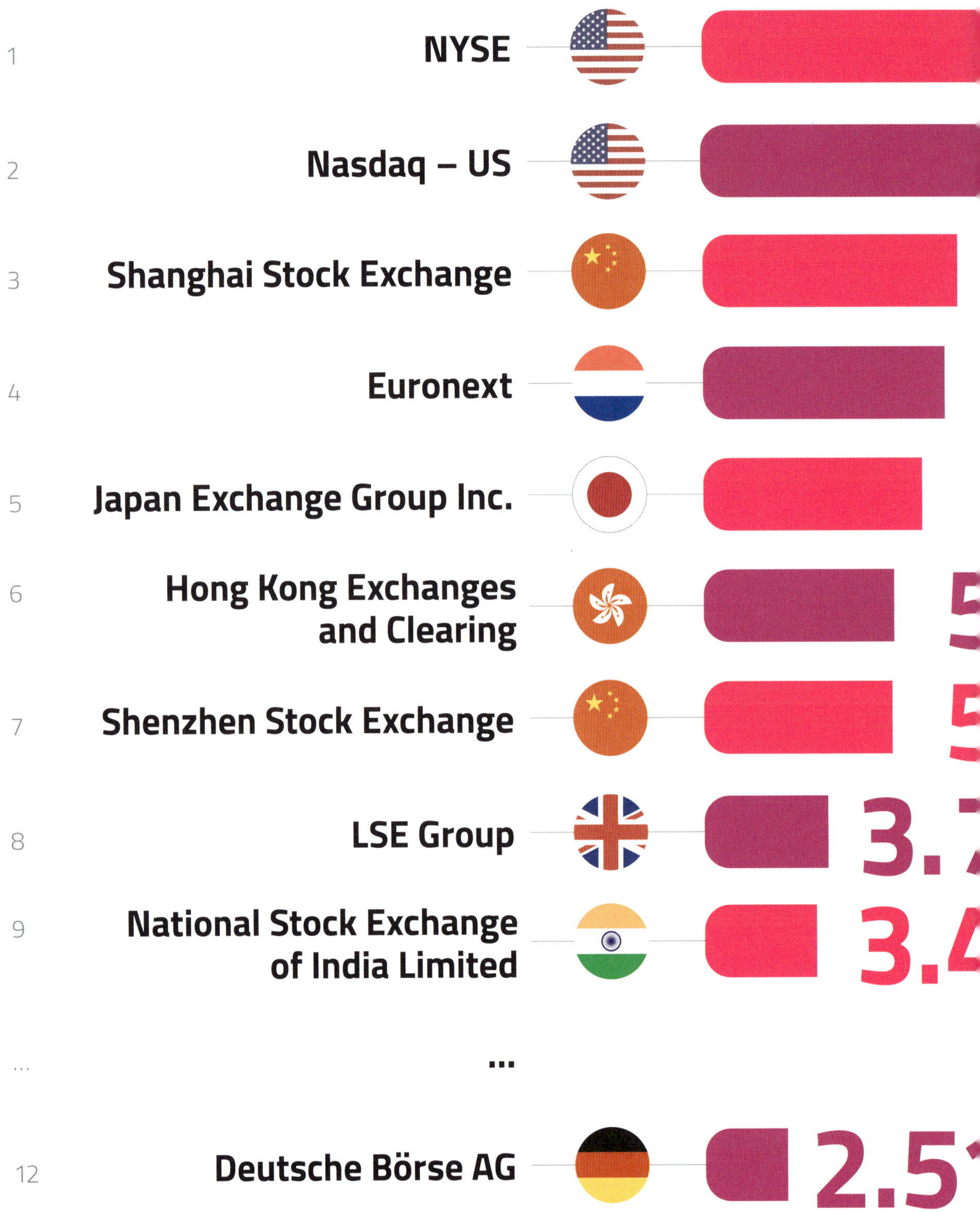

Stand: Oktober 2021

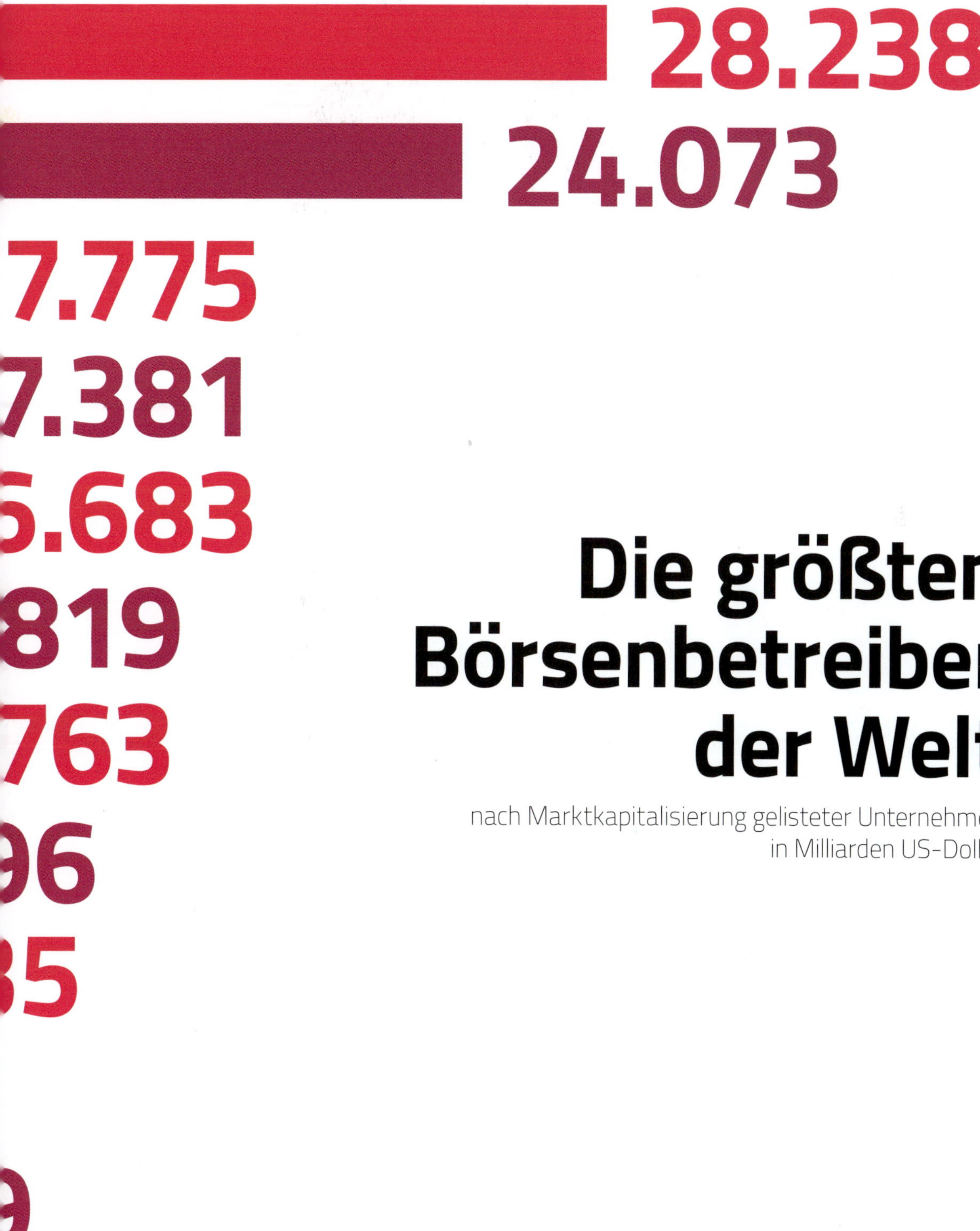

Die größten Börsenbetreiber der Welt

nach Marktkapitalisierung gelisteter Unternehmen
in Milliarden US-Dollar

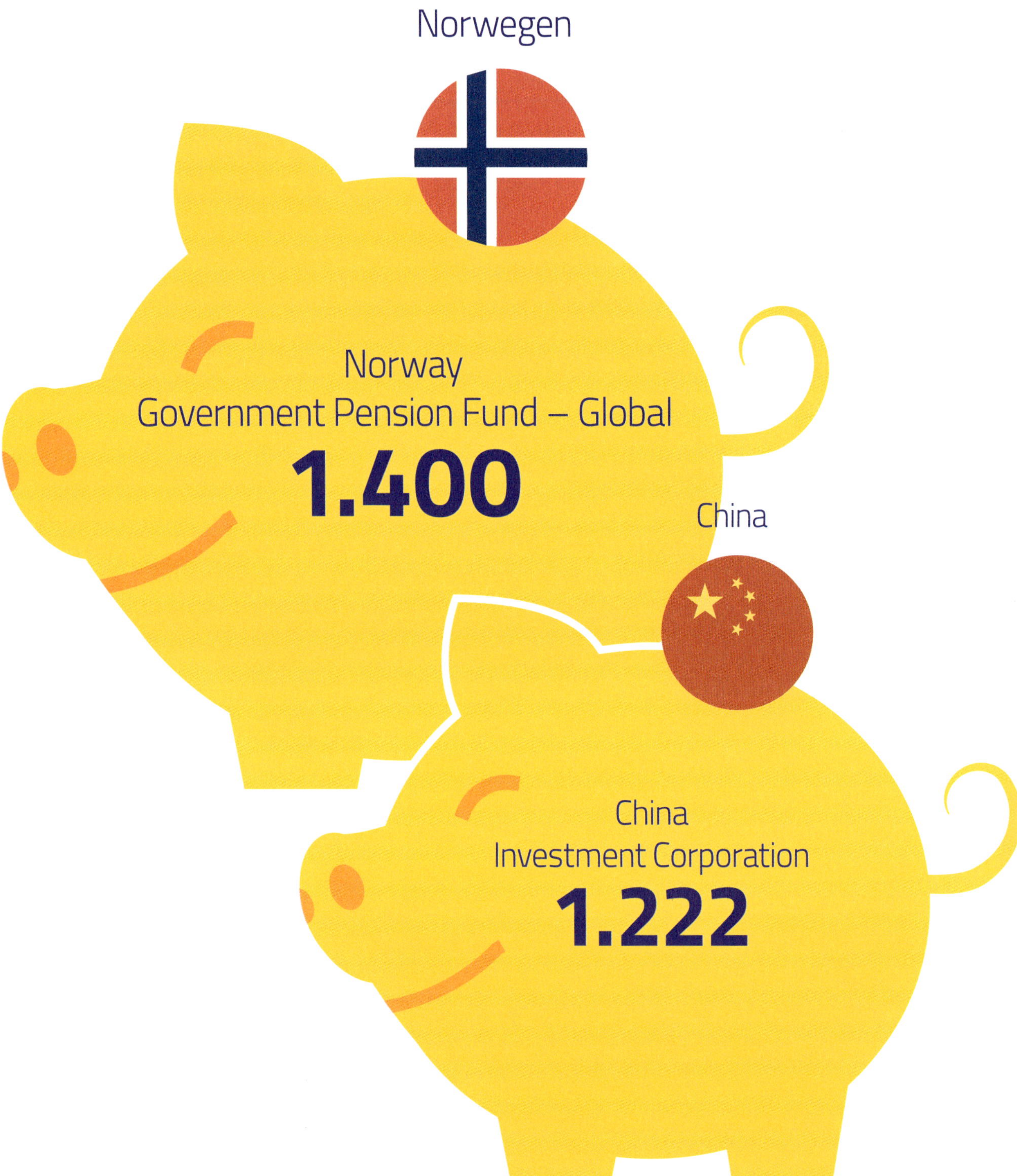

Stand: Februar 2022

Die größten Staatsfonds

in Milliarden US-Dollar

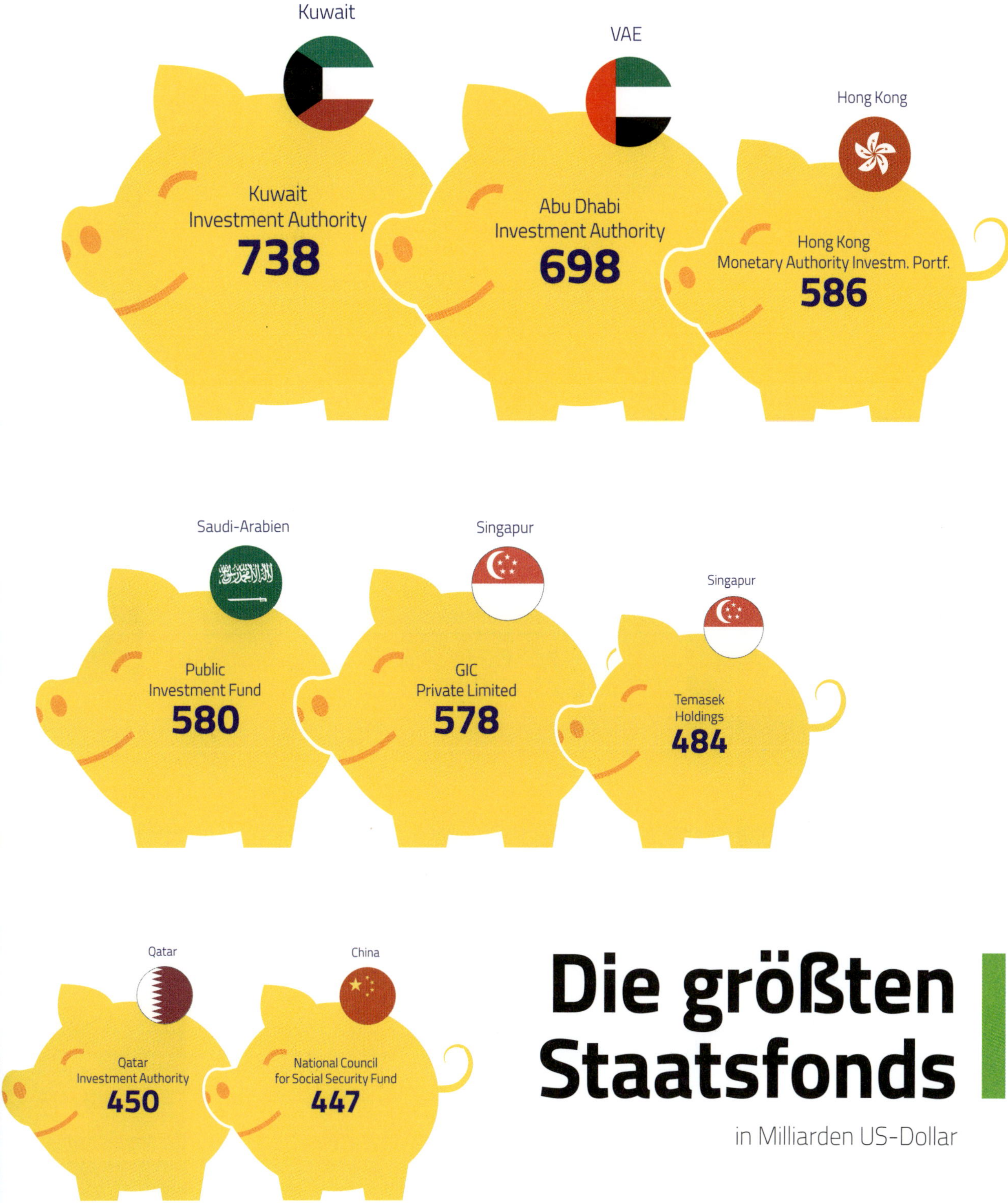

Investmentbanking weltweit

in Milliarden US-Dollar

Fusionen und Akquisitionen

Equity Capital Markets

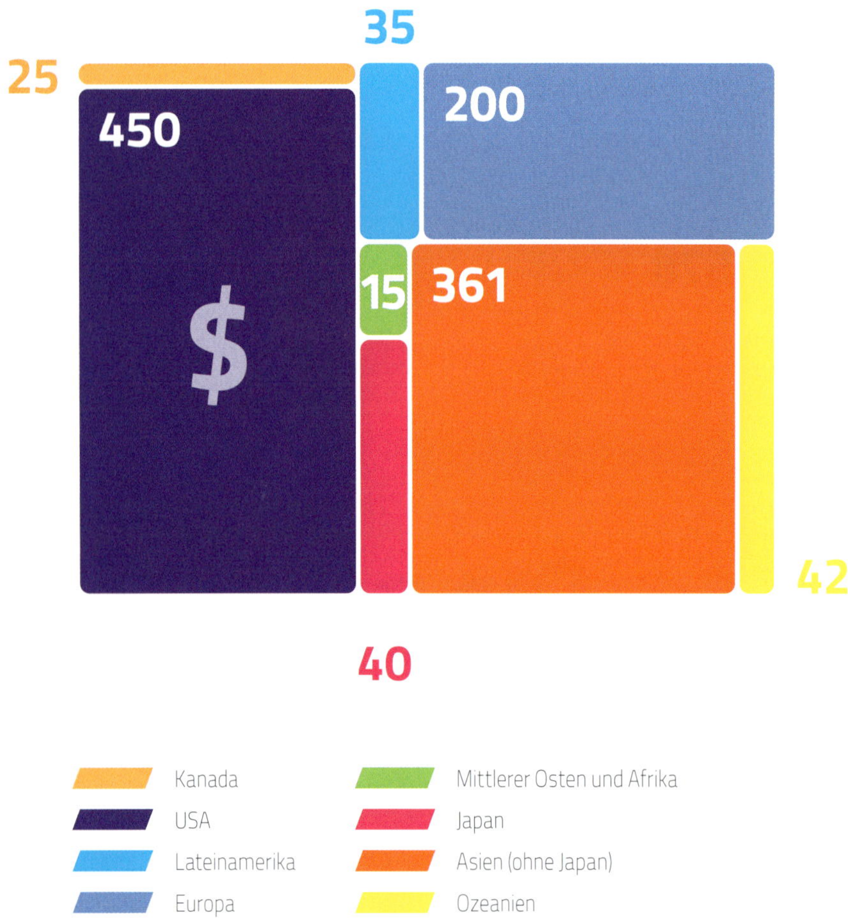

Initial Public Offerings (IPOs)

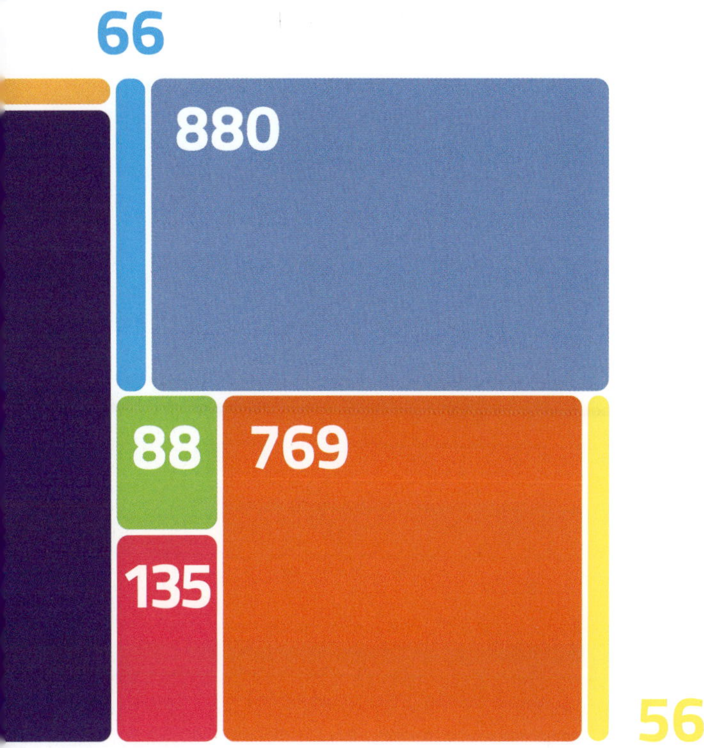

Die amerikanischen Finanzinstitute dominieren das internationale Bankgeschäft deutlich, nachdem sie vor gut zehn Jahren zusammen mit anderen schlecht geführten und schwach beaufsichtigten Banken, etwa aus Europa, das globale Finanzsystem fast zum Einsturz gebracht hätten. Mittlerweile sind die meisten Länder weltweit stark abhängig von amerikanischen Banken, insbesondere von Investmentbanken. Aufgrund ihrer Größe und ihrer Ertragskraft können die amerikanischen Finanzriesen die Zukunft in einem Umfeld beeinflussen, das durch einen rasanten technologischen Wandel geprägt sein wird.

Einnahmen aus Investmentbanking (in Prozent)

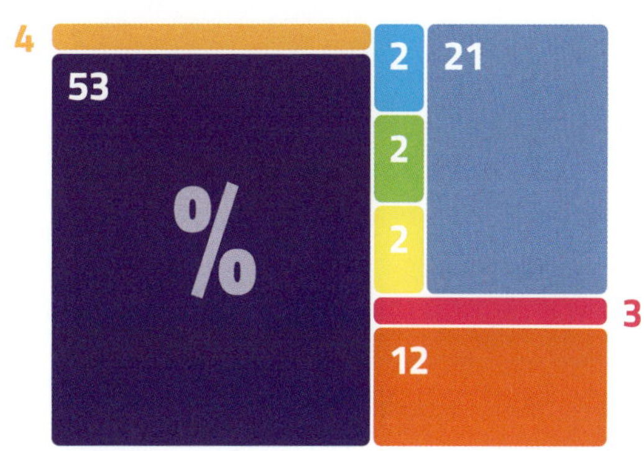

Stand: 2021

6

Ertrags-
Perspektiven

Renditen 10-jähriger US-Staatsanleihen seit 1800

in Prozent

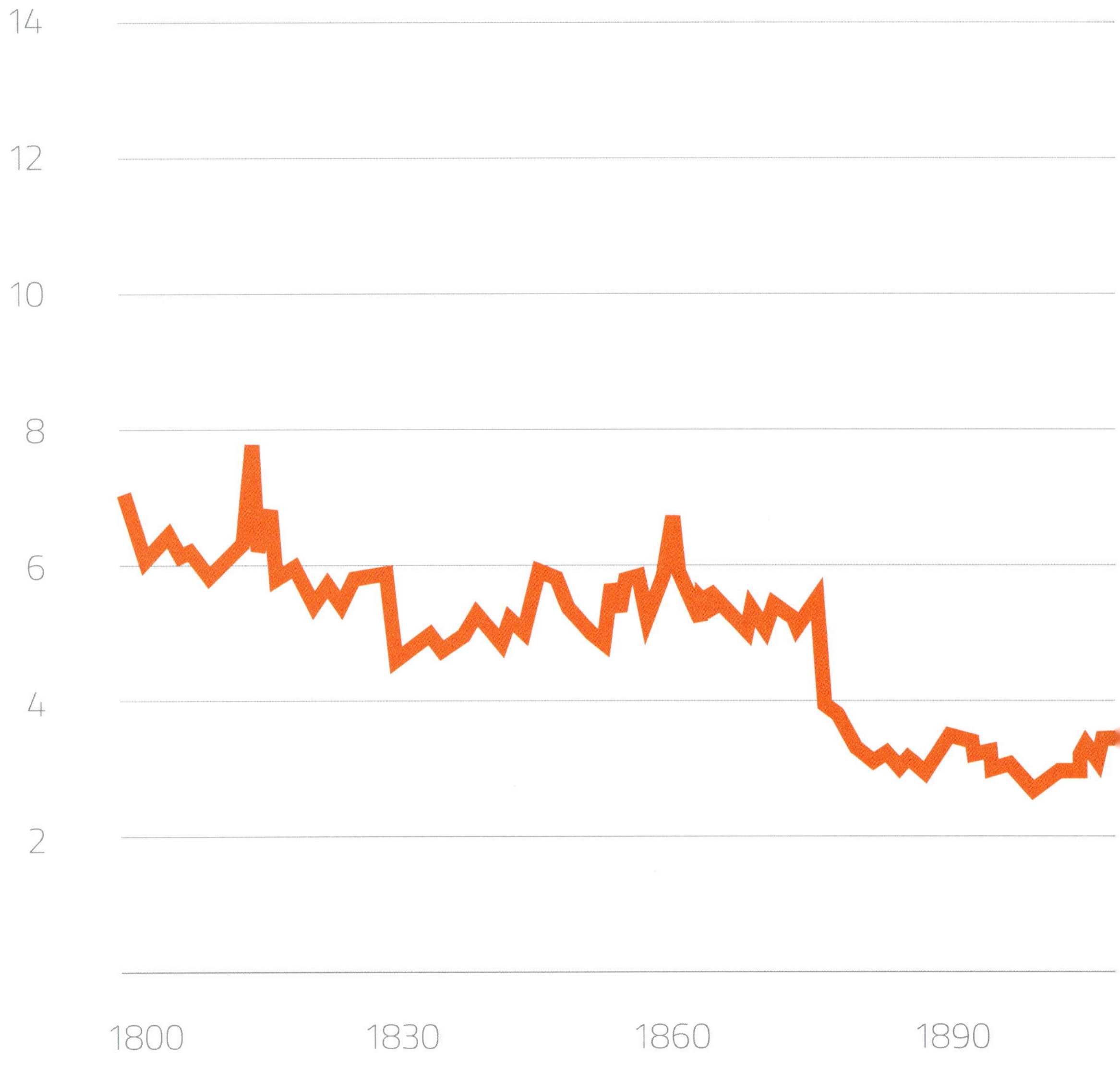

Stand: 2022

Staatsanleihen sind zumeist mittel- oder langfristige Schuldverschreibungen, die von Staaten emittiert werden. Benötigt eine Regierung finanzielle Mittel, platziert sie Anleihen am Kapitalmarkt. Ein Anleger, der eine Staatsanleihe kauft, leiht der Regierung somit über einen zuvor festgeschriebenen Zeitraum Geld und erhält dafür Zinsen. Wegen der niedrigen Verzinsung von US-Staatsanleihen machte ein Kauf in den letzten Jahren wenig Sinn. Stattdessen setzten immer mehr Menschen auf Einzelaktien und Fonds oder ETFs.

FAANGM*-Performance vs. S&P 500

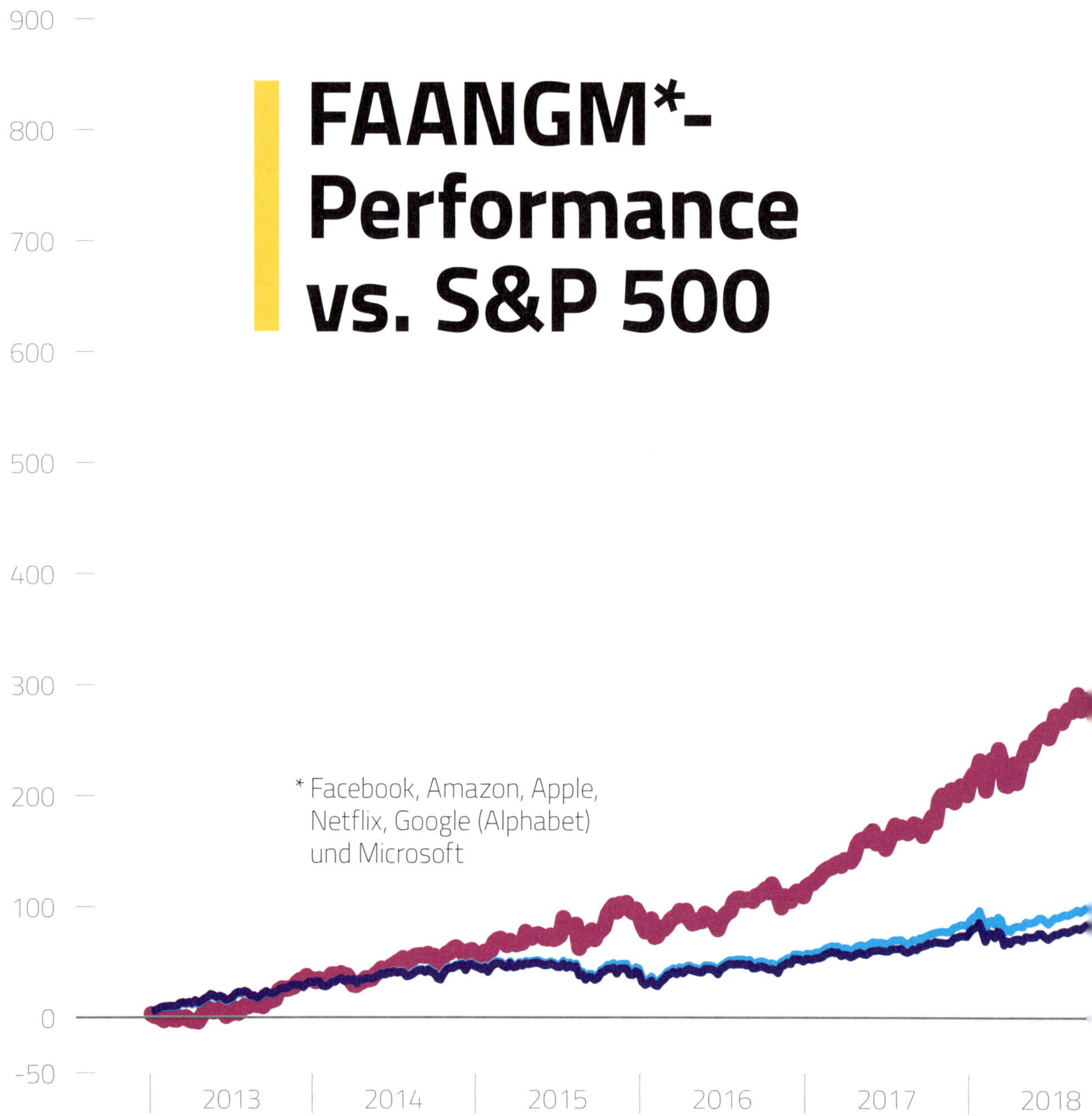

* Facebook, Amazon, Apple, Netflix, Google (Alphabet) und Microsoft

In den letzten Jahren machten Tech-Aktien Anleger ausgesprochen glücklich. Unternehmen wie Facebook, Amazon, Apple, Netflix, Google und Microsoft boomten, sie waren der Hauptträger des Börsenaufschwungs. Das zeigt diese Grafik, die die Kursentwicklung des S&P 500 mit der akkumulierten Kursentwicklung der großen Tech-Riesen (FAANGM) vergleicht. Doch der Chart zeigt auch, dass es seit dem ersten Quartal 2022 deutlich nach unten geht. Zu den Risiken wegen des Coronavirus kam Russlands Krieg gegen die Ukraine, vor allem aber die Zinswende durch die US-Notenbank Fed. Gleichzeitig dämmt die Fed die Käufe von Anleihen ein. Die Geldschwemme durch die Notenbanken war die Hauptursache für den Aktienboom der vergangenen Jahre. Insbesondere auf schnelles Wachstum ausgelegte Tech-Werte profitierten vom „billigen Geld", das hohe Umsätze und Gewinne ermöglichte. 2022 drohen die Metas dieser Welt ihren Treibstoff zu verlieren, deshalb verkaufen Investoren Aktien.

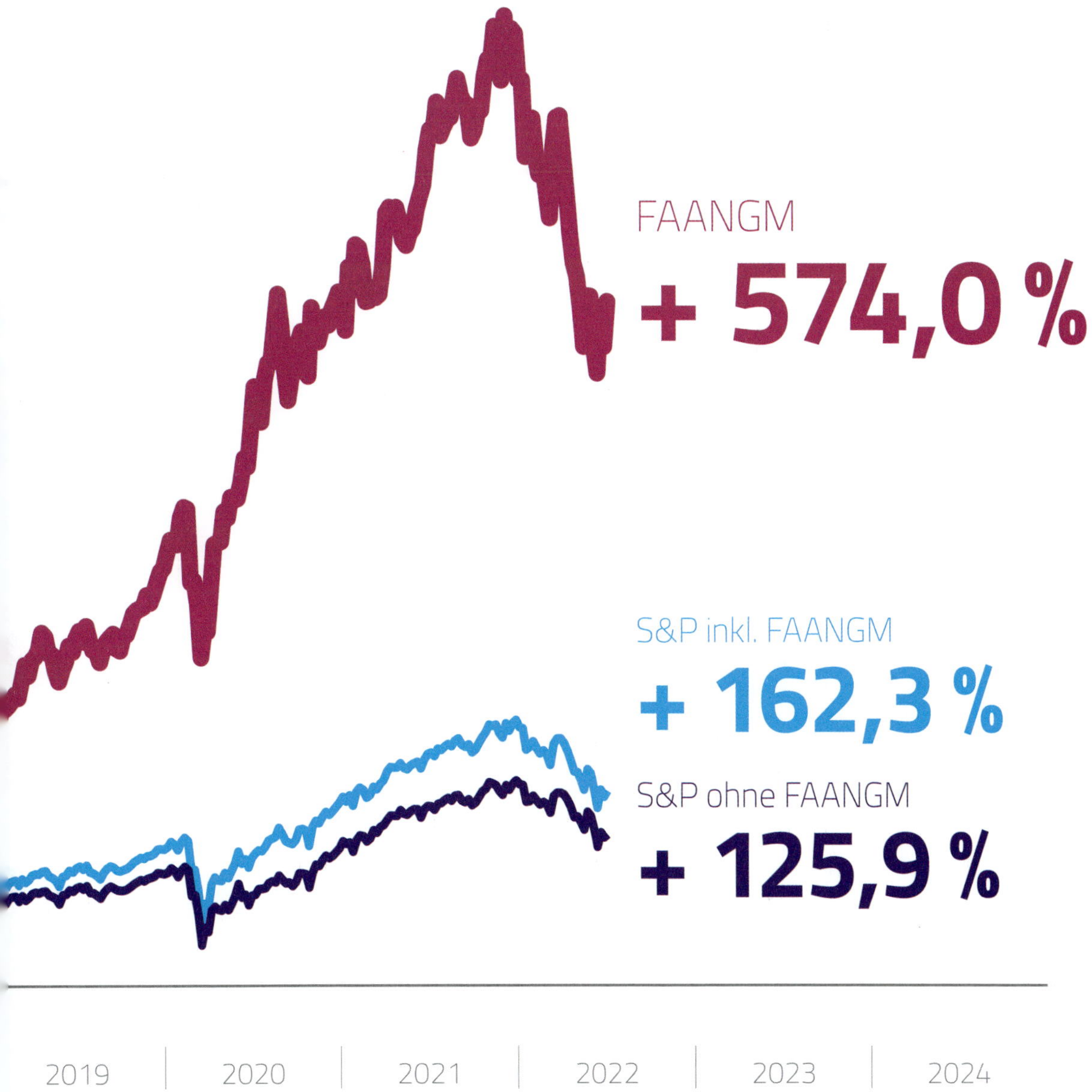

Stand: Juli 2022

Anteil ausländischer Investoren am Grundkapital

der DAX-Titel in Prozent

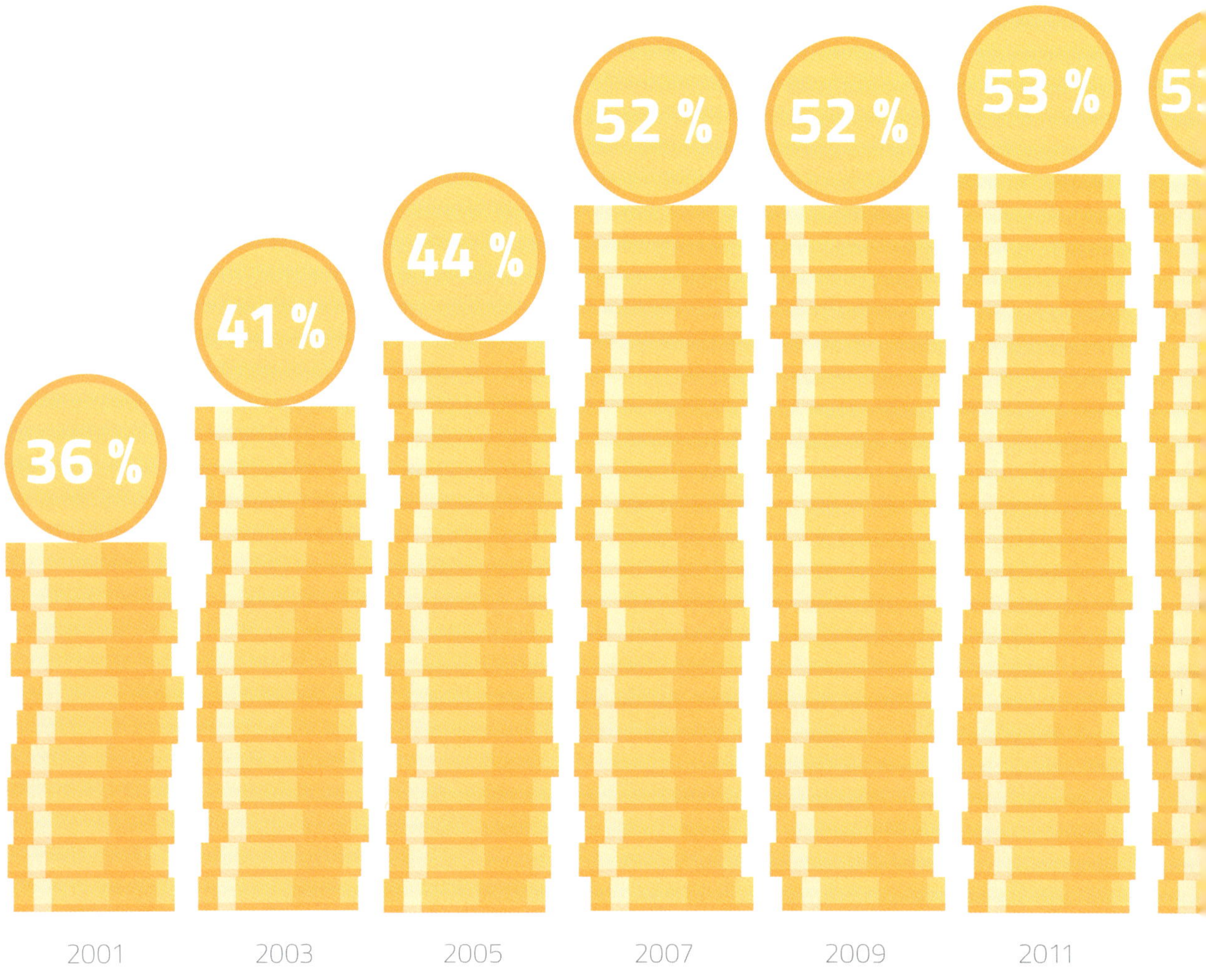

Stand: 2019

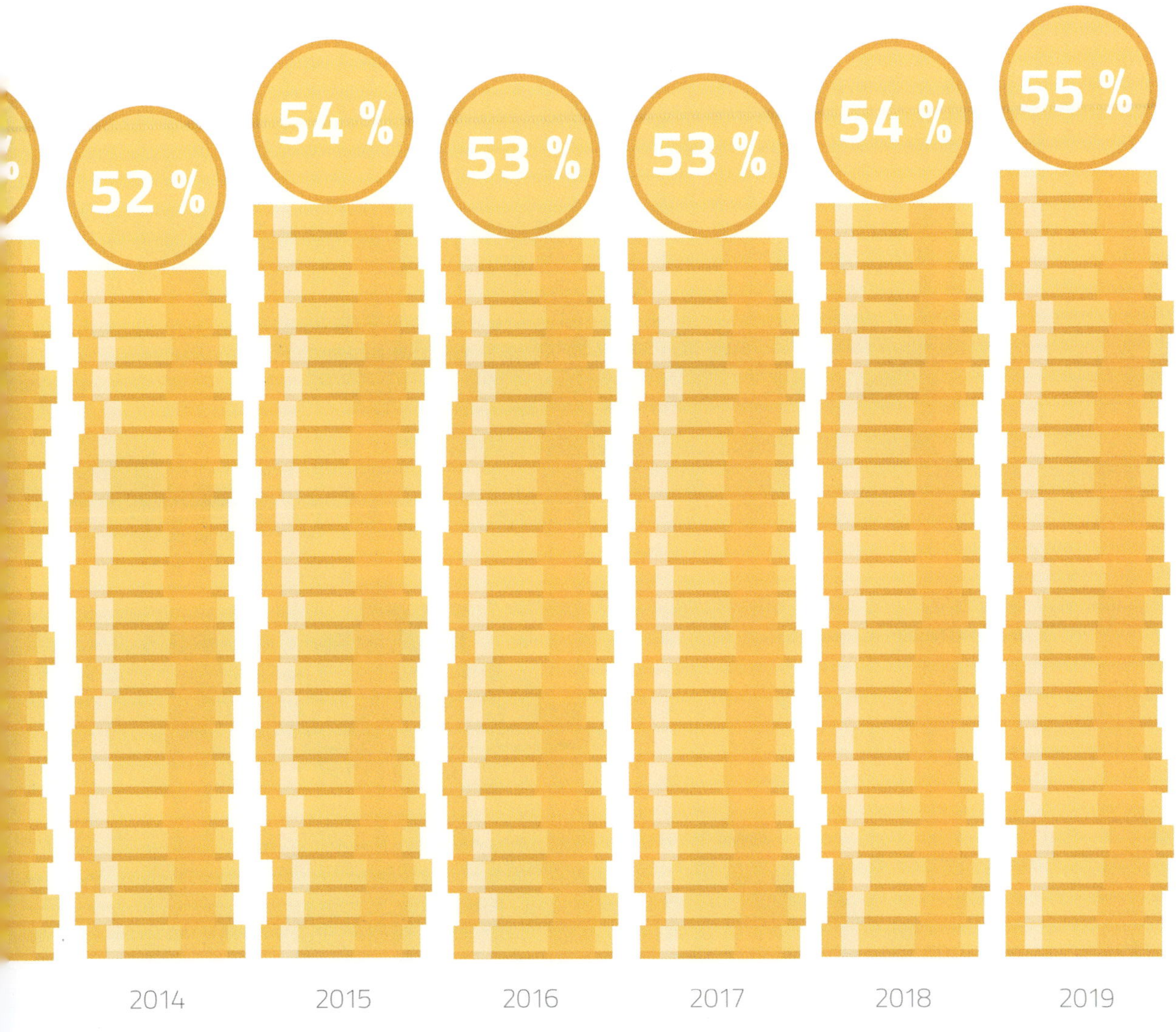
52 %
54 %
53 %
53 %
54 %
55 %
2014
2015
2016
2017
2018
2019

Das DAX-Rendite-Dreieck

Anleger können von der Aktie auch bei geringem Zeitaufwand einen lohnenden Ertrag erwarten, sofern sie langfristig anlegen. Dies zeigt das Dax-Rendite-Dreieck (Einmalanlage) des Deutschen Aktieninstituts. Die Grafik bildet die Rendite in der Vergangenheit ab, Berechnungsgrundlage sind die Jahresschlussstände der jeweiligen Jahre.

Diese Variante des Rendite-Dreiecks visualisiert die jährlichen Durchschnittsrenditen unter der Annahme, dass der Anleger einmalig einen festen Betrag in Aktien des Dax investiert hat. Daten aus der Vergangenheit sind natürlich kein verlässlicher Indikator für zukünftige Wertentwicklungen, dennoch belegen sie, dass schwache Börsenphasen nur temporär andauern, bevor es wieder bergauf geht.

Wenn Sie Ende 1996 DAX-Aktien gekauft und bis Ende 2013 gehalten haben, wuchs Ihr Aktiendepot jährlich im Schnitt um 7,3 Prozent.

Jährliche Rendite in Prozent:

- Positive Rendite
- Rendite um Null
- Negative Rendite

																									28,2
																								7,0	17,1
																							-7,1	-0,3	8,4
																						46,7	16,8	13,4	16,9
																					-2,1	19,9	10,1	9,3	12,9
																				12,9	5,1	17,5	10,8	10,0	12,9
																			-21,9	-6,1	-4,8	6,1	3,3	3,9	7,1
																		34,8	2,6	5,9	3,9	11,3	8,0	7,9	10,2
																	32,8	33,8	11,8	12,1	9,1	14,6	11,2	10,7	12,5
																-36,4	-8,1	4,4	-2,9	0,1	-0,3	5,4	3,7	4,1	6,3
															5,6	-18,0	-3,7	4,7	-1,2	1,0	0,5	5,4	3,9	4,2	6,2
														84,1	39,4	7,4	13,2	17,2	9,6	10,0	8,4	12,1	10,1	9,8	11,2
													12,2	43,7	29,7	8,6	13,0	16,4	9,9	10,3	8,9	12,2	10,3	10,0	11,3
												43,9	27,1	43,8	33,1	14,9	17,7	20,0	13,7	13,6	11,9	14,7	12,7	12,3	13,3
											17,3	29,9	23,7	36,7	29,8	15,3	17,6	19,6	14,1	14,0	12,4	14,9	13,1	12,6	13,6
										3,3	10,1	20,4	18,3	29,2	25,0	13,5	15,7	17,7	13,0	13,0	11,6	14,0	12,3	12,0	12,9
									1,1	2,2	7,0	15,2	14,6	24,0	21,2	11,8	14,0	15,9	11,8	11,9	10,8	13,0	11,6	11,3	12,2
								-9,7	-4,5	-2,0	2,5	9,7	10,1	18,5	16,8	9,2	11,4	13,3	9,9	10,1	9,2	11,3	10,1	9,9	10,8
							7,2	-1,6	-0,7	0,3	3,5	9,3	9,7	17,1	15,7	9,0	11,0	12,8	9,6	9,9	9,0	11,1	9,9	9,8	10,7
						9,2	8,2	1,9	1,7	2,0	4,4	9,3	9,7	16,2	15,1	9,0	10,8	12,5	9,6	9,8	9,0	11,0	9,9	9,7	10,6
					-4,4	2,2	3,8	0,3	0,4	0,9	3,1	7,5	8,0	13,9	13,1	7,8	9,6	11,2	8,6	8,9	8,2	10,1	9,1	9,0	9,8
				39,1	15,3	13,3	11,7	7,1	6,0	5,6	7,0	10,6	10,8	16,0	15,1	10,0	11,5	12,9	10,3	10,5	9,7	11,4	10,4	10,2	11,0
			3,8	20,2	11,4	10,8	10,1	6,5	5,7	5,4	6,7	9,9	10,1	14,9	14,2	9,5	10,9	12,3	9,9	10,1	9,4	11,0	10,1	9,9	10,7
		-21,6	-9,8	4,2	2,0	3,4	4,0	1,9	1,8	2,0	3,4	6,6	7,0	11,6	11,2	7,1	8,6	9,9	7,9	8,1	7,6	9,2	8,4	8,3	9,1
	14,3	-5,4	-2,4	6,7	4,3	5,1	5,4	3,4	3,1	3,2	4,4	7,2	7,6	11,8	11,4	7,5	8,9	10,2	8,2	8,4	7,9	9,4	8,7	8,6	9,3
Verkauf	1972	1973	1974	1975	1976	1977	1978	1979	1980	1981	1982	1983	1984	1985	1986	1987	1988	1989	1990	1991	1992	1993	1994	1995	1996
					5					10					15					20					25

1999	2000	2001	2002	2003	2004	2005	2006	2007	2008	2009	2010	2011	2012	2013	2014	2015	2016	2017	2018	2019	2020	2021	Kauf	Anlagezeitraum in Jahren
																						15,8	2020	
																					3,5	9,5	2019	
																				25,5	14,0	14,6	2018	
																			-18,3	1,3	2,0	5,3	2017	
																		12,5	-4,1	4,9	4,6	6,7	2016	5
																	6,9	9,7	-0,6	5,4	5,0	6,7	2015	
																9,6	8,2	9,6	1,9	6,2	5,8	7,1	2014	
															2,7	6,1	6,3	7,8	2,0	5,6	5,3	6,6	2013	
														25,5	13,5	12,2	10,8	11,2	5,6	8,2	7,6	8,5	2012	
													29,1	27,3	18,5	16,2	14,2	14,0	8,7	10,6	9,8	10,4	2011	10
												-14,7	4,9	11,4	9,1	9,2	8,8	9,3	5,4	7,5	7,1	7,9	2010	
											16,1	-0,5	8,5	12,5	10,5	10,3	9,8	10,2	6,6	8,3	7,9	8,5	2009	
										23,8	19,9	7,0	12,2	14,7	12,6	12,2	11,5	11,6	8,2	9,6	9,1	9,6	2008	
									-40,4	-14,1	-5,0	-7,5	-1,2	2,9	2,8	3,6	4,0	4,8	2,5	4,2	4,2	5,0	2007	
								22,3	-14,6	-3,3	1,2	-2,2	2,4	5,4	5,1	5,6	5,7	6,3	4,0	5,5	5,4	6,0	2006	15
							22,0	22,1	-3,8	2,4	5,0	1,5	5,0	7,4	6,8	7,1	7,1	7,5	5,3	6,6	6,4	7,0	2005	
						27,1	24,5	23,8	3,1	7,0	8,4	4,8	7,5	9,4	8,7	8,8	8,6	8,9	6,7	7,9	7,6	8,1	2004	
					7,3	16,8	18,5	19,4	3,9	7,0	8,3	5,1	7,5	9,2	8,6	8,7	8,5	8,8	6,7	7,8	7,6	8,0	2003	
				37,1	21,3	23,2	22,9	22,8	8,8	10,9	11,5	8,2	10,2	11,5	10,7	10,6	10,3	10,5	8,4	9,4	9,0	9,4	2002	
			-43,9	-12,3	-6,2	1,2	5,0	7,7	-1,0	1,8	3,3	1,3	3,6	5,3	5,1	5,4	5,5	5,9	4,3	5,4	5,3	5,8	2001	20
		-19,8	-32,9	-14,9	-9,8	-3,4	0,4	3,3	-3,6	-0,9	0,7	-0,8	1,4	3,1	3,1	3,5	3,7	4,2	2,8	3,9	3,9	4,4	2000	
	-7,5	-13,9	-25,4	-13,1	-9,4	-4,1	-0,8	1,9	-4,0	-1,5	-0,1	-1,4	0,7	2,3	2,3	2,8	3,0	3,5	2,2	3,3	3,3	3,8	1999	
39,1	13,4	1,0	-12,8	-4,5	-2,7	1,1	3,5	5,5	-0,4	1,6	2,7	1,3	3,0	4,4	4,3	4,6	4,7	5,1	3,8	4,7	4,7	5,2	1998	
28,0	14,8	5,0	-7,4	-1,1	0,0	3,1	5,0	6,6	1,1	2,9	3,8	2,4	4,0	5,2	5,0	5,3	5,4	5,7	4,4	5,3	5,2	5,6	1997	
34,0	22,2	12,3	0,0	4,6	5,0	7,2	8,6	9,8	4,3	5,7	6,4	4,9	6,2	7,3	7,0	7,2	7,1	7,4	6,1	6,8	6,7	7,1	1996	25
32,6	23,3	14,8	3,6	7,3	7,3	9,1	10,3	11,2	6,0	7,2	7,8	6,2	7,4	8,4	8,0	8,1	8,1	8,3	6,9	7,7	7,5	7,8	1995	
27,0	20,5	13,7	4,0	7,3	7,3	8,9	10,0	10,9	6,1	7,2	7,7	6,2	7,4	8,3	8,0	8,1	8,0	8,2	6,9	7,6	7,5	7,8	1994	
20,6	16,1	10,8	2,7	5,8	5,9	7,5	8,6	9,5	5,1	6,2	6,8	5,5	6,6	7,5	7,2	7,3	7,3	7,5	6,3	7,0	6,9	7,2	1993	
24,0	19,5	14,3	6,5	8,9	8,8	10,1	10,9	11,6	7,4	8,3	8,7	7,3	8,3	9,1	8,8	8,8	8,7	8,9	7,7	8,3	8,1	8,4	1992	
20,4	16,9	12,6	5,7	8,0	7,9	9,2	10,0	10,7	6,8	7,7	8,1	6,8	7,8	8,5	8,3	8,3	8,3	8,4	7,3	7,9	7,7	8,0	1991	30
19,5	16,5	12,6	6,2	8,3	8,3	9,4	10,2	10,9	7,1	7,9	8,3	7,1	8,0	8,7	8,5	8,5	8,4	8,6	7,5	8,1	7,9	8,2	1990	
14,5	12,3	9,2	3,8	5,8	5,9	7,2	8,0	8,7	5,3	6,2	6,6	5,6	6,5	7,2	7,0	7,1	7,1	7,3	6,3	6,9	6,8	7,1	1989	
16,3	14,1	11,0	5,7	7,6	7,6	8,6	9,3	10,0	6,6	7,4	7,8	6,7	7,5	8,2	8,0	8,1	8,0	8,2	7,2	7,7	7,6	7,8	1988	
17,5	15,4	12,4	7,3	9,0	8,9	9,8	10,4	11,0	7,8	8,5	8,8	7,7	8,5	9,1	8,8	8,8	8,8	8,9	7,9	8,4	8,3	8,5	1987	
12,1	10,6	8,2	3,9	5,6	5,7	6,7	7,4	8,1	5,2	6,0	6,4	5,4	6,3	6,9	6,8	6,9	6,9	7,0	6,1	6,7	6,6	6,8	1986	35
11,6	10,3	8,1	4,0	5,6	5,7	6,7	7,3	8,0	5,2	6,0	6,3	5,4	6,2	6,9	6,7	6,8	6,8	7,0	6,1	6,6	6,6	6,8	1985	
15,4	13,8	11,5	7,3	8,7	8,7	9,5	10,0	10,5	7,7	8,3	8,6	7,6	8,3	8,9	8,7	8,7	8,6	8,8	7,9	8,3	8,2	8,4	1984	
15,2	13,7	11,6	7,6	8,9	8,8	9,6	10,1	10,6	7,9	8,5	8,7	7,8	8,5	9,0	8,8	8,8	8,8	8,9	8,0	8,4	8,3	8,5	1983	
16,7	15,2	13,1	9,2	10,4	10,2	10,9	11,3	11,8	9,1	9,6	9,8	8,9	9,5	10,0	9,7	9,7	9,7	9,7	8,8	9,3	9,1	9,3	1982	
16,8	15,4	13,3	9,5	10,7	10,5	11,2	11,6	12,0	9,4	9,9	10,1	9,2	9,7	10,2	10,0	10,0	9,9	9,9	9,1	9,5	9,3	9,5	1981	40
16,0	14,7	12,8	9,3	10,3	10,2	10,8	11,2	11,6	9,2	9,6	9,8	9,0	9,5	10,0	9,8	9,8	9,7	9,8	8,9	9,3	9,2	9,3	1980	
15,2	14,0	12,2	8,9	9,9	9,8	10,4	10,9	11,2	8,9	9,3	9,6	8,7	9,3	9,7	9,5	9,5	9,4	9,5	8,7	9,1	8,9	9,1	1979	
13,9	12,8	11,2	8,0	9,1	9,0	9,6	10,0	10,4	8,2	8,7	8,9	8,1	8,7	9,1	8,9	8,9	8,9	9,0	8,2	8,6	8,5	8,6	1978	
13,6	12,6	11,0	8,0	9,0	8,9	9,5	9,9	10,3	8,2	8,6	8,8	8,1	8,6	9,1	8,9	8,9	8,8	8,9	8,2	8,6	8,4	8,6	1977	
13,4	12,4	10,9	8,0	9,0	8,9	9,5	9,9	10,3	8,2	8,6	8,9	8,1	8,6	9,1	8,9	8,9	8,8	8,9	8,2	8,6	8,5	8,6	1976	45
12,6	11,7	10,3	7,6	8,5	8,5	9,0	9,4	9,8	7,8	8,2	8,4	7,7	8,3	8,7	8,5	8,5	8,5	8,6	7,9	8,3	8,1	8,3	1975	
13,5	12,7	11,2	8,6	9,4	9,4	9,9	10,2	10,6	8,6	9,0	9,2	8,5	9,0	9,4	9,2	9,2	9,1	9,2	8,5	8,9	8,7	8,9	1974	
13,2	12,3	11,0	8,4	9,2	9,2	9,7	10,0	10,4	8,5	8,9	9,1	8,4	8,8	9,2	9,1	9,1	9,0	9,1	8,4	8,7	8,6	8,8	1973	
11,6	10,9	9,6	7,2	8,1	8,1	8,6	9,0	9,3	7,5	7,9	8,1	7,5	7,9	8,3	8,2	8,2	8,2	8,3	7,6	8,0	7,9	8,1	1972	
11,7	11,0	9,8	7,4	8,3	8,2	8,7	9,1	9,5	7,7	8,1	8,3	7,6	8,1	8,5	8,3	8,4	8,3	8,4	7,8	8,1	8,0	8,2	1971	50

30 35 40 45 50

Stand: 2022

DAX-Rendite-Dreieck für die monatliche Geldanlage

Mit einem monatlichen Aktiensparplan investieren Anlegerinnen nicht eine große Summe auf einmal, sondern legen kontinuierlich einen Betrag an. Mit dieser Art der Geldanlage sinkt das Risiko, zu einem schlechten Zeitpunkt einzusteigen. Diese Grafik zeigt: Wer monatlich einen festen Betrag in Aktien des Dax gespart hat, konnte bei einer Spardauer von 20 Jahren eine durchschnittliche Rendite von rund neun Prozent im Jahr auf das angelegte Geld erwirtschaften.

Eine monatliche Geldanlage in Aktien von Ende 1996 bis Ende 2017 erbrachte eine durchschnittliche jährliche Rendite von 7,1 Prozent.

Jährliche Rendite in Prozent:

- Positive Rendite
- Rendite um Null
- Negative Rendite

Ziel	1972	1973	1974	1975	1976	1977	1978	1979	1980	1981	1982	1983	1984	1985	1986	1987	1988	1989	1990	1991	1992	1993	1994	1995	1996
																									26,9
																								12,5	23,3
																							-1,8	6,0	17,1
																						58,0	9,1	8,5	16,1
																					-9,7	30,9	9,9	9,0	15,0
																				1,5	-3,2	21,8	9,4	8,7	13,8
																			-30,7	-3,0	-3,4	15,7	7,7	7,6	12,2
																		49,1	-9,7	0,9	-0,9	13,7	7,5	7,5	11,5
																	36,3	38,2	1,1	5,3	2,3	13,6	8,4	8,1	11,6
																-46,2	7,1	22,2	0,8	4,4	2,3	12,0	7,7	7,6	10,8
															5,1	-32,2	0,1	14,1	-0,3	3,2	1,6	10,2	6,8	6,9	9,9
														101,4	27,0	-15,4	3,5	13,7	1,7	4,3	2,7	10,1	7,0	7,1	9,8
													22,1	66,8	32,3	-3,8	7,8	15,0	4,5	6,2	4,4	10,7	7,8	7,7	10,1
												36,1	21,5	51,4	31,7	2,5	10,6	16,0	6,7	7,7	5,9	11,4	8,7	8,5	10,6
											22,8	35,6	24,6	45,5	31,8	7,5	13,2	17,4	8,9	9,5	7,6	12,3	9,7	9,4	11,2
										-1,7	13,3	27,4	22,2	39,2	29,6	9,6	14,1	17,6	10,0	10,4	8,5	12,7	10,3	9,9	11,6
									-1,1	0,7	10,0	22,2	19,6	34,0	27,2	10,3	14,1	17,2	10,5	10,8	9,1	12,8	10,6	10,2	11,7
								-7,5	-1,4	0,4	7,7	18,2	17,1	29,7	24,7	10,4	13,7	16,6	10,6	10,8	9,2	12,7	10,6	10,3	11,7
							6,0	-4,8	-1,5	0,1	6,1	15,3	15,0	26,3	22,4	10,1	13,2	15,8	10,4	10,7	9,2	12,4	10,5	10,2	11,5
						10,0	7,6	-1,5	-0,3	0,7	5,5	13,6	13,7	23,7	20,7	9,8	12,7	15,1	10,3	10,5	9,2	12,2	10,4	10,1	11,4
					-4,6	6,4	6,7	-0,2	0,4	1,1	5,1	12,2	12,6	21,7	19,2	9,6	12,2	14,5	10,1	10,3	9,1	11,9	10,3	10,0	11,2
				30,1	3,9	7,5	7,3	1,4	1,5	1,8	5,2	11,5	11,9	20,2	18,1	9,4	11,9	14,0	10,0	10,2	9,1	11,7	10,2	10,0	11,1
			5,5	27,0	9,4	10,0	9,0	3,5	3,0	2,9	5,7	11,3	11,7	19,2	17,5	9,6	11,8	13,8	10,0	10,3	9,2	11,7	10,2	10,0	11,1
		-27,6	-4,3	16,3	7,2	8,5	8,0	3,6	3,1	3,1	5,5	10,6	11,0	18,0	16,5	9,3	11,4	13,3	9,8	10,1	9,1	11,4	10,1	9,9	10,9
	-0,2	-18,6	-6,1	10,7	5,3	6,9	6,9	3,2	2,9	2,9	5,2	9,8	10,3	16,8	15,6	8,9	11,0	12,8	9,5	9,8	8,9	11,1	9,8	9,7	10,7

5 10 15 20 25

Start	1999	2000	2001	2002	2003	2004	2005	2006	2007	2008	2009	2010	2011	2012	2013	2014	2015	2016	2017	2018	2019	2020	2021
2020																							12,2
2019																						26,3	17,8
2018																					20,6	13,4	14,3
2017																				-25,3	8,6	8,2	11,1
2016																			9,5	-14,0	5,5	6,0	9,1
2015																		23,6	14,7	-5,6	6,5	6,3	8,8
2014																	-2,4	8,4	10,3	-3,5	5,7	5,6	8,0
2013																4,1	5,1	7,8	9,6	-1,4	5,8	5,6	7,7
2012															32,1	10,4	8,7	8,8	10,0	0,6	6,4	6,0	7,8
2011														24,5	26,7	13,6	11,3	10,3	10,9	2,6	7,2	6,7	8,2
2010													-21,1	12,5	19,7	12,5	11,1	10,3	10,8	3,6	7,5	7,0	8,3
2009												26,6	-7,1	10,6	16,8	12,0	11,0	10,3	10,7	4,4	7,7	7,2	8,3
2008											44,3	25,8	1,5	12,0	16,5	12,5	11,6	10,8	11,1	5,4	8,3	7,7	8,7
2007										-40,1	8,2	13,4	0,1	9,2	13,6	10,9	10,5	10,0	10,4	5,3	8,0	7,5	8,4
2006									16,9	-29,6	-0,4	6,9	-1,6	6,6	11,0	9,2	9,2	8,9	9,4	4,9	7,4	7,0	7,9
2005								24,2	21,6	-18,1	0,0	5,7	-1,1	5,9	9,9	8,5	8,6	8,4	9,0	4,9	7,2	6,9	7,7
2004							34,5	25,9	23,5	-9,5	2,3	6,4	0,4	6,2	9,6	8,4	8,6	8,4	8,9	5,2	7,3	6,9	7,7
2003						14,1	25,0	23,6	22,9	-4,1	4,1	7,2	1,7	6,6	9,7	8,6	8,7	8,5	8,9	5,5	7,4	7,1	7,8
2002					58,5	21,5	25,0	23,9	23,2	0,4	6,3	8,4	3,4	7,5	10,1	9,0	9,1	8,8	9,2	6,0	7,7	7,4	8,1
2001				-49,2	12,3	10,3	17,2	18,8	19,7	1,0	6,0	7,9	3,5	7,2	9,6	8,7	8,8	8,6	9,0	6,0	7,6	7,3	7,9
2000			-14,5	-40,2	-0,7	3,1	11,0	14,0	15,8	0,3	4,9	6,8	3,0	6,4	8,7	8,0	8,2	8,1	8,5	5,7	7,3	7,0	7,6
1999		-16,2	-17,3	-35,7	-6,0	-1,1	6,7	10,3	12,6	-0,5	3,7	5,7	2,3	5,6	7,9	7,3	7,5	7,5	7,9	5,3	6,8	6,6	7,2
1998	66,6	6,8	-8,1	-28,2	-6,0	-1,8	5,1	8,6	11,0	-0,6	3,3	5,2	2,1	5,2	7,3	6,8	7,1	7,1	7,5	5,1	6,6	6,4	7,0
1997	33,6	9,2	-4,0	-22,8	-5,4	-1,9	4,2	7,5	9,8	-0,5	3,0	4,8	2,0	4,9	6,9	6,5	6,8	6,8	7,2	5,0	6,4	6,2	6,8
1996	31,2	13,6	1,0	-17,0	-3,4	-0,8	4,4	7,3	9,4	0,0	3,2	4,8	2,2	4,9	6,8	6,4	6,7	6,7	7,1	5,0	6,3	6,2	6,7
1995	32,1	17,7	5,8	-11,2	-0,7	1,0	5,3	7,8	9,7	1,0	3,8	5,2	2,8	5,2	7,0	6,6	6,8	6,8	7,2	5,2	6,5	6,3	6,8
1994	31,1	19,5	8,9	-6,8	1,5	2,6	6,3	8,4	10,0	2,0	4,5	5,7	3,4	5,6	7,2	6,8	7,0	7,0	7,4	5,5	6,6	6,5	7,0
1993	28,2	19,1	10,0	-4,2	2,8	3,5	6,7	8,6	10,1	2,7	4,9	6,0	3,8	5,8	7,3	7,0	7,1	7,1	7,5	5,6	6,7	6,6	7,0
1992	26,5	19,0	11,0	-1,9	4,0	4,5	7,3	8,9	10,3	3,4	5,4	6,3	4,3	6,2	7,5	7,2	7,3	7,3	7,6	5,9	6,9	6,7	7,2
1991	24,8	18,5	11,4	-0,2	4,9	5,2	7,7	9,2	10,4	4,0	5,8	6,6	4,7	6,4	7,7	7,3	7,5	7,4	7,7	6,0	7,0	6,8	7,3
1990	23,1	17,8	11,6	1,0	5,4	5,7	7,9	9,2	10,4	4,4	6,0	6,8	4,9	6,6	7,8	7,4	7,6	7,5	7,8	6,2	7,1	6,9	7,3
1989	21,3	16,8	11,3	1,6	5,6	5,8	7,9	9,1	10,2	4,6	6,1	6,9	5,1	6,6	7,8	7,4	7,6	7,5	7,8	6,2	7,1	7,0	7,3
1988	20,0	16,2	11,2	2,3	5,9	6,1	8,0	9,1	10,1	4,9	6,3	7,0	5,3	6,7	7,8	7,5	7,6	7,6	7,8	6,3	7,2	7,0	7,4
1987	19,3	15,9	11,3	3,1	6,4	6,5	8,2	9,3	10,2	5,2	6,5	7,2	5,6	6,9	7,9	7,6	7,7	7,7	7,9	6,5	7,3	7,1	7,5
1986	18,2	15,1	11,0	3,4	6,4	6,5	8,1	9,1	10,0	5,3	6,6	7,2	5,6	6,9	7,9	7,6	7,7	7,7	7,9	6,5	7,3	7,1	7,5
1985	17,0	14,3	10,5	3,4	6,3	6,4	7,9	8,9	9,8	5,3	6,5	7,1	5,6	6,8	7,8	7,5	7,6	7,6	7,8	6,5	7,2	7,1	7,4
1984	16,4	14,0	10,5	3,8	6,5	6,6	8,0	8,9	9,7	5,5	6,6	7,1	5,7	6,9	7,8	7,5	7,6	7,6	7,8	6,5	7,3	7,1	7,4
1983	16,2	14,0	10,7	4,5	6,9	6,9	8,3	9,1	9,9	5,9	6,9	7,4	6,0	7,1	8,0	7,7	7,8	7,8	8,0	6,7	7,4	7,3	7,6
1982	16,1	14,0	11,0	5,1	7,3	7,3	8,6	9,4	10,1	6,2	7,2	7,6	6,3	7,4	8,2	7,9	8,0	7,9	8,1	6,9	7,6	7,4	7,7
1981	16,3	14,3	11,4	5,9	7,9	7,9	9,0	9,7	10,4	6,7	7,6	8,0	6,8	7,7	8,5	8,2	8,3	8,2	8,4	7,2	7,8	7,7	8,0
1980	16,3	14,4	11,7	6,5	8,3	8,3	9,3	10,0	10,6	7,1	7,9	8,3	7,1	8,0	8,7	8,4	8,5	8,4	8,6	7,4	8,0	7,9	8,1
1979	16,1	14,4	11,8	6,9	8,6	8,5	9,5	10,1	10,7	7,3	8,1	8,5	7,3	8,2	8,8	8,6	8,6	8,6	8,7	7,6	8,2	8,0	8,3
1978	15,8	14,2	11,8	7,1	8,7	8,6	9,6	10,2	10,7	7,5	8,2	8,6	7,4	8,3	8,9	8,7	8,7	8,6	8,8	7,7	8,3	8,1	8,3
1977	15,5	14,0	11,7	7,2	8,8	8,7	9,6	10,1	10,7	7,6	8,3	8,6	7,5	8,3	8,9	8,7	8,7	8,7	8,8	7,8	8,3	8,1	8,4
1976	15,2	13,7	11,6	7,3	8,8	8,7	9,6	10,1	10,6	7,7	8,3	8,6	7,6	8,3	8,9	8,7	8,7	8,7	8,8	7,8	8,3	8,2	8,4
1975	14,8	13,5	11,4	7,4	8,8	8,7	9,5	10,1	10,6	7,7	8,3	8,6	7,6	8,4	8,9	8,7	8,7	8,7	8,8	7,8	8,3	8,2	8,4
1974	14,6	13,3	11,3	7,5	8,8	8,7	9,5	10,0	10,5	7,8	8,4	8,7	7,7	8,4	8,9	8,7	8,8	8,7	8,8	7,9	8,4	8,2	8,4
1973	14,4	13,2	11,3	7,6	8,9	8,8	9,6	10,1	10,5	7,9	8,5	8,7	7,8	8,5	9,0	8,8	8,8	8,7	8,9	7,9	8,4	8,3	8,5
1972	14,1	13,0	11,2	7,6	8,9	8,8	9,5	10,0	10,4	7,9	8,4	8,7	7,8	8,4	9,0	8,8	8,8	8,7	8,8	7,9	8,4	8,3	8,5
1971	13,8	12,7	11,0	7,6	8,8	8,7	9,4	9,9	10,3	7,8	8,4	8,6	7,7	8,4	8,9	8,7	8,7	8,7	8,8	7,9	8,4	8,2	8,4

Spardauer in Jahren: 5 · 10 · 15 · 20 · 25 · 30 · 35 · 40 · 45 · 50

30 · 35 · 40 · 45 · 50

Stand: 2022

Das EURO-STOXX-Rendite-Dreieck

Ein Investor, der 2002 Aktien gekauft hat und sie im Jahr 2009 verkaufte, erreichte im Durchschnitt eine jährliche Rendite von 6,0 Prozent.

Jährliche Rendite in Prozent:

- Positive Rendite
- Rendite um Null
- Negative Rendite

																18.4
															-36.1	-13.0
														-19.1	-28.1	-15.1
													-1.7	-10.9	-20.2	-11.9
												48.6	20.9	5.7	-6.8	-2.2
											34.9	41.6	25.4	12.4	0.4	3.2
										40.1	37.5	41.1	28.9	17.4	6.1	7.8
									20.3	33.1	33.7	37.3	28.4	18.9	8.8	10.0
								18.0	22.1	27.9	29.6	33.2	26.0	18.8	9.9	10.8
							-5.0	5.9	12.3	18.7	21.8	25.9	21.5	15.5	8.1	9.1
						43.6	16.8	17.2	19.4	23.3	25.2	28.3	24.1	18.3	11.2	11.9
					7.3	24.1	13.6	14.6	16.9	20.5	22.5	25.5	22.1	17.2	10.9	11.5
				19.9	13.4	22.7	15.1	15.7	17.4	20.4	22.1	24.8	21.9	17.4	11.8	12.1
			-19.7	-1.9	1.1	10.4	7.1	8.8	11.2	14.5	16.6	19.4	17.3	13.8	8.8	9.5
		30.7	2.4	8.0	7.8	14.2	10.7	11.7	13.5	16.2	17.9	20.4	18.4	15.0	10.3	10.8
	36.5	33.6	12.7	14.5	13.0	17.6	14.1	14.6	15.8	18.1	19.5	21.7	19.7	16.4	11.8	12.2
-27.6	-0.6	8.9	0.9	4.5	4.9	9.7	7.8	8.9	10.5	12.9	14.6	16.9	15.5	12.8	8.8	9.4
1987	1988	1989	1990	1991	1992	1993	1994	1995	1996	1997	1998	1999	2000	2001	2002	2003

Verkauf

5 10 15

Kauf		2006	2007	2008	2009	2010	2011	2012	2013	2014	2015	2016	2017	2018	2019	2020	2021
2020																	23,3
2019																-3,2	9,3
2018															28,2	11,4	15,2
2017														-12,0	6,2	3,0	7,7
2016													9,2	-2,0	7,2	4,5	8,0
2015												3,7	6,4	-0,1	6,3	4,3	7,3
2014											6,4	5,1	6,4	1,5	6,3	4,7	7,2
2013										4,0	5,2	4,7	5,8	2,0	5,9	4,6	6,8
2012									21,5	12,4	10,4	8,7	8,8	5,0	8,0	6,6	8,3
2011								18.1	19,8	14,3	12,3	10,5	10,3	6,8	9,2	7,8	9,2
2010							-14.1	0.7	7,2	6,4	6,4	5,9	6,4	3,9	6,4	5,4	6,9
2009						-2.9	-8.7	-0.5	4,6	4,5	4,8	4,6	5,2	3,1	5,4	4,6	6,0
2008					25.5	10.4	1.6	5.4	8,5	7,7	7,5	7,0	7,3	5,2	7,1	6,2	7,4
2007				-42.3	-14.9	-11.1	-11.8	-6.5	-2,4	-1,5	-0,5	-0,1	0,8	-0,4	1,7	1,3	2,8
2006			9.6	-20.5	-7.4	-6.3	-7.9	-4.0	-0,7	-0,2	0,6	0,9	1,6	0,4	2,3	1,9	3,2
2005		18.0	13.7	-9.3	-1.6	-1.9	-4.0	-1.1	1,4	1,7	2,2	2,3	2,9	1,6	3,3	2,9	4,1
2004	.3	21.1	17.2	-1.9	3.1	2.1	-0.4	1.7	3,8	3,8	4,0	4,0	4,4	3,1	4,6	4,1	5,2
2003	.6	17.1	15.2	0.3	4.1	3.1	0.8	2.6	4,3	4,3	4,5	4,4	4,7	3,5	4,9	4,4	5,4
2002	.2	17.4	15.8	3.1	6.0	4.9	2.6	4.0	5,5	5,4	5,5	5,3	5,6	4,4	5,7	5,2	6,0
2001	.7	4.0	4.9	-3.7	-0.5	-0.7	-2.2	-0.5	1,2	1,4	1,8	1,9	2,3	1,4	2,8	2,4	3,4
2000	.6	-0.3	1.1	-5.8	-2.7	-2.7	-3.8	-2.2	-0,5	-0,2	0,2	0,4	0,9	0,2	1,5	1,2	2,2
1999	.3	-0.5	0.7	-5.3	-2.6	-2.7	-3.7	-2.1	-0,6	-0,3	0,1	0,3	0,8	0,1	1,3	1,1	2,0
1998	.8	4.6	5.2	-1.0	1.2	0.8	-0.4	0.8	2,1	2,2	2,4	2,5	2,9	2,1	3,2	2,9	3,7
1997	.4	7.6	7.8	1.9	3.6	3.1	1.8	2.8	3,9	3,9	4,0	4,0	4,3	3,4	4,4	4,1	4,8
1996	.7	10.5	10.4	4.6	6.1	5.4	4.0	4.8	5,7	5,6	5,7	5,6	5,7	4,9	5,8	5,4	6,1
1995	.3	11.9	11.7	6.1	7.4	6.7	5.3	6.0	6,8	6,6	6,6	6,5	6,6	5,7	6,6	6,2	6,8
1994	.8	12.3	12.1	6.9	8.1	7.4	6.0	6.6	7,3	7,2	7,1	7,0	7,1	6,2	7,0	6,6	7,2
1993	.3	10.9	10.8	6.1	7.2	6.6	5.3	6.0	6,7	6,6	6,6	6,4	6,5	5,7	6,5	6,1	6,7
1992	.6	13.0	12.7	8.1	9.1	8.4	7.1	7.6	8,2	8,0	7,9	7,8	7,8	7,0	7,7	7,3	7,8
1991	.2	12.6	12.4	8.1	9.0	8.3	7.1	7.6	8,2	8,0	7,9	7,7	7,8	7,0	7,7	7,3	7,8
1990	.7	13.0	12.8	8.7	9.5	8.9	7.6	8.1	8,7	8,5	8,4	8,2	8,2	7,4	8,1	7,7	8,2
1989	.3	10.8	10.7	7.0	7.8	7.3	6.2	6.7	7,3	7,2	7,1	7,0	7,1	6,4	7,0	6,7	7,2
1988	.4	11.8	11.7	8.1	8.8	8.3	7.2	7.6	8,1	8,0	7,9	7,8	7,8	7,1	7,7	7,4	7,8
1987	.7	13.0	12.8	9.3	10.0	9.4	8.3	8.6	9,1	8,9	8,8	8,7	8,7	7,9	8,5	8,1	8,6
1986	.1	10.5	10.5	7.2	8.0	7.5	6.5	7.0	7,5	7,3	7,3	7,2	7,3	6,6	7,2	6,9	7,3

Anlagezeitraum in Jahren: 5, 10, 15, 20, 25, 30

Stand: 2022

Die teuersten NFTs

in US-Dollar

Kryptowährungen und NFTs (Non-Fungible Token) erleben einen Hype. Angetrieben durch Spekulanten, und zusätzlich befeuert durch politische Entscheidungen, die das Weltfinanzsystem durcheinanderbringen, scheint ihrer Entwicklung keine Grenze gesetzt. NFTs sind digitale Besitznachweise von immateriellen Gütern. In der Regel sind sie einzigartige, nicht ersetzbare, digitale Vermögenswerte. Durch die Blockchain-Technologie kann ihr Besitz nachgewiesen und übertragen werden. Mittlerweile gibt es weltweit berühmte NFTs, die für gigantische Preise verkauft worden sind. Die Kehrseite: Diese hohen Beträge kommen oft zustande, da die Nutzer ihre eigenen NFTs an sich selbst verkaufen und, weil NFTs auch in einigen Fällen als Mittel zur Geldwäsche verwendet werden. Wir haben die teuersten NFTs zusammengetragen.

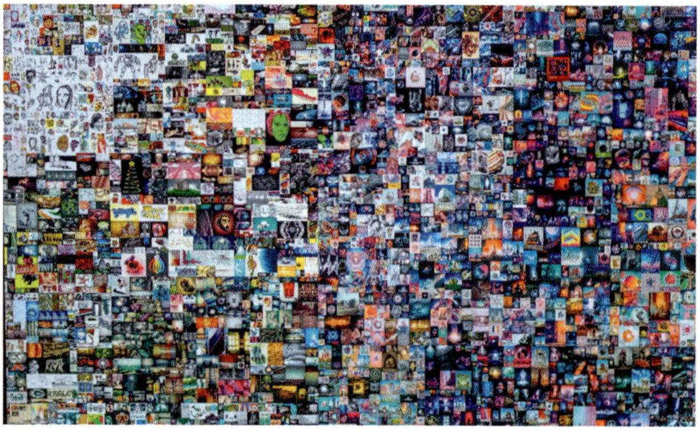

2 The first 5000 Days **69,3**

4 CryptoPunk #7523 **11,7** Mi

❶ The Merge **91,8** Mio.

Mio.

❸ Human One **28,9** Mio.

❺ CryptoPunk #3100 **7,67** Mio.

Stand: Februar 2022

7

Rohstoff-Perspektiven

Das Periodensystem der Rohstoffrenditen

in Prozent pro Jahr

2012	2013	2014	2015	2016	2017
19,19 %	26,23 %	11,35 % Pd	-2,50 % Pb	103,67 %	56,25 % P
15,19 % Pb	7,19 %	6,91 % Ni	-9,63 %	60,59 % Zn	32,39 % A
12,16 % Zn	1,70 % Pd	3,91 % Zn	-10,42 % Au	59,35 %	31,19 %
12,11 %	0,17 % Zn	3,80 % Al	-10,72 %	45,03 %	30,49 % C
9,87 % Pt	-1,00 %	-1,72 % Au	-11,75 % Ag	20,96 % Pd	30,49 % Z
8,98 % Ag	-5,44 % Pb	-2,24 %	-17,79 % Al	17,37 % Cu	27,51 % N
8,00 %	-6,72 % Cu	-5,52 %	-19,11 %	14,86 % Ag	24,27 % P
7,52 % Pd	-11,03 % Pt	-11,79 % Pt	-20,31 %	13,58 % Al	13,09 % Au
7,14 % Au	-14,02 % Al	-14,00 % Cu	-26,07 % Pt	13,49 % Ni	12,47 %
4,18 % Cu	-18,63 % Ni	-15,51 %	-26,10 % Cu	11,27 % Pb	6,42 % Ag
2,33 % Al	-22,20 %	-16,00 % Pb	-26,50 % Zn	8,56 % Au	4,66 %
-7,09 %	-28,04 % Au	-19,34 % Ag	-29,43 % Pd	1,16 % Pt	2,99 % P
-9,22 % Ni	-35,84 % Ag	-31,24 %	-30,47 %	-1,88 %	-0,36 %
-16,78 %	-39,56 %	-45,58 %	-41,75 % Ni	-13,19 %	-20,70 %

2021 war aus Anlegersicht ein erfolgreiches Jahr. Fast alle Anlageklassen konnten im grünen Bereich abschließen, bei Rohstoffen lief es besonders gut. So erzielte der Rohstoffindex GSCI, der 24 verschiedene Futures umfasst, die an Warenterminbörsen gehandelt werden, die drittbeste Performance. Mit einer Rendite von 37,1 Prozent schlug er die Wertentwicklung von Immobilien und sogar allen wichtigen Aktienindizes. Diese Grafik zeigt die Renditen der einzelnen Rohstoffe in den letzten zehn Jahren und ordnet sie nach ihrer individuellen Performance pro Jahr ein. Mit 160,6 Prozent erzielte Kohle die beste Jahresrendite aller Rohstoffe in dem gesamten Beobachtungszeitraum.

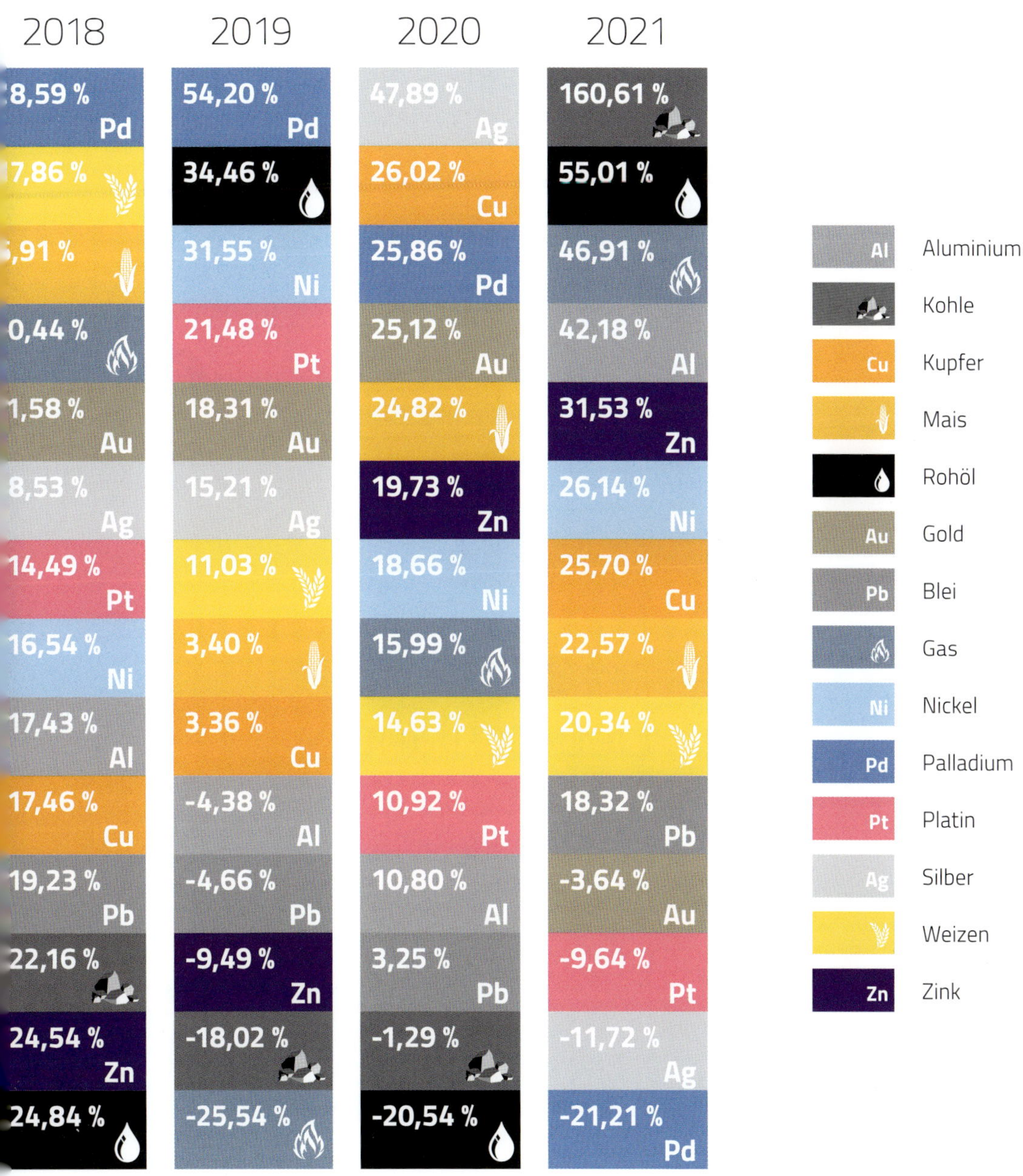

Stand: 2022

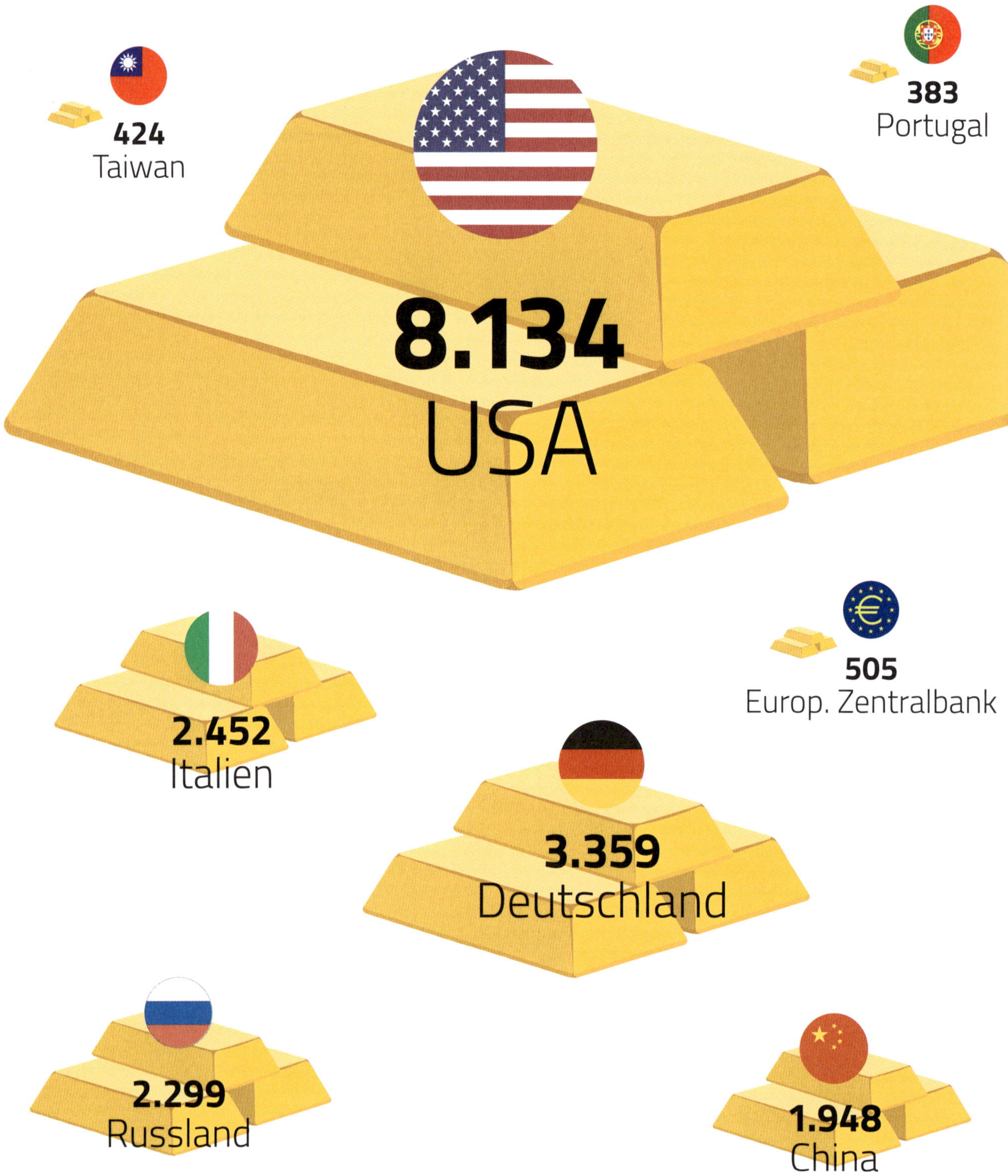
424
Taiwan
383
Portugal
8.134
USA
505
Europ. Zentralbank
2.452
Italien
3.359
Deutschland
2.299
Russland
1.948
China

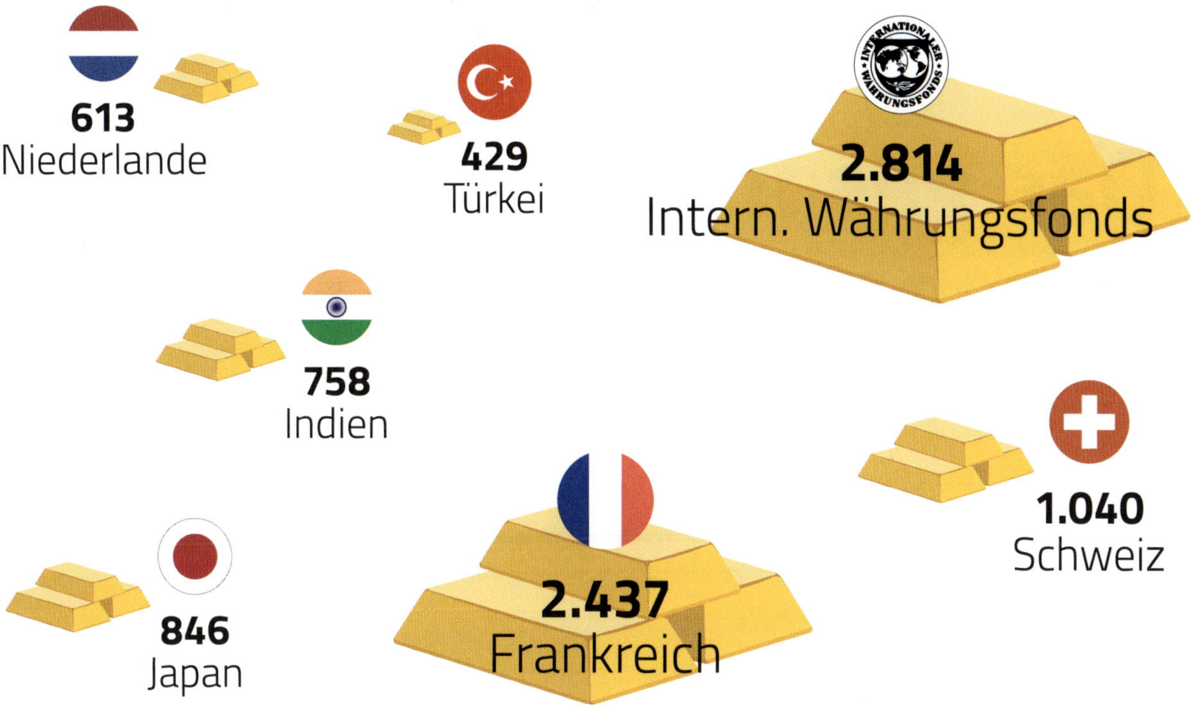

Länder mit den größten Goldreserven

in Tonnen

Seit Jahrtausenden wird Gold für rituelle Gegenstände, Schmuck und als Zahlungsmittel genutzt. Von Investoren wird das Edelmetall als weitgehend krisensichere Anlageform geschätzt, da es als wert- und inflationsbeständig gilt. Für Notenbanken, wie zum Beispiel die Deutsche Bundesbank, stellt Gold traditionell einen wesentlichen Bestandteil der offiziellen Währungsreserven dar. Der Zweck nationaler Goldreserven bestand früher zumeist in der Deckung von Währungen (Goldstandard). Heutzutage dient die Aufbewahrung von Gold als nationale Reserve für Krisenzeiten sowie als Risikoausgleich für Schwankungen des US-Dollars (Kurs des Goldes fällt bei steigendem Dollarkurs und umgekehrt), da Gold in Dollar gehandelt wird.

Seit Jahren besitzen die USA und Deutschland die größten Goldreserven weltweit. Als Käufer im klassischen Sinn treten die Zentralbanken dieser Länder aber nicht in Erscheinung. Deutschland bekam das Gold bereits in den 1950-er und 1960-er Jahren als Ausgleichszahlungen für Außenhandelsüberschüsse überschrieben, es diente also zur Verrechnung.

Stand: April 2022

Das gesamte jemals abgebaute Gold

in einem Würfel

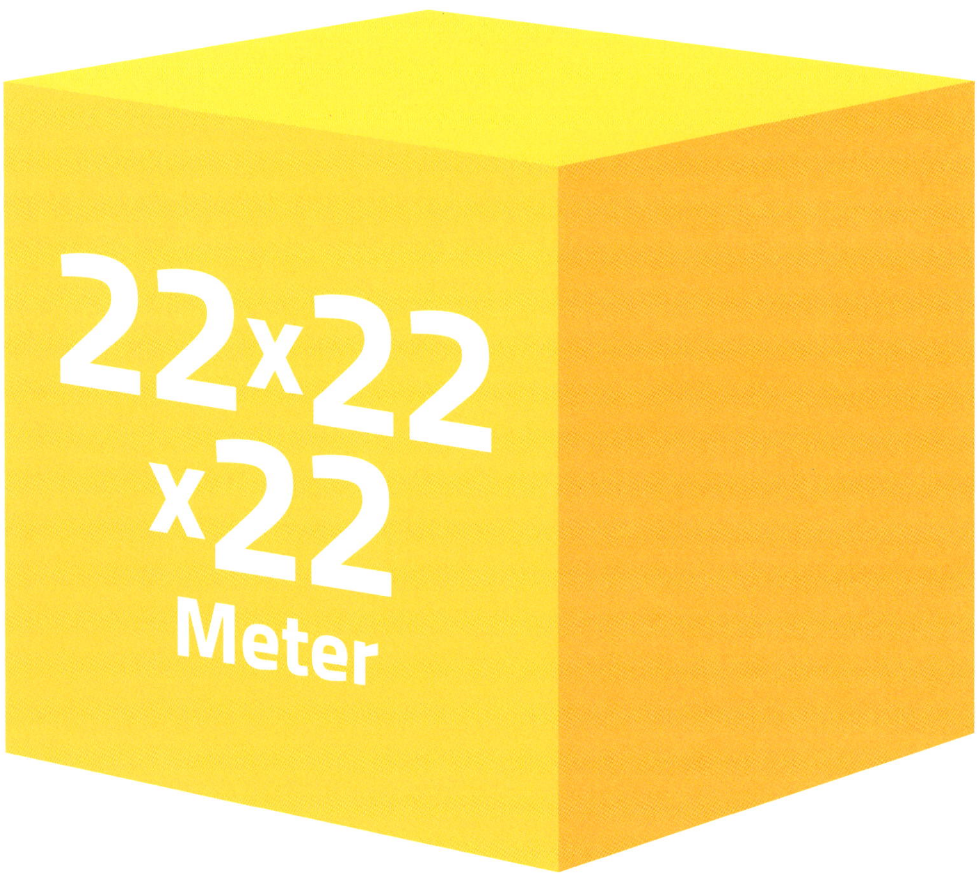

Brandenburger Tor
26 Meter hoch

Stand: 2021

Angenommen, Sie bekommen einen Barren Gold geschenkt, wo würden Sie diesen aufbewahren?

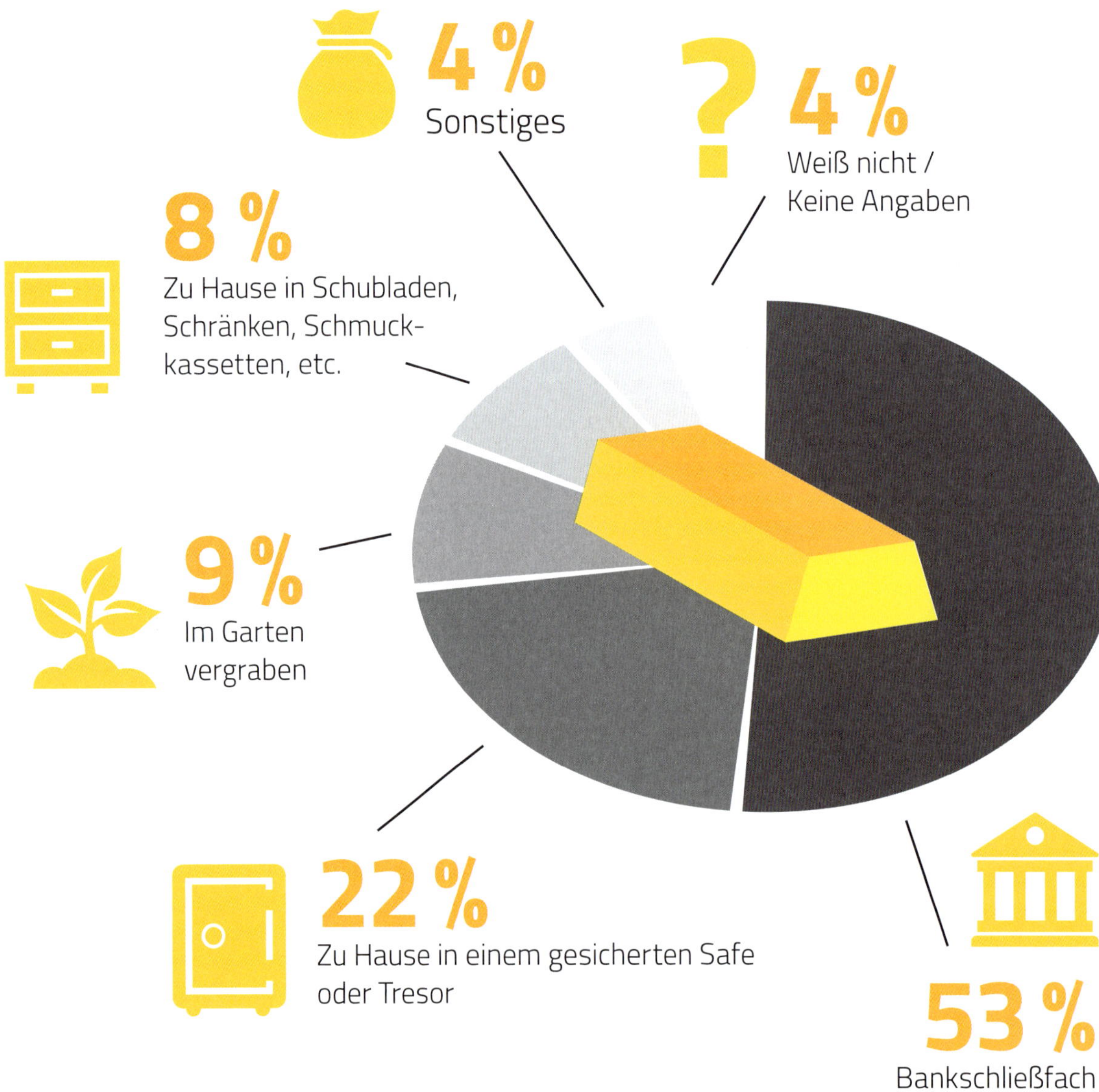

Stand: Juli 2018

So lagern die Deutschen ihr Gold

Könnten Sie sich vorstellen, in Gold zu investieren?

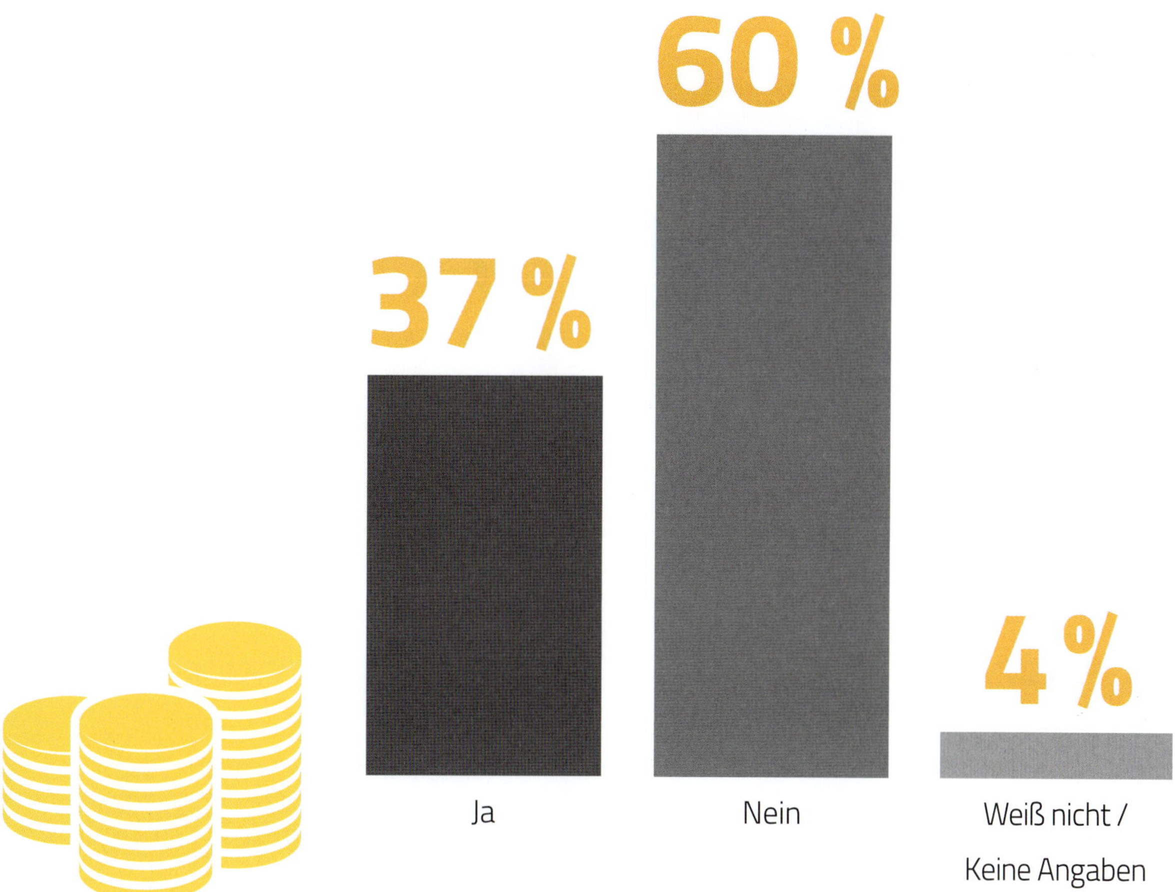

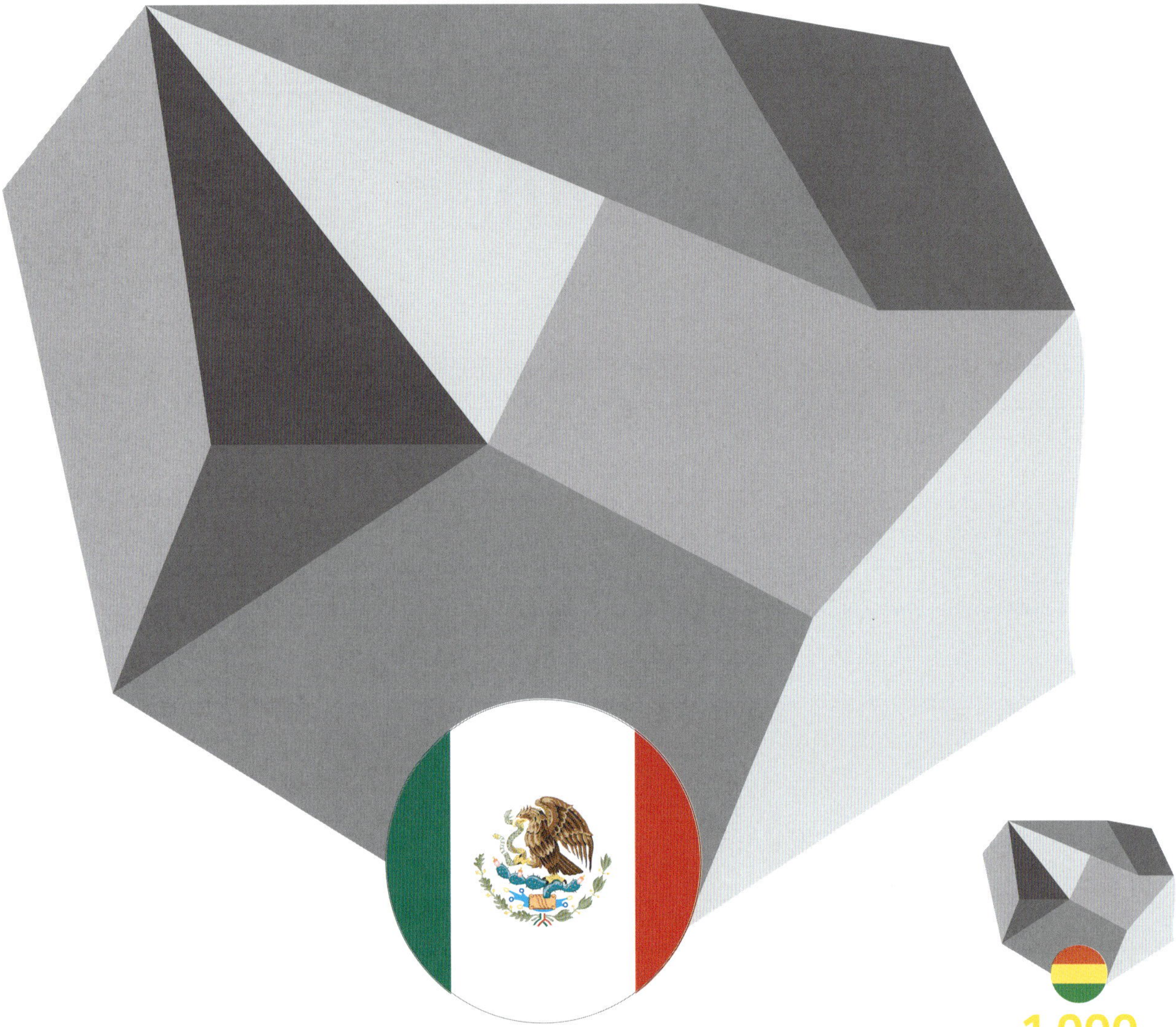

1.000
Bolivien

5.600

Mexiko

Minenproduktion von Silber

im Jahr 2021 in Prozent

1.300
Polen

1.300
Australien

1.600
Chile

800
Argentinien

1.000
USA

1.600
China

1.300
Russland

Stand: 2022

Der Ölpreis seit 1970

Preis für ein Barrel Opec-Rohöl (= 159 Liter) im Jahresdurchschnitt in US-Dollar

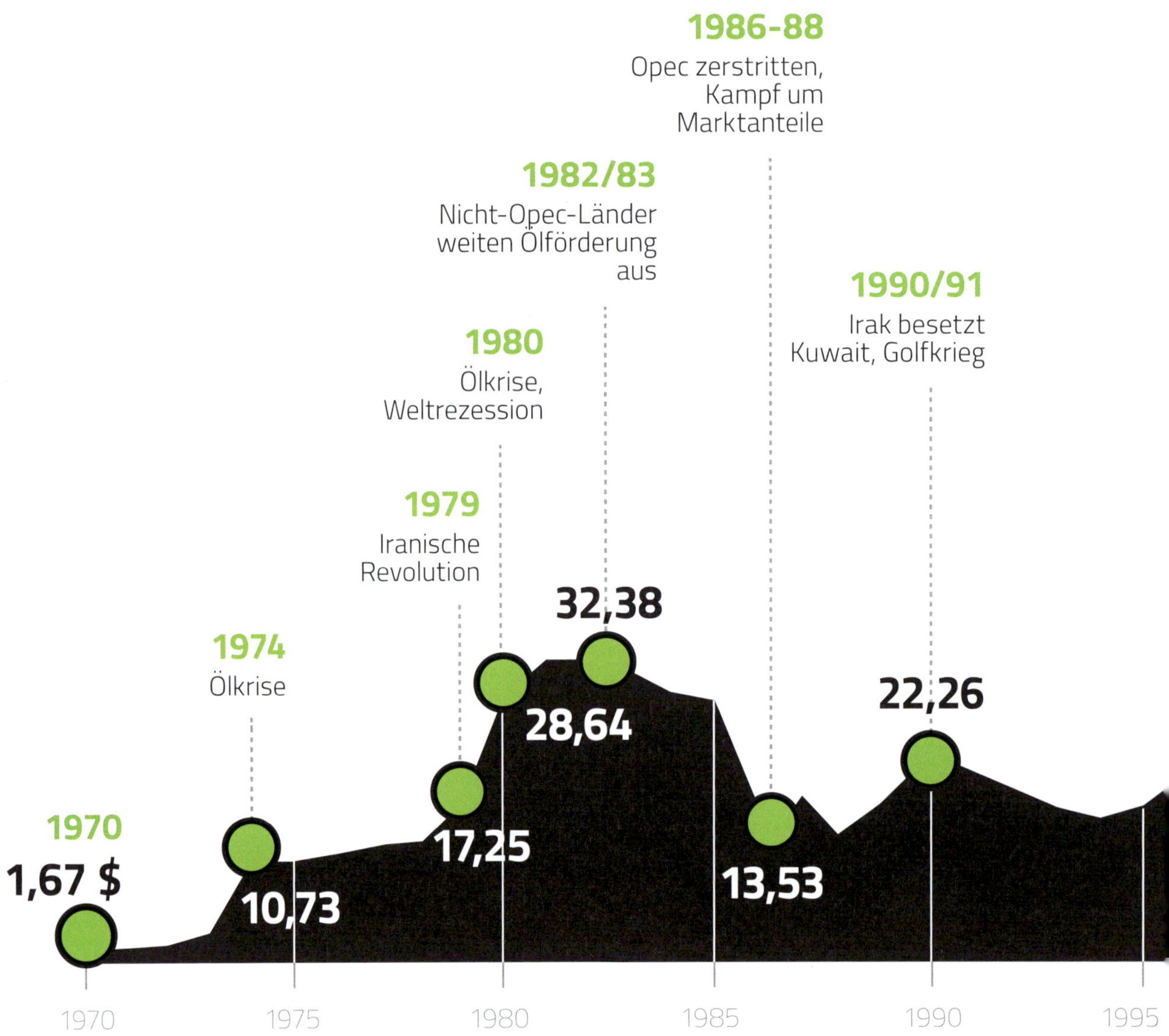

Stand: Juli 2022

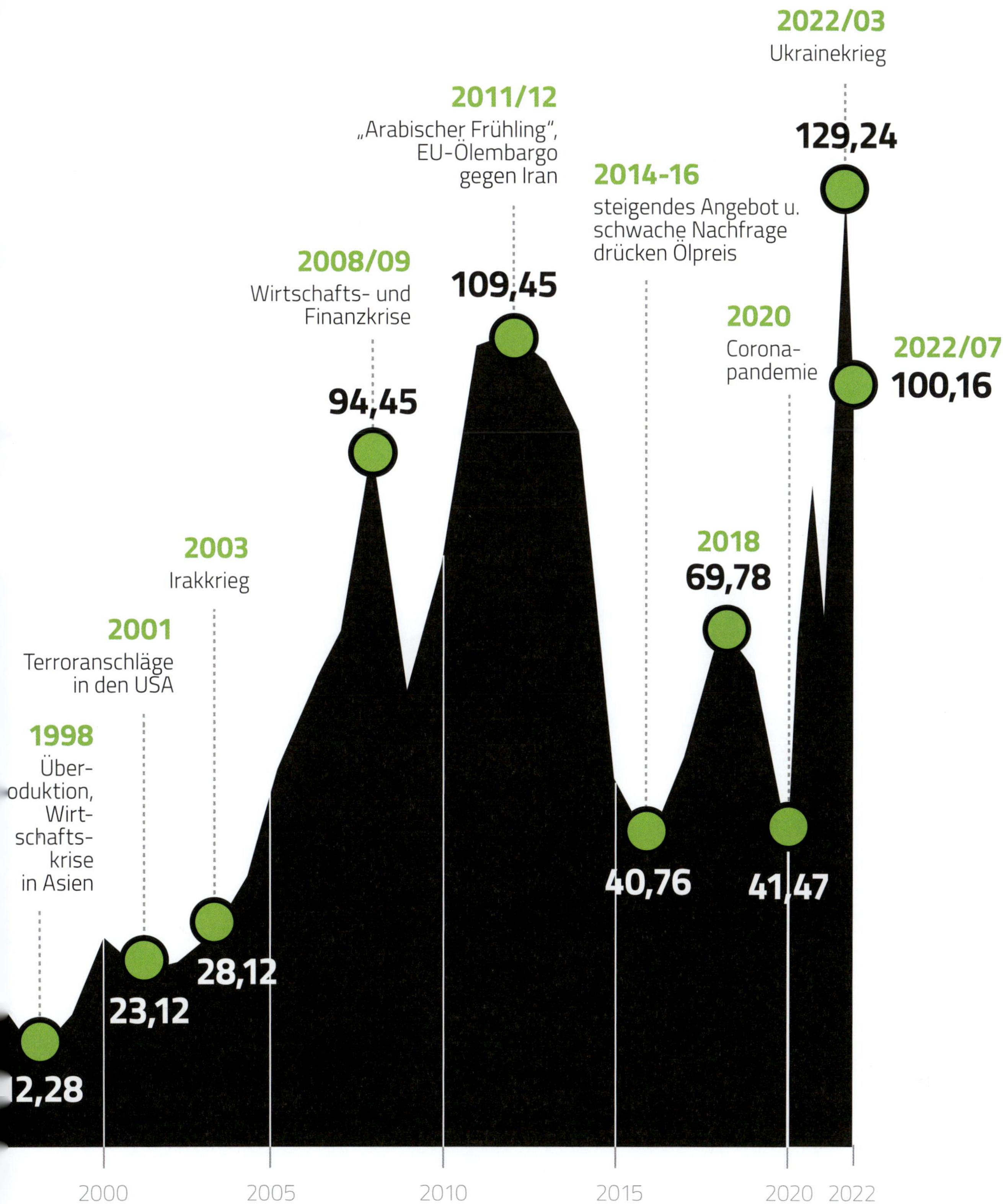
2022/03
Ukrainekrieg
129,24
2011/12
„Arabischer Frühling“, EU-Ölembargo gegen Iran
109,45
2014-16
steigendes Angebot u. schwache Nachfrage drücken Ölpreis
2008/09
Wirtschafts- und Finanzkrise
94,45
2020
Corona-pandemie
2022/07
100,16
2003
Irakkrieg
2018
69,78
2001
Terroranschläge in den USA
1998
Über-oduktion, Wirtschafts-krise in Asien
40,76
41,47
28,12
23,12
12,28
2000
2005
2010
2015
2020
2022

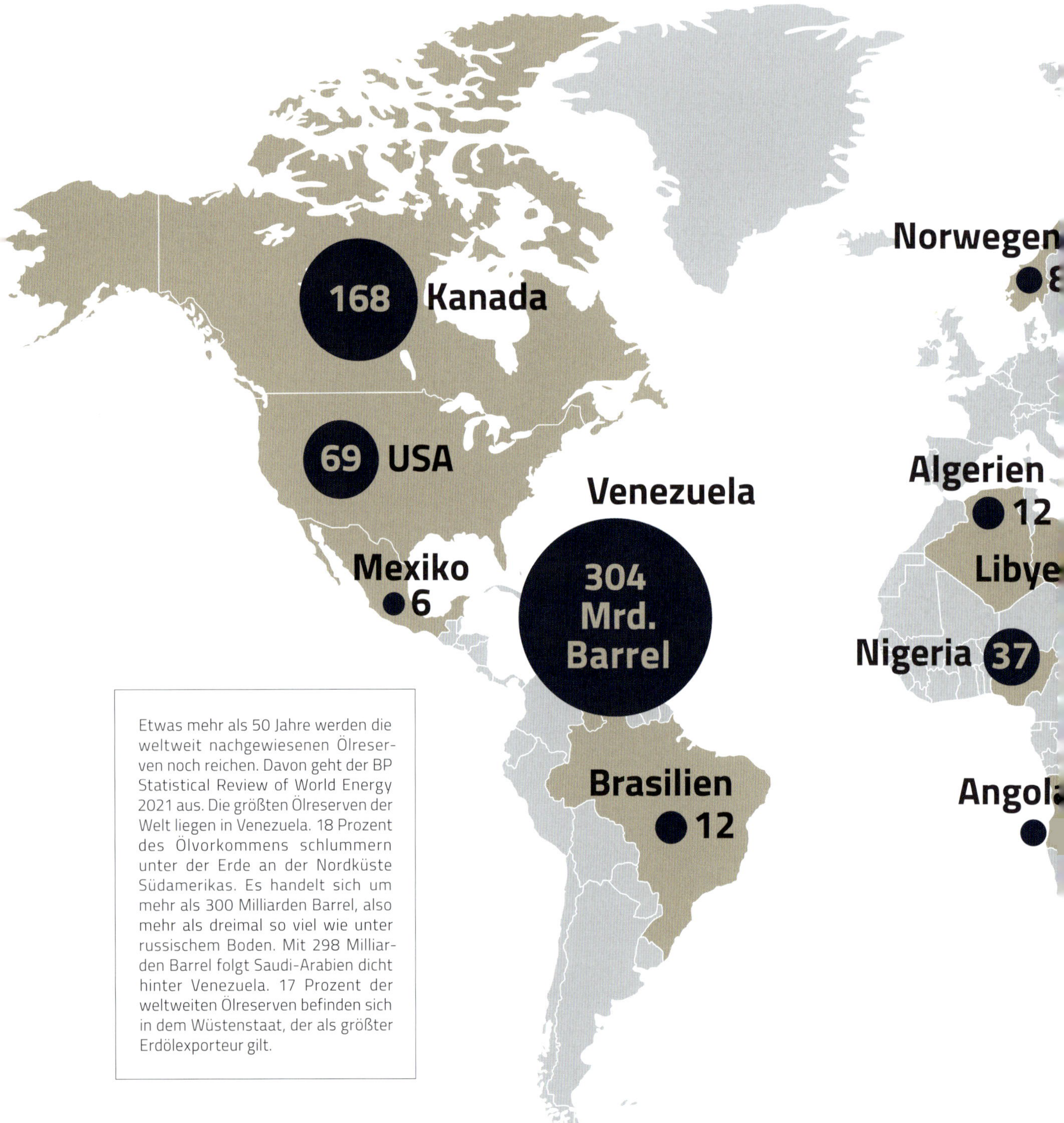

Etwas mehr als 50 Jahre werden die weltweit nachgewiesenen Ölreserven noch reichen. Davon geht der BP Statistical Review of World Energy 2021 aus. Die größten Ölreserven der Welt liegen in Venezuela. 18 Prozent des Ölvorkommens schlummern unter der Erde an der Nordküste Südamerikas. Es handelt sich um mehr als 300 Milliarden Barrel, also mehr als dreimal so viel wie unter russischem Boden. Mit 298 Milliarden Barrel folgt Saudi-Arabien dicht hinter Venezuela. 17 Prozent der weltweiten Ölreserven befinden sich in dem Wüstenstaat, der als größter Erdölexporteur gilt.

Die globalen Ölreserven

Länder mit den größten gesicherten Ölvorkommen in Milliarden Barrel

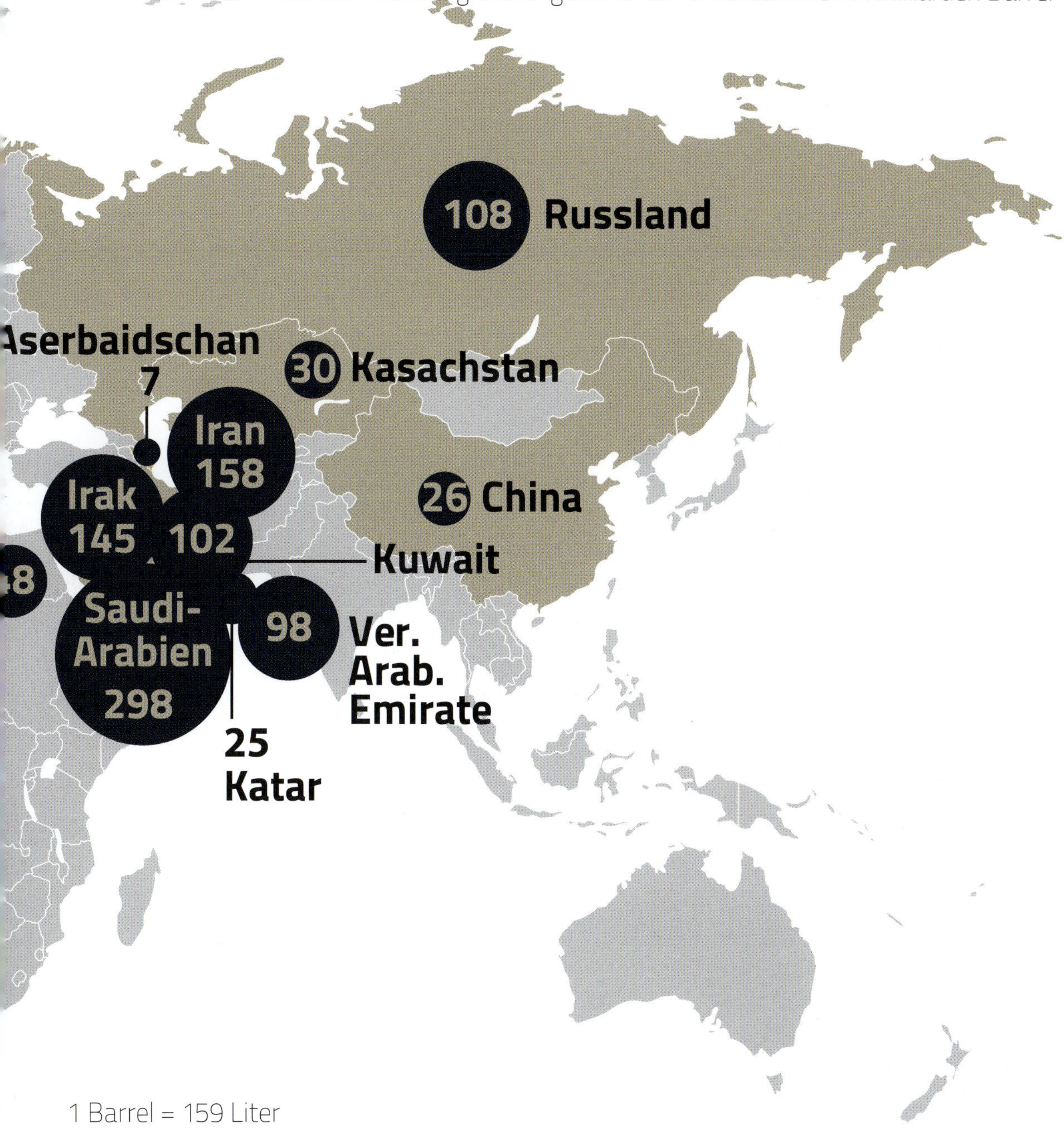

1 Barrel = 159 Liter

Stand: August 2021

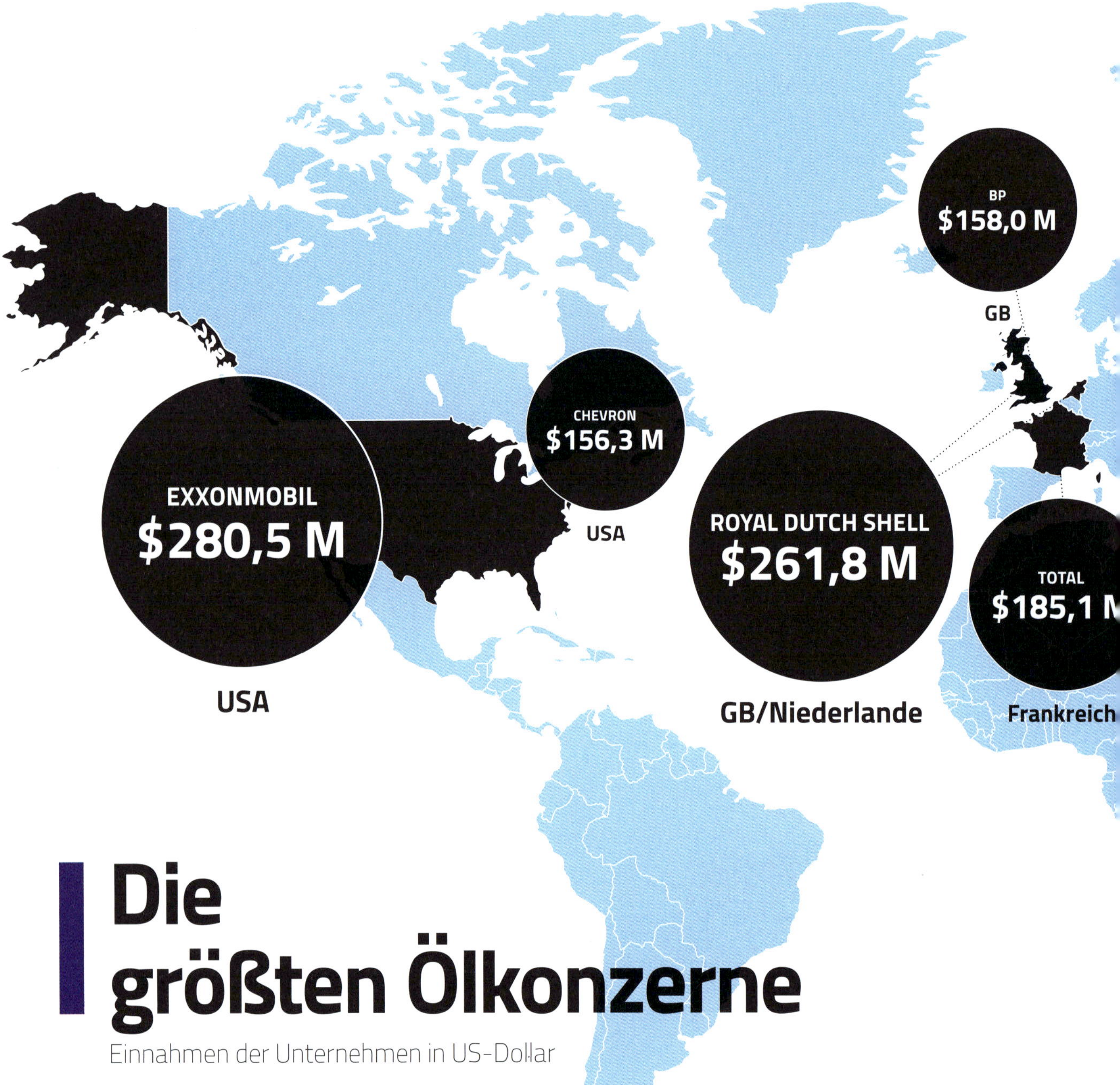

Die größten Ölkonzerne

Einnahmen der Unternehmen in US-Dollar

Stand: 2021

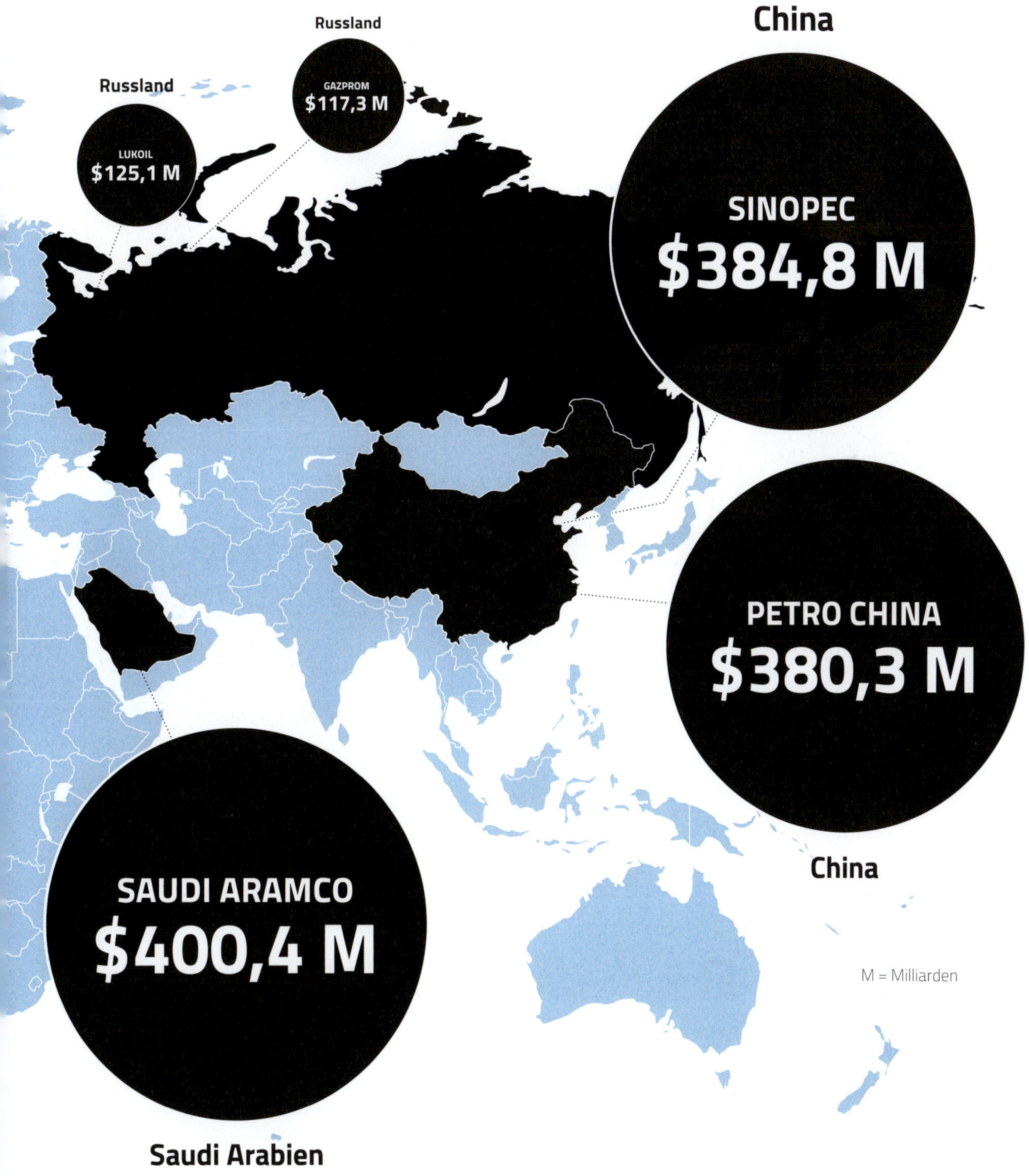
Russland
GAZPROM
$117,3 M
Russland
LUKOIL
$125,1 M
China
SINOPEC
$384,8 M
PETRO CHINA
$380,3 M
China
SAUDI ARAMCO
$400,4 M
Saudi Arabien
M = Milliarden

8

Reichtums-
Perspektiven

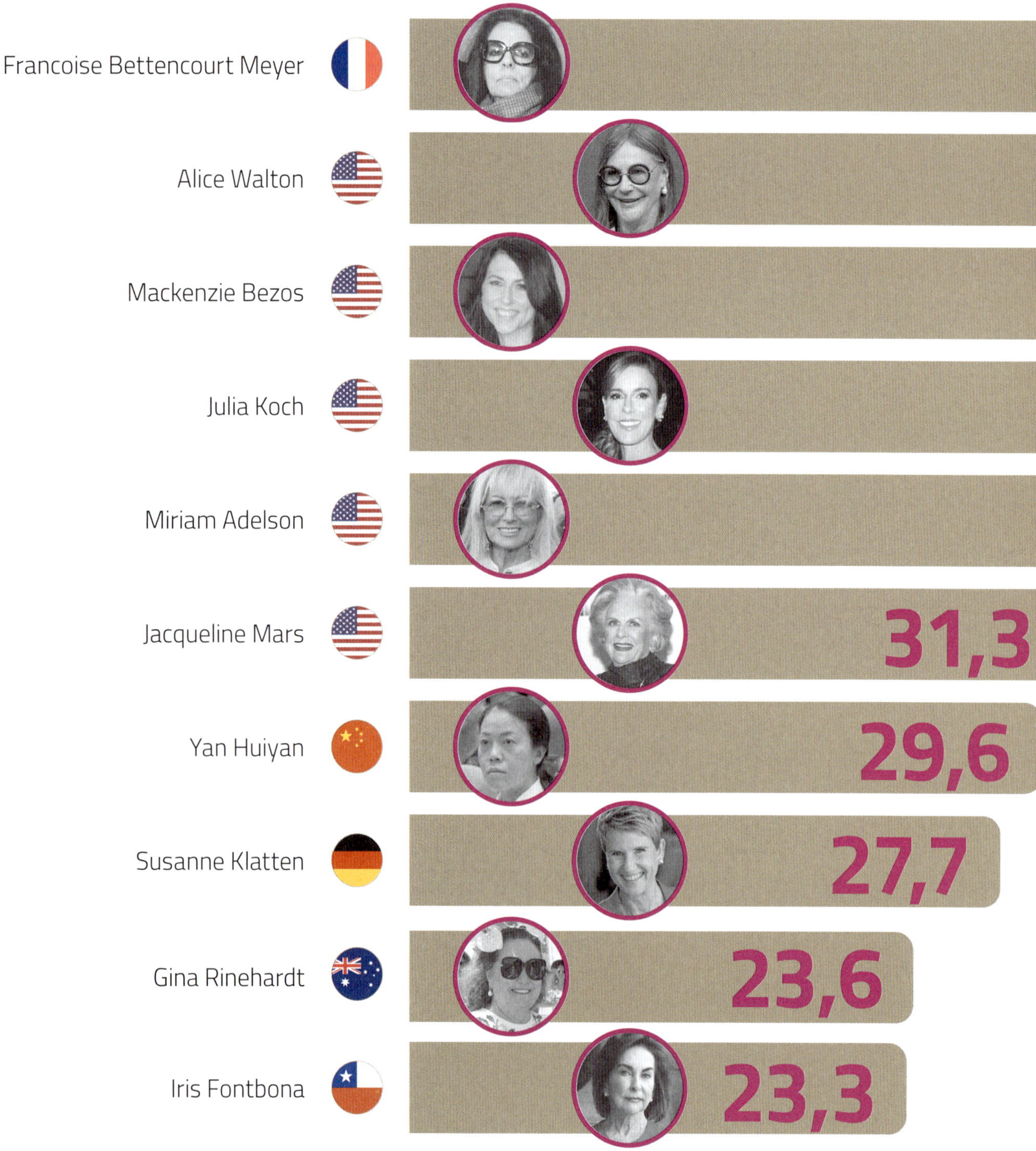
Francoise Bettencourt Meyer
Alice Walton
Mackenzie Bezos
Julia Koch
Miriam Adelson
Jacqueline Mars
31,3
Yan Huiyan
29,6
Susanne Klatten
27,7
Gina Rinehardt
23,6
Iris Fontbona
23,3

Stand: 2022

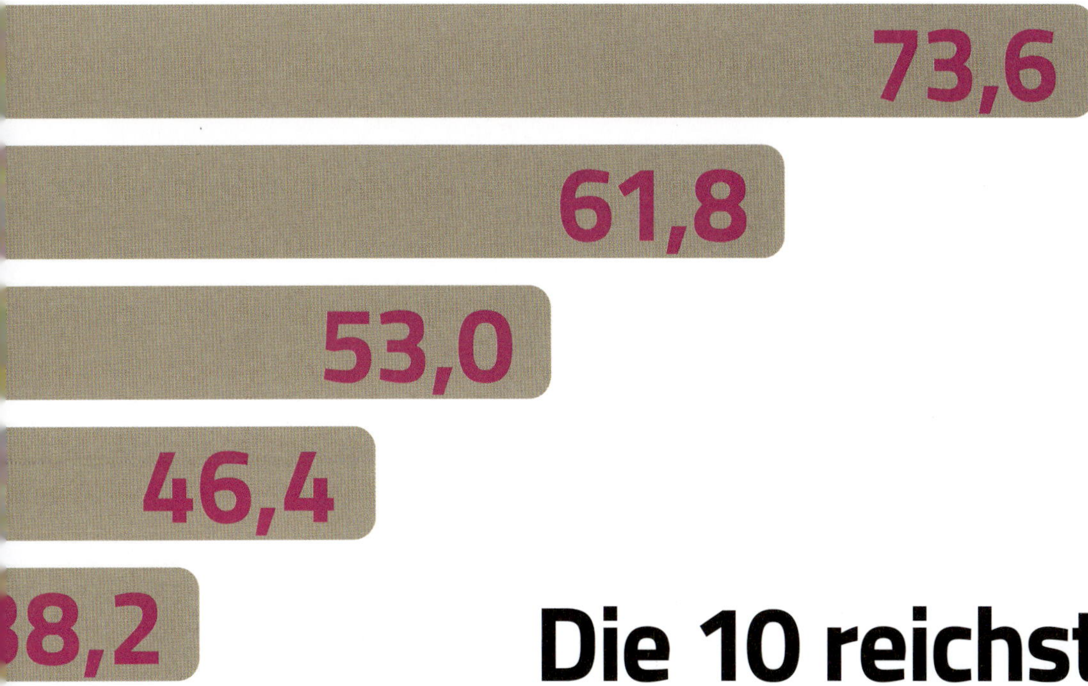

Die 10 reichsten Frauen

Vermögen in Milliarden US-Dollar

Jedes Jahr veröffentlicht das Forbes-Magazin eine Liste der reichsten Frauen der Welt. Die Top Ten besitzen zusammen aktuell mehr als 408 Milliarden US-Dollar. 2022 schafft es die reichste Frau aus China, aus Deutschland, eine Französin und die reichste Frau Australiens ins Ranking. Die sechs übrigen Plätze belegen ausschließlich Frauen aus den USA, darunter auch die Ex-Frau von Jeff Bezos oder eine Walmart-Erbin.

Während der Coronakrise konnten die reichsten Menschen der Welt ihr Vermögen verdoppeln. Dies ergab ein aktueller Bericht der Entwicklungsorganisation Oxfam. Regierungen haben in der Pandemie Milliarden in die Wirtschaft gesteckt. Davon sei ein großer Teil den Menschen zugeflossen, die von steigenden Aktienkursen profitieren. Nach dem Absturz der Meta-Aktie taucht erstmals seit 2015 Mark Zuckerberg nicht mehr in den Top Ten auf. Etwa 30 Milliarden US-Dollar verlor der Facebook-Gründer innerhalb weniger Stunden. Sein Platz geht an den reichsten Mann Indiens. Trotzdem dominieren weiterhin US-Amerikaner das Ranking, ein Franzose schafft es auf den dritten Platz in der Liste.

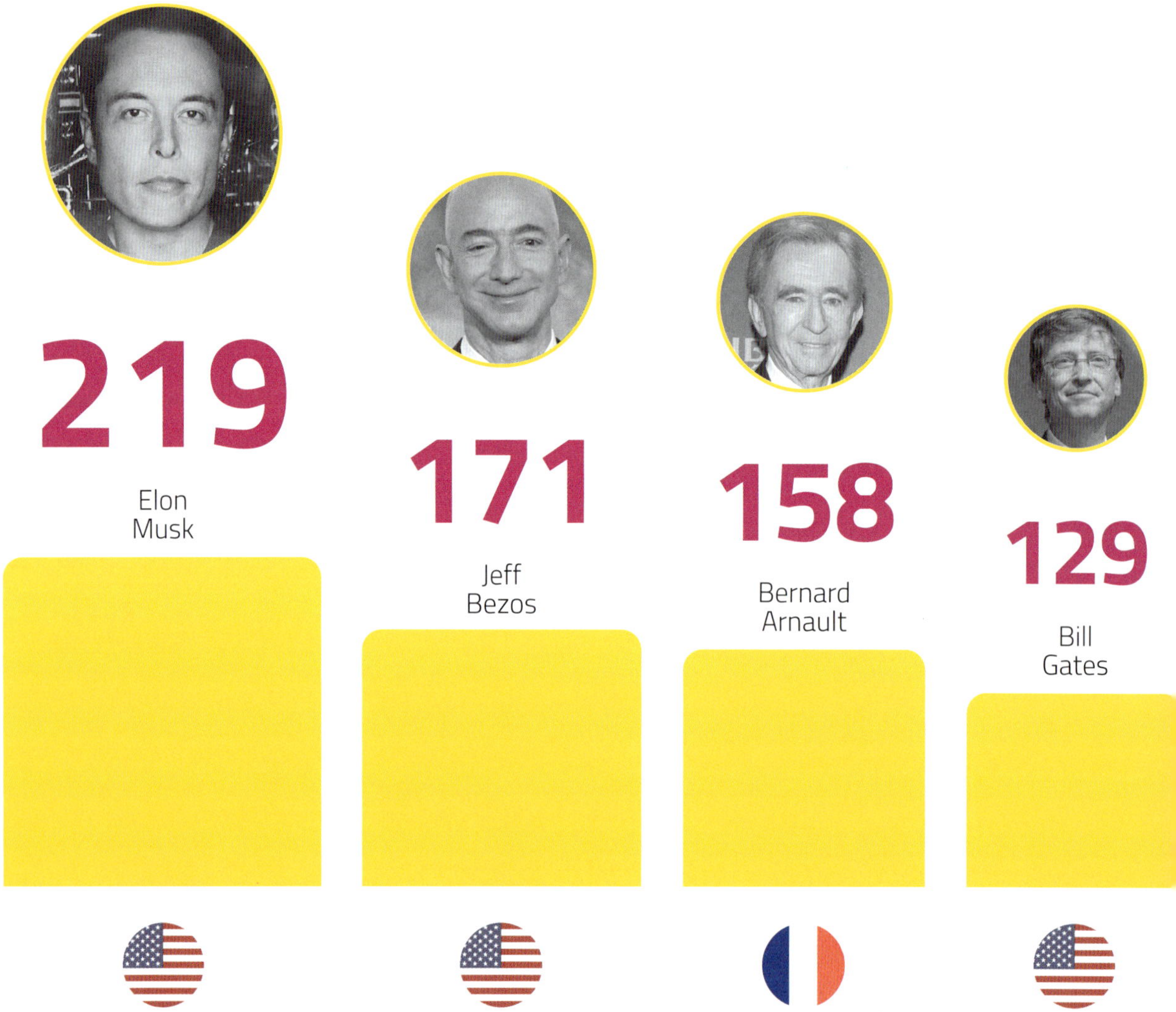

Stand: 2022

Die 10 reichsten Männer

Vermögen in Milliarden US-Dollar

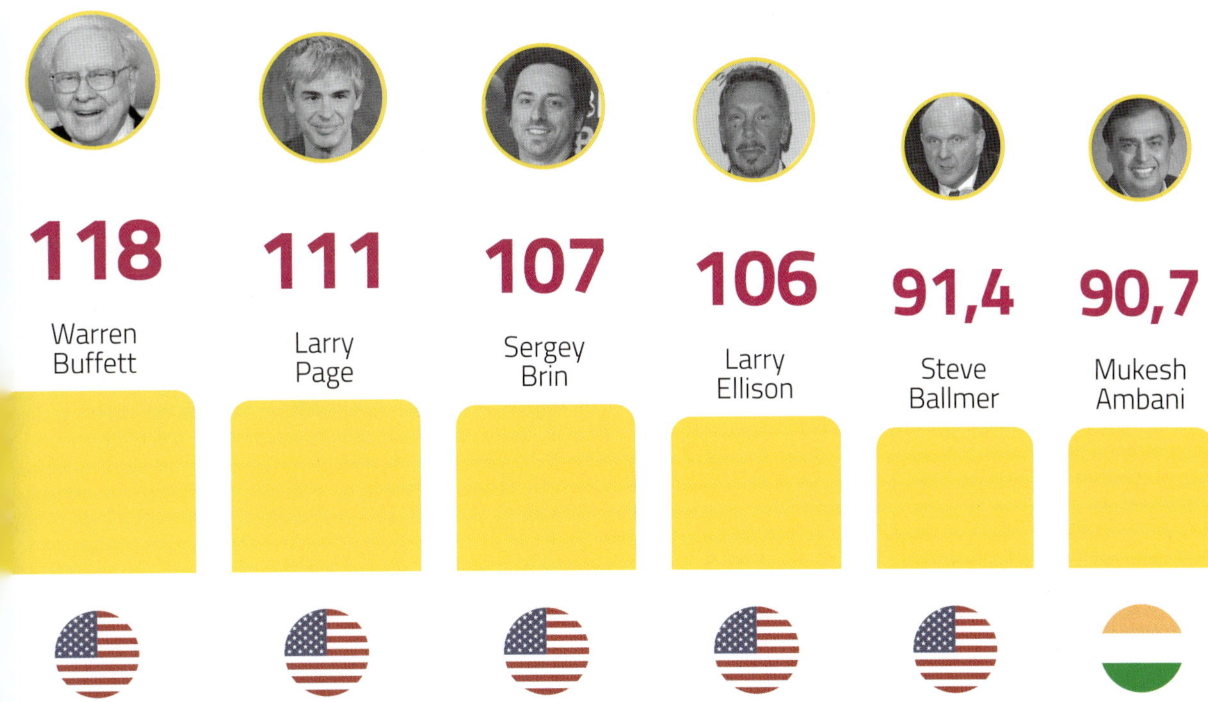

41,1
Dieter
Schwarz
36,8
Klaus-Michael
Kühne
36,8
Beate Heister &
Karl Albrecht Jr.
27,3
Susanne
Klatten
20,7
Stefan
Quandt

Die 10 reichsten Deutschen

Vermögen in Milliarden US-Dollar

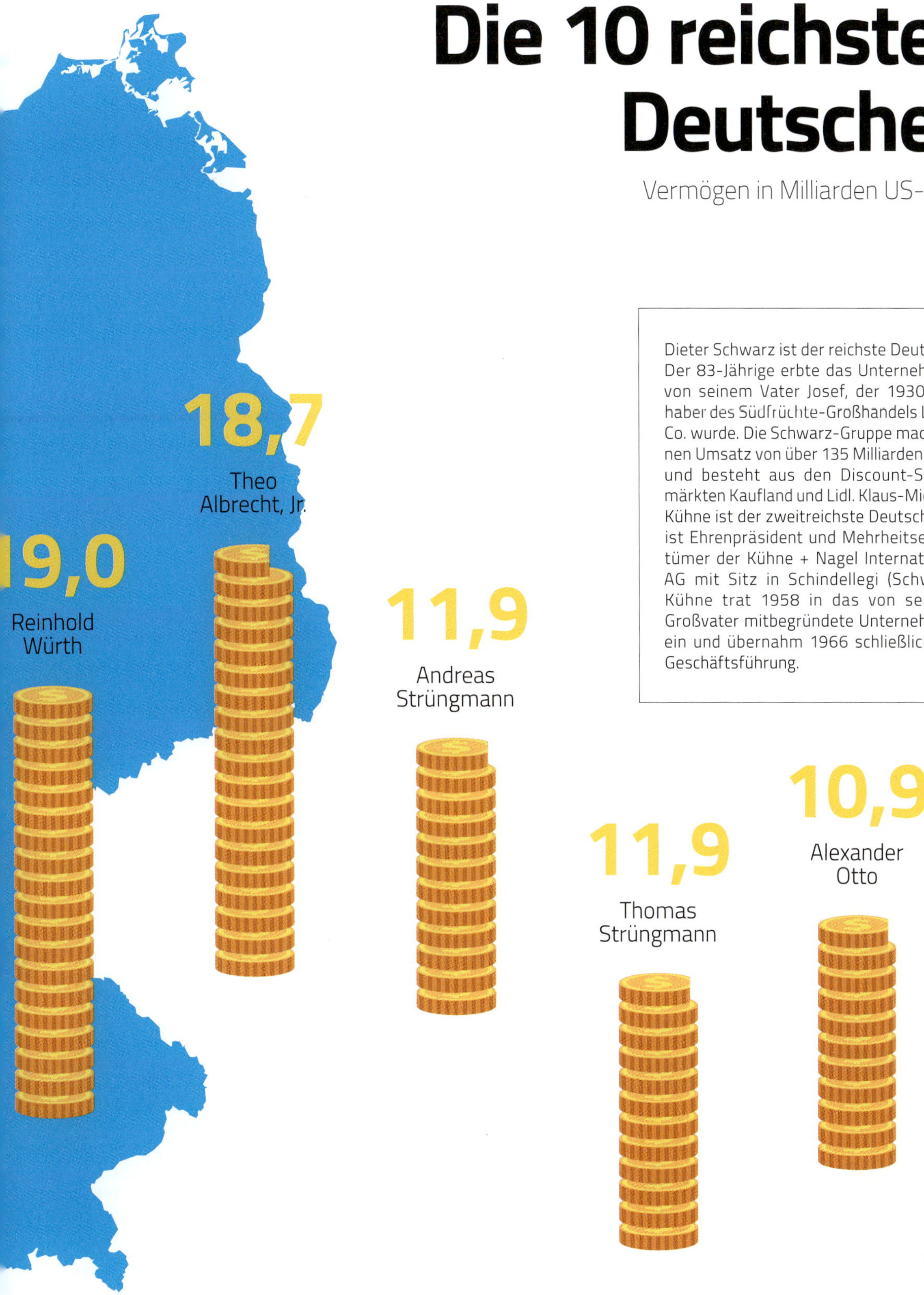

Dieter Schwarz ist der reichste Deutsche. Der 83-Jährige erbte das Unternehmen von seinem Vater Josef, der 1930 Teilhaber des Südfrüchte-Großhandels Lidl & Co. wurde. Die Schwarz-Gruppe macht einen Umsatz von über 135 Milliarden Euro und besteht aus den Discount-Supermärkten Kaufland und Lidl. Klaus-Michael Kühne ist der zweitreichste Deutsche. Er ist Ehrenpräsident und Mehrheitseigentümer der Kühne + Nagel International AG mit Sitz in Schindellegi (Schweiz). Kühne trat 1958 in das von seinem Großvater mitbegründete Unternehmen ein und übernahm 1966 schließlich die Geschäftsführung.

Stand: 2022

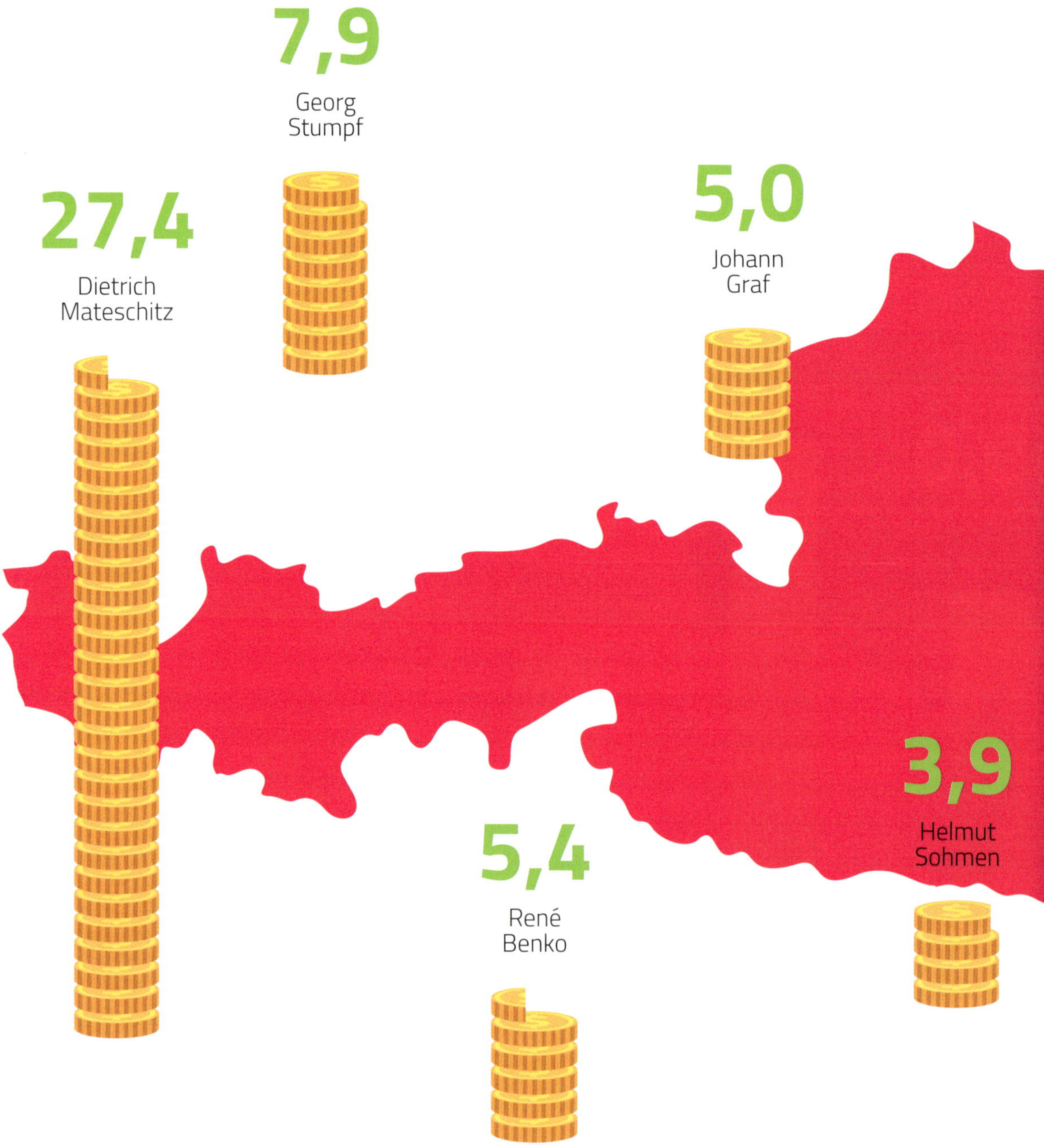

7,9
Georg Stumpf
27,4
Dietrich Mateschitz
5,0
Johann Graf
3,9
Helmut Sohmen
5,4
René Benko

Stand: 2022

Die 10 reichsten Österreicher

Vermögen in Milliarden US-Dollar

Der reichste Österreicher heißt Dietrich Mateschitz. Mateschitz gründete 1987 zusammen mit dem thailändischen Geschäftsmann Chaleo Yoovidhya den Energydrink Red Bull. Der Rest ist Geschichte. Etwa 7,9 Milliarden US-Dollar besitzt Georg Stumpf und belegt damit Platz zwei im Ranking. Der 50-jährige Bauunternehmer und Investor gründete 1994 die Stumpf-Gruppe mit einem Darlehen seines Vaters in der Höhe von 35.000 US-Dollar. Der wichtigste Teil von Stumpfs Imperium ist Exyte, ein Unternehmen aus Stuttgart, das sich auf Halbleiter fokussiert. Ebenfalls auf dem Podium steht René Benko (5,4 Mrd. US-Dollar), Gründer der Signa Holding, die ein Immobilienvermögen von über 12 Milliarden US-Dollar verwaltet.

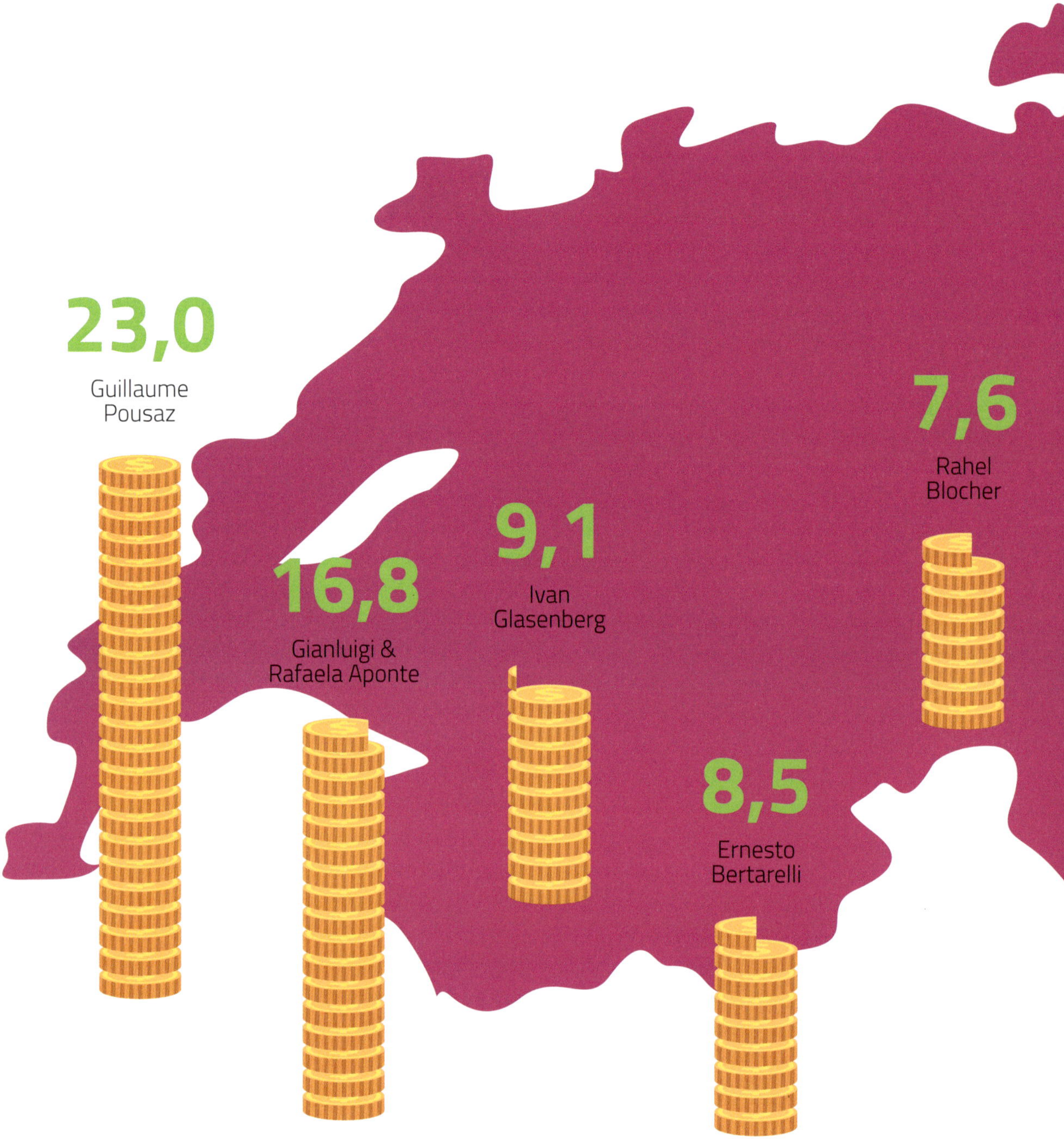

23,0
Guillaume Pousaz
16,8
Gianluigi & Rafaela Aponte
9,1
Ivan Glasenberg
8,5
Ernesto Bertarelli
7,6
Rahel Blocher

Stand: 2022

Die 10 reichsten Schweizer

Vermögen in Milliarden US-Dollar

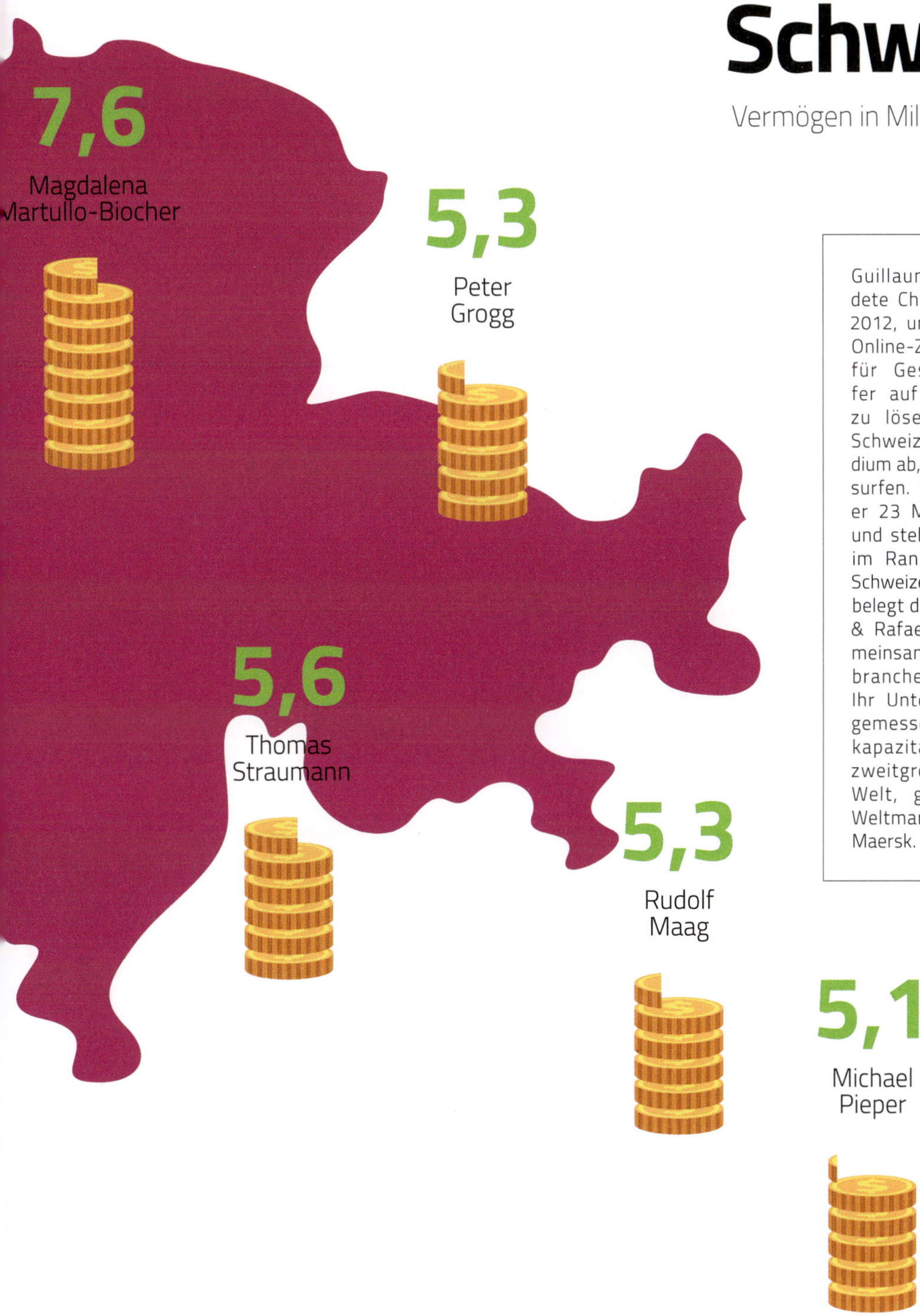

Guillaume Pousaz gründete Checkout.com im Jahr 2012, um das Problem der Online-Zahlungsabwicklung für Geschäfte und Käufer auf der ganzen Welt zu lösen. Der 41-jährige Schweizer brach sein Studium ab, um in Kalifornien zu surfen. Mittlerweile besitzt er 23 Milliarden US-Dollar und steht damit ganz oben im Ranking der reichsten Schweizer. Den zweiten Platz belegt das Ehepaar Gianluigi & Rafaela Aponte, das gemeinsam in die Schifffahrtbranche eingestiegen ist. Ihr Unternehmen MSC ist gemessen an der Schiffskapazität inzwischen die zweitgrößte Reederei der Welt, gleich hinter dem Weltmarktführer AP Møller Maersk.

STÉPHANE BANCEL
$ 5,2 M
Quelle des Reichtums: Moderna

YE XIAOPING
$ 4,0 M
Quelle des Reichtums: Pharmazeutika

LIU FANGYI
$ 4,8 M
Quelle des Reichtums: Medizinische Geräte

LI JUANQUAN
$ 7,1 M
Quelle des Reichtums: Chirurgische Produkte

UĞUR ȘAHIN
$ 4,8 M
Quelle des Reichtums: Biotech

YUAN LIPING
$ 3,8 M
Quelle des Reichtums: Pharmazeutika

Die Pandemie-Milliardäre

Vermögen in US-Dollar

JIN LEI
$ 3,1 M
Quelle des Reichtums: Pharmazeutika

HAO HONG
$ 3,2 M
Quelle des Reichtums: Pharmazeutika

GAN ZHONGRU
$ 3,2 M
Quelle des Reichtums: Pharmazeutika

JIAN JUN
$ 6,0 M
Quelle des Reichtums: Biotech

Seit Anfang 2020 steckt die Welt im Pandemie-Modus. Davon profitieren vor allem Pharma-Unternehmen – insbesondere jene, die einen erfolgreichen Impfstoff gegen das Corona-Virus oder Medizin zur Behandlung der Krankheit auf den Markt gebracht haben. Damit einhergehend gibt es nun eine ganze Reihe von neuen Milliardären. Die bemerkenswertesten Profiteure sind die Wissenschaftler Uğur Șahin (Biontech) und Stéphane Bancel (Moderna), die hinter den beiden erfolgreichsten Impfstoffen stehen – ihr Nettovermögen ist in den vergangenen Jahren sprunghaft angestiegen.

M = Milliarden

Stand: März 2021

Weltkarte der Milliardäre

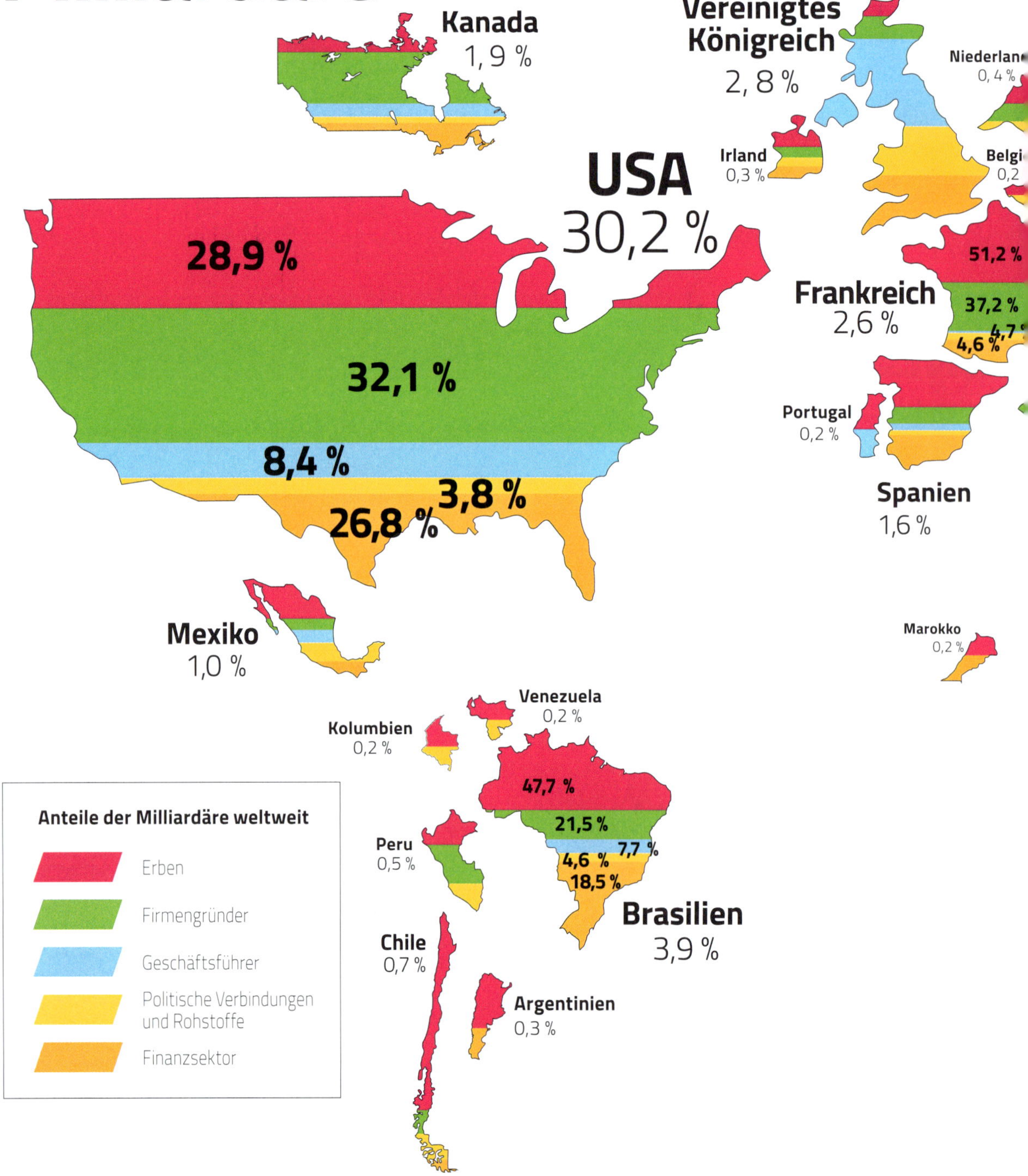

Stand: 2016

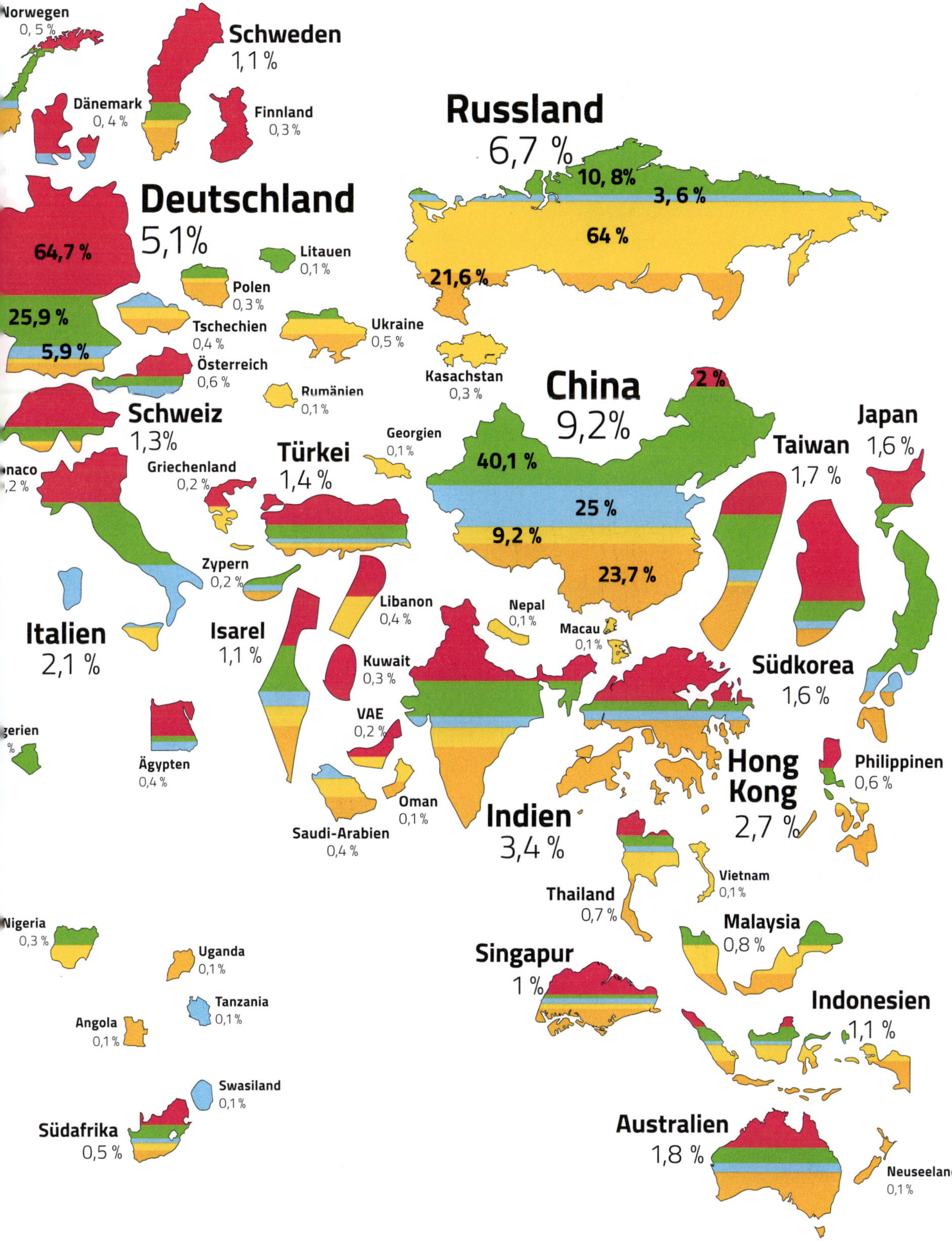

Norwegen
0,5 %
Schweden
1,1 %
Dänemark
0,4 %
Finnland
0,3 %
Russland
6,7 %
10,8%
3,6 %
64 %
21,6 %
Deutschland
5,1%
64,7 %
25,9 %
5,9 %
Litauen
0,1 %
Polen
0,3 %
Tschechien
0,4 %
Ukraine
0,5 %
Österreich
0,6 %
Kasachstan
0,3 %
China
9,2%
2 %
40,1 %
25 %
9,2 %
23,7 %
Rumänien
0,1 %
Schweiz
1,3%
Georgien
0,1 %
Japan
1,6 %
Taiwan
1,7 %
Türkei
1,4 %
Griechenland
0,2 %
Zypern
0,2 %
Libanon
0,4 %
Nepal
0,1 %
Macau
0,1 %
Italien
2,1 %
Isarel
1,1 %
Kuwait
0,3 %
Südkorea
1,6 %
VAE
0,2 %
Ägypten
0,4 %
Hong Kong
2,7 %
Philippinen
0,6 %
Oman
0,1 %
Saudi-Arabien
0,4 %
Indien
3,4 %
Thailand
0,7 %
Vietnam
0,1 %
Nigeria
0,3 %
Uganda
0,1 %
Malaysia
0,8 %
Singapur
1 %
Tanzania
0,1 %
Angola
0,1 %
Indonesien
1,1 %
Swasiland
0,1 %
Südafrika
0,5 %
Australien
1,8 %
Neuseeland
0,1 %

Die reichsten Städte der Welt

Vermögen in Milliarden US-Dollar

Von London hin zu Shanghai – rund 25 Prozent der insgesamt 2.755 Milliardäre weltweit leben in diesen zehn Städten, die auf drei Kontinenten liegen: Nordamerika, Europa und Asien. Die meisten Milliardäre leben in Peking, dicht gefolgt von New York City. Die chinesischen Städte haben in den vergangenen Jahren ordentlich zugelegt, neben Peking sind auch Shenzhen und Hangzhou im Ranking nach oben geklettert.

London

LEN BLAVATNIK $ 32 M

63 Personen

Vermögen insgesamt

$ 316,1 M

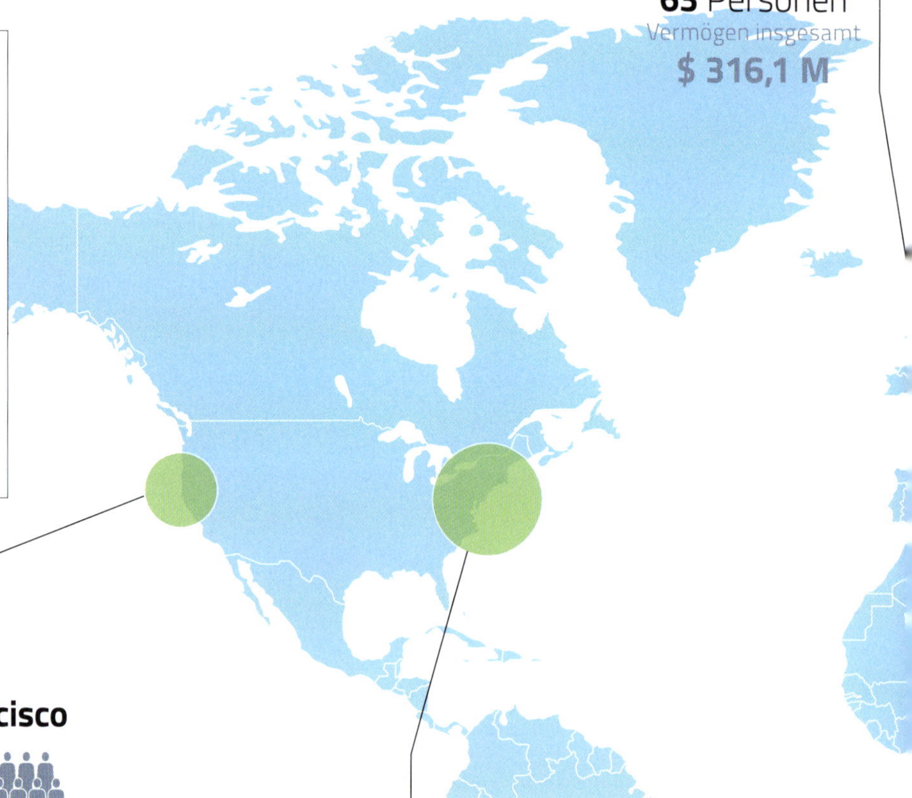

San Francisco

DUSTIN MOSKOVITZ $ 17,8 M

48 Personen

Vermögen insgesamt

$ 190 M

New York City

MICHAEL BLOOMBERG $ 59 M

99 Personen

Vermögen insgesamt

$ 560,5 M

Shenzhen

MA HUATENG $ 65,8 M

68 Personen

Vermögen insgesamt

$ 415,3 M

Stand: 2021

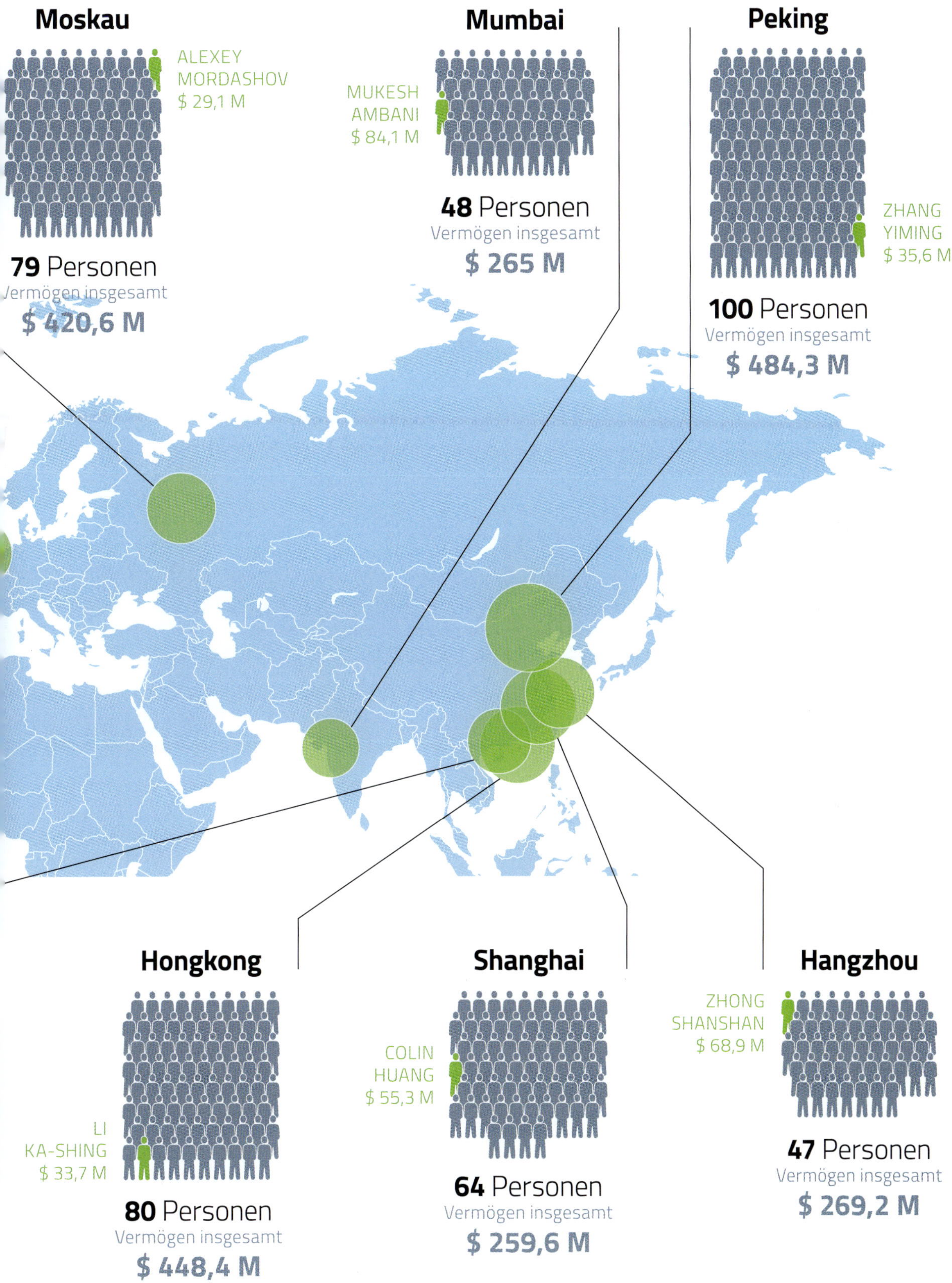

Moskau
ALEXEY MORDASHOV $ 29,1 M
79 Personen
Vermögen insgesamt
$ 420,6 M
Mumbai
MUKESH AMBANI $ 84,1 M
48 Personen
Vermögen insgesamt
$ 265 M
Peking
ZHANG YIMING $ 35,6 M
100 Personen
Vermögen insgesamt
$ 484,3 M
Hongkong
LI KA-SHING $ 33,7 M
80 Personen
Vermögen insgesamt
$ 448,4 M
Shanghai
COLIN HUANG $ 55,3 M
64 Personen
Vermögen insgesamt
$ 259,6 M
Hangzhou
ZHONG SHANSHAN $ 68,9 M
47 Personen
Vermögen insgesamt
$ 269,2 M

RECHNUNG

BESTELLUNG#11/1 20:00 DI 2
MANAGER THOMAS MÜLLER

BARZAHLUNG
EC-KARTE
KREDITKARTE
SMARTPHONE/SMARTWATCH
PREPAID-KARTE/GUTSCHEIN
SCHECK

VIELEN DANK FÜR IHREN BESUC

E#22

3.2022

#0815

Geldfluss in Deutschland

im Einzelhandel oder in Restaurants

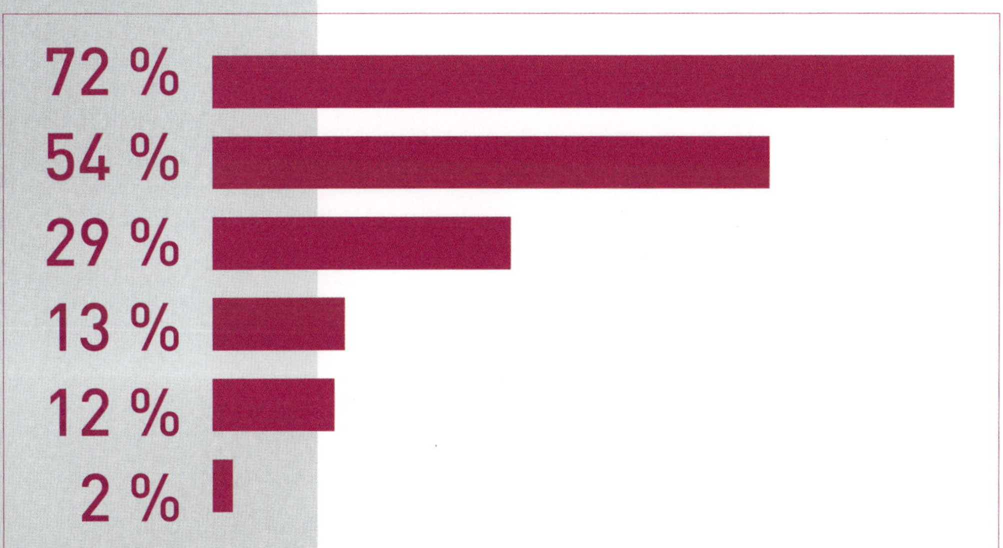

Mehrfachantworten möglich

Stand: März 2022

Globale Vermögensverteilung

Anzahl der Superreichen

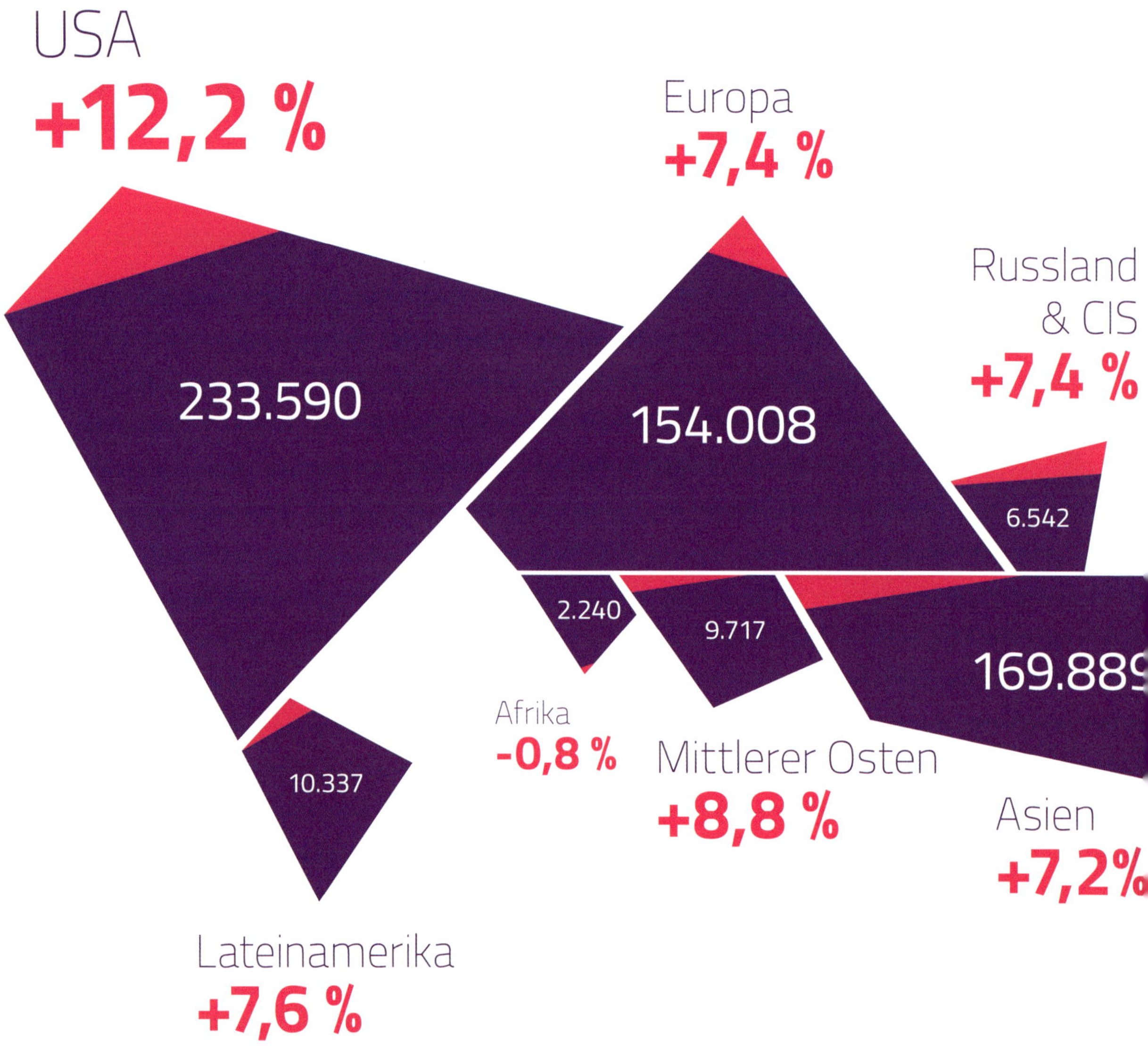

Stand: Juli 2022

Weltweit

+9,3 %

Die Coronapandemie hat die Reichen noch reicher gemacht. Das belegen Daten aus dem aktuellen Wealth Report von Knight Frank. Die Gruppe der Superreichen – Ultra-High Net Worth Individuals (UHNWIs) – ist 2021 im Vergleich zum Vorjahr um 9,3 Prozent gewachsen. Nahezu alle Regionen verzeichneten in diesem Zeitraum einen Anstieg der ultravermögenden Personen.

Australien

+9,8 %

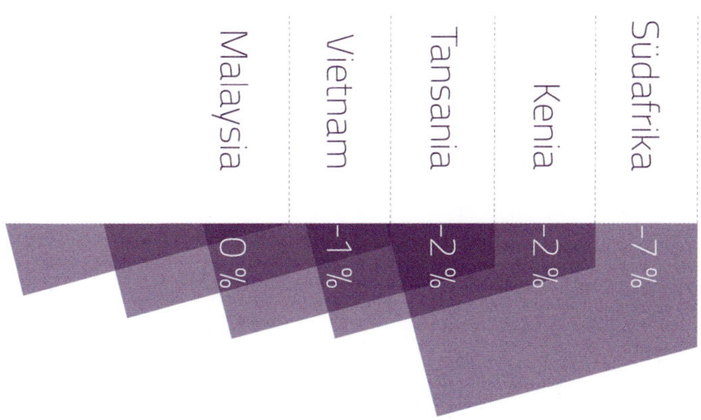

9

Anleger-Perspektiven

Aktionärs- zahlen

Deutschland

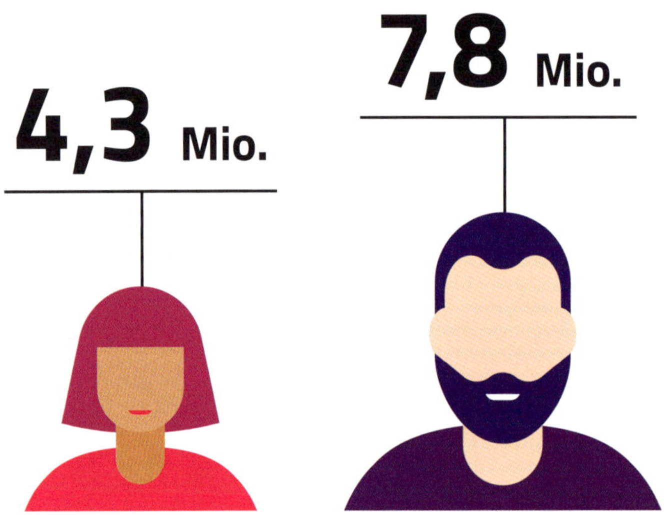

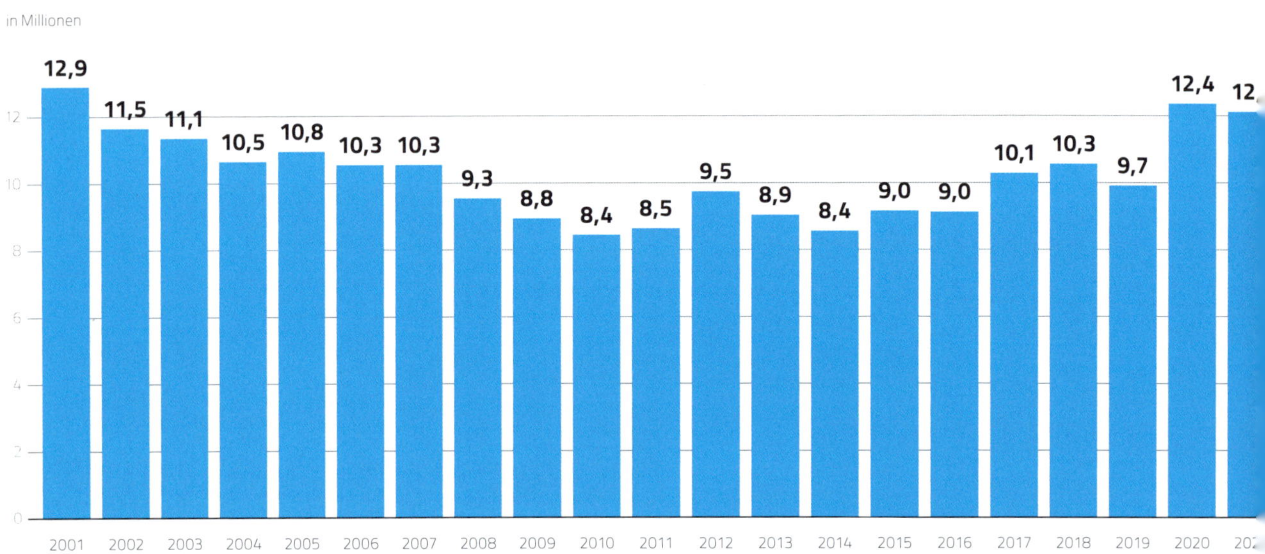

Altersstruktur

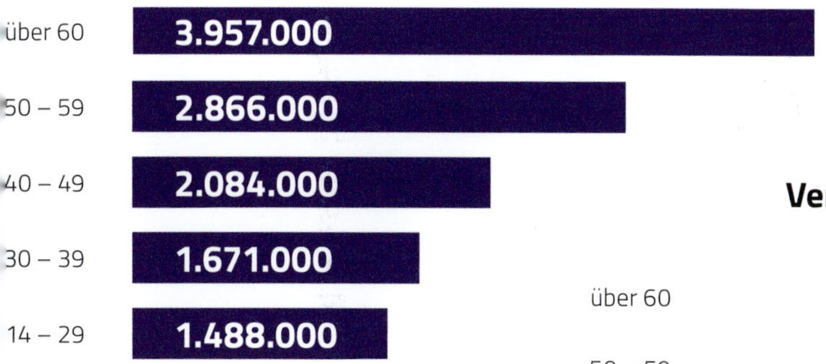

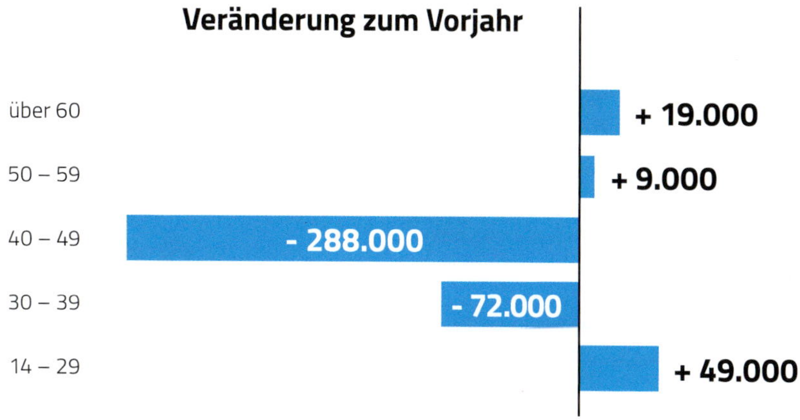

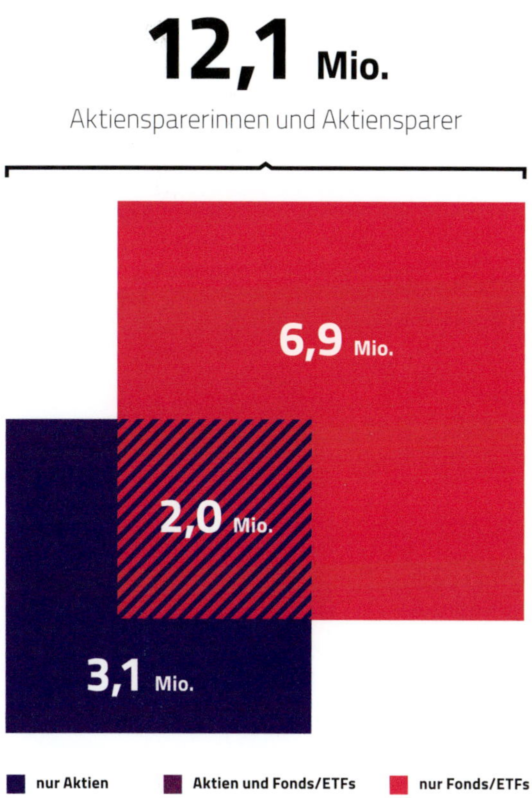

2021 zählte das Deutsche Aktieninstitut (DAI) die dritthöchste Anzahl an Aktiensparerinnen und Aktiensparern seit Beginn der Datenerhebung. Seit dem Tiefpunkt nach der Finanzkrise im Jahr 2010 legen 3,7 Millionen mehr Bürger Geld in Aktien, Aktienfonds oder aktienbasierte ETFs an. Im Vergleich zum Vorjahr 2020 sind es rund 300.000 weniger Aktionäre.

Nach wie vor stellen Fonds/ETFs die beliebteste Form der Aktienanlage in Deutschland dar. 6,9 Millionen Menschen halten ausschließlich Fonds im Depot. Rund 3,1 Millionen Aktionäre setzen rein auf die direkte Investition in Unternehmen, also das Investment in Einzelaktien. 2 Millionen Aktiensparer mischen beide Formen der Anlage.

Der Aktienbesitz hängt stark vom Einkommen ab. Personen mit höheren Einkommen legen ihr Geld eher in Aktien oder Fonds/ETFs an als Menschen mit niedrigeren Einkommen. Während beispielsweise fast jeder Zweite mit einem monatlichen Einkommen von 4.000 Euro und mehr Aktien oder Fonds/ETF besitzt, sind es in der Gruppe mit Einkommen von bis zu 1.000 Euro 7,4 Prozent.

Stand: 2021

Stand: Mai 2022

Geldvermögen der Deutschen

in Milliarden Euro

856
Termin- und Spareinlagen

969
Aktien

Geldanlage in der Coronakrise

15 Prozent beträgt die private Sparquote 2021 – Zusammen mit der Sparquote 2020 die mit Abstand höchste Sparrate seit der Wiedervereinigung.

29 Prozent des Geldvermögens halten private Haushalte als praktisch nicht verzinste Sichteinlagen oder Bargeld.

Rund 10 Prozent ihres Vermögens haben private Haushalte Ende 2021 in Aktien angelegt.

Konsumieren und Sparen

Angaben für private deutsche Haushalte

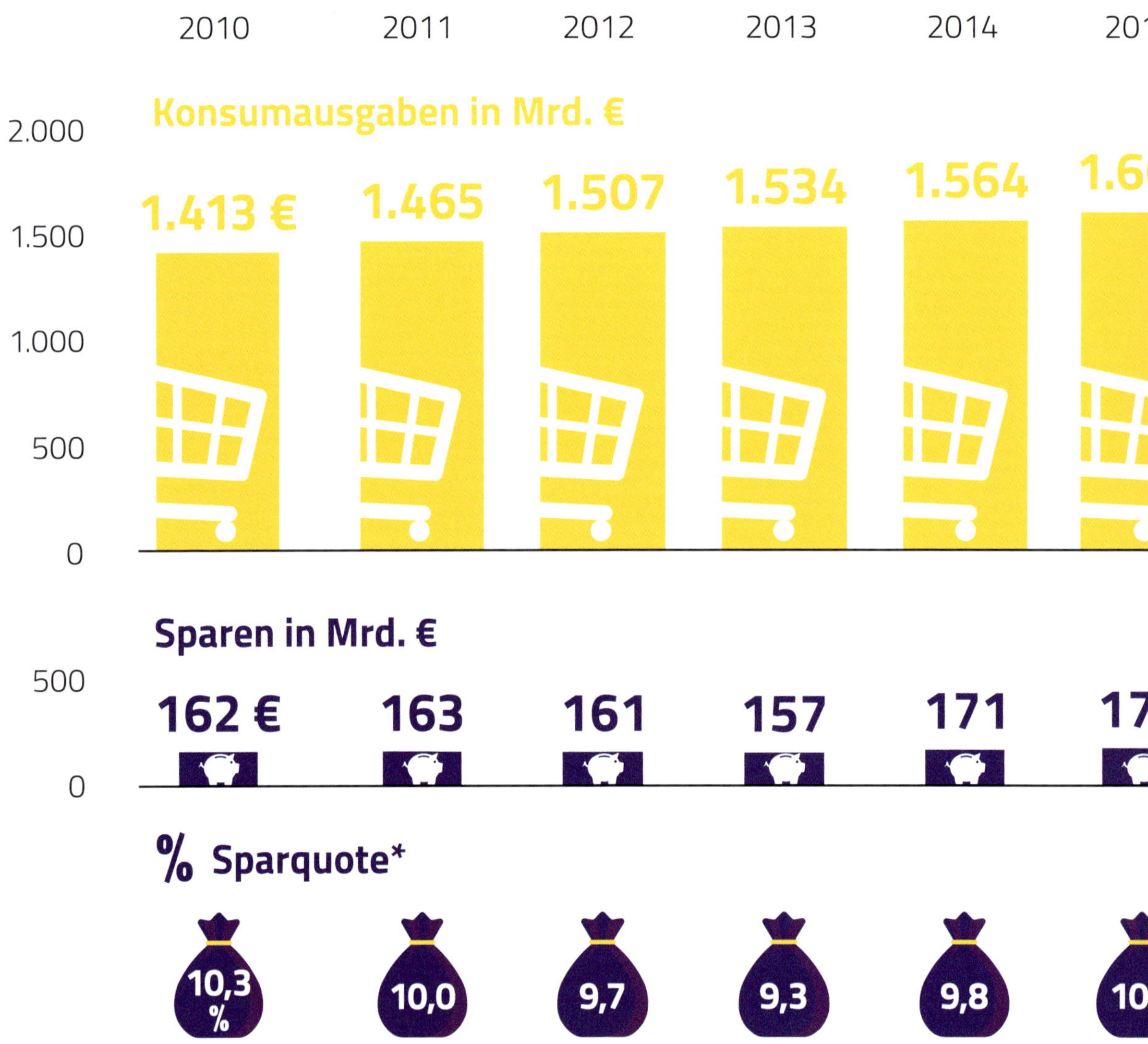

*in Prozent des verfügbaren Einkommens

Während der Pandemie hat sich die Sparquote der privaten Haushalte deutlich erhöht. Die Deutschen legten in den Coronajahren 2020 und 2021 deutlich mehr Geld zur Seite als in den Jahren zuvor. Die Sparquote wird definiert als das Verhältnis von Ersparnissen zu Einkommen.

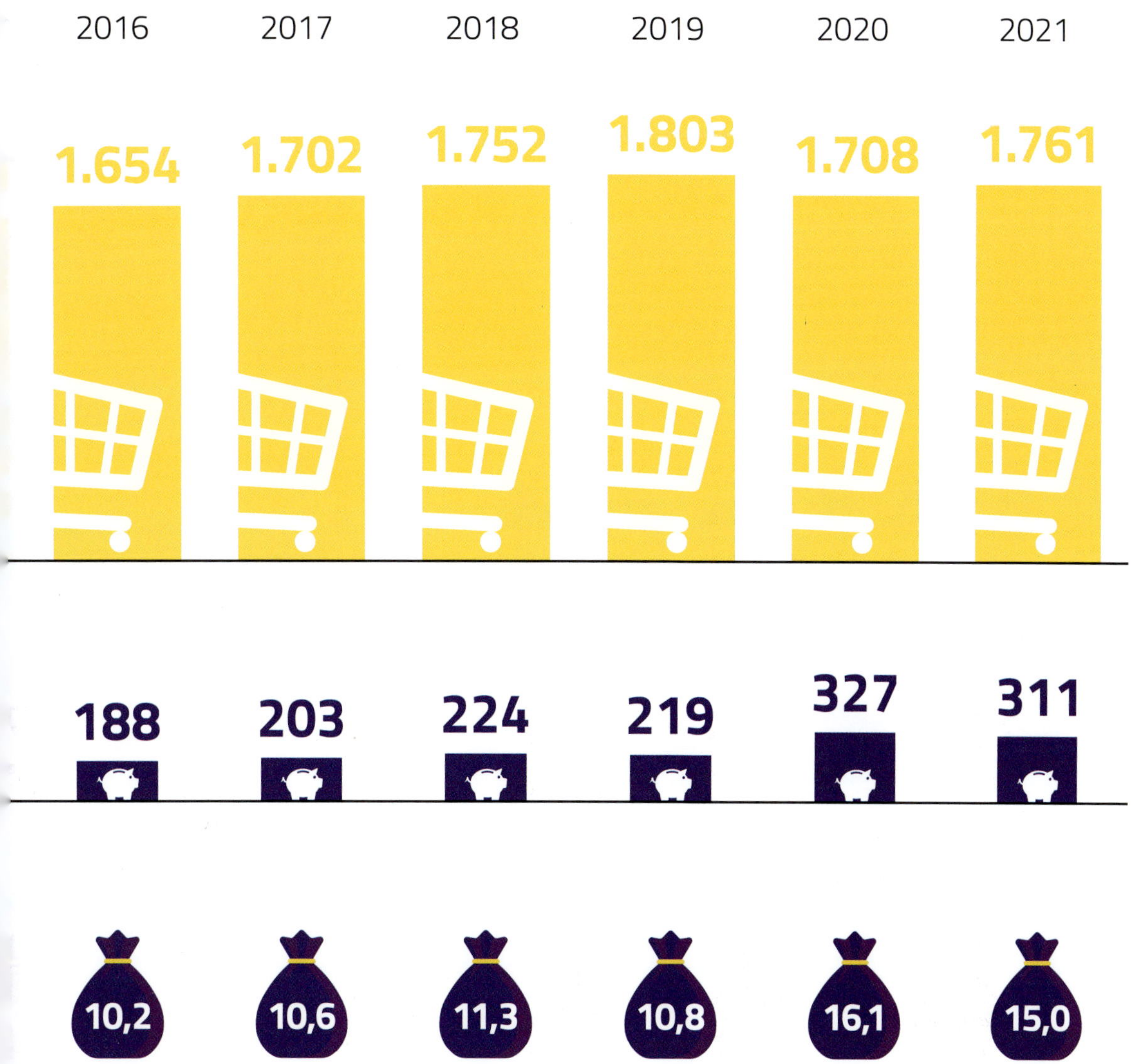

Stand: Januar 2022

Verteilung der Anleger

in Prozent

West
18,6 %

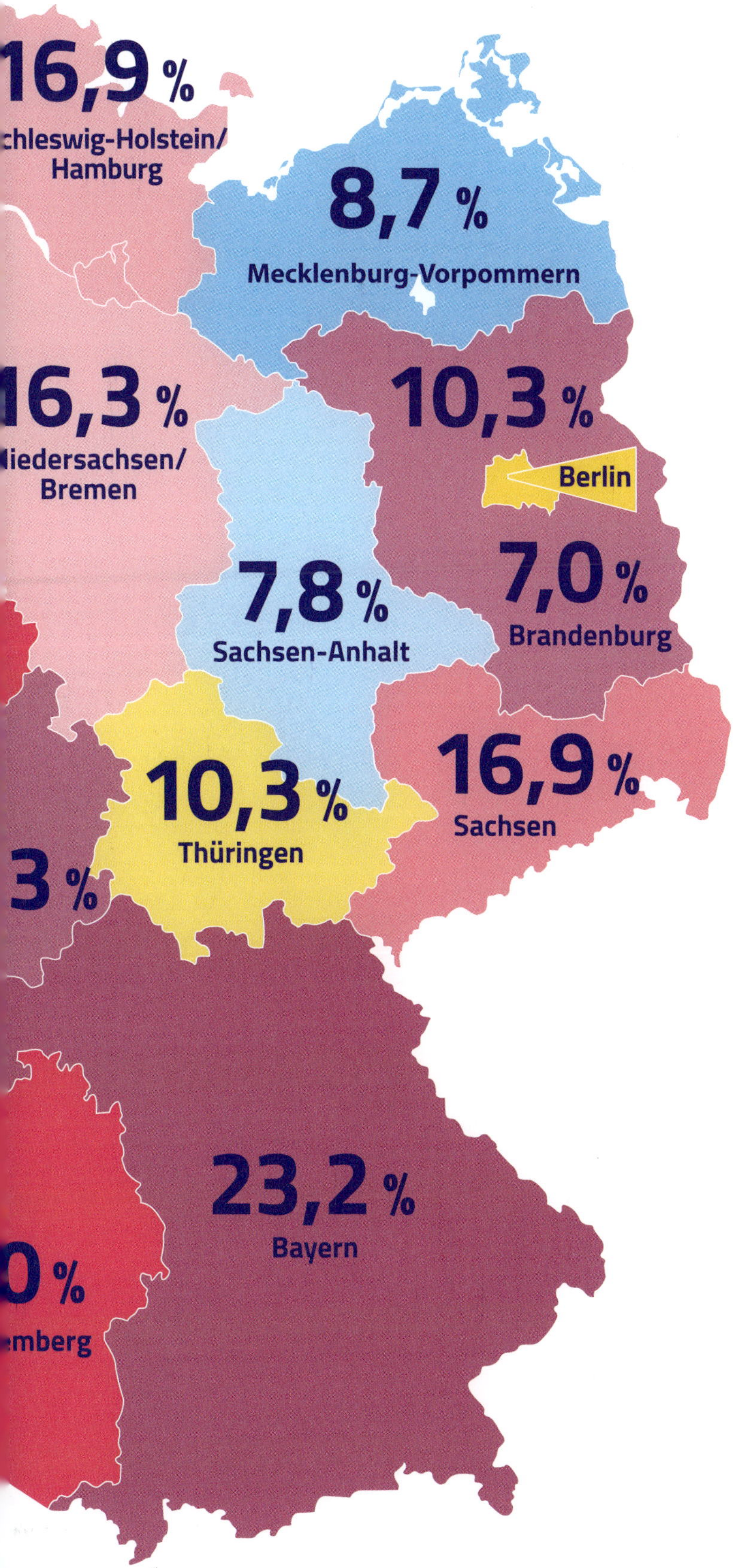

Ost 10,9 %

Einkommensunterschiede und eine fehlende Tradition der direkten Aktienanlage bedingen vermutlich die strukturellen Unterschiede zwischen Ost und West. Während im Westen der Republik 2021 die Zahl der Aktiensparerinnen und -sparer fast stabil bleibt, sinkt sie im Osten etwas.

Im Vergleich zum Vorjahr 2020 sparen im Osten 124.000 weniger Bürgerinnen und Bürger mit Aktien. Im Westen haben sich – bei sechsmal so großer Gesamtbevölkerung – 161.000 Menschen dazu entschieden, ihr Aktiendepot zu verkaufen. Entsprechend liegt der Anteil der Aktiensparerinnen und -sparer an der Gesamtbevölkerung im Westen weiterhin bei rund 19 Prozent, während er im Osten von rund 12 auf rund 11 Prozent zurückgeht.

Stand: 2021

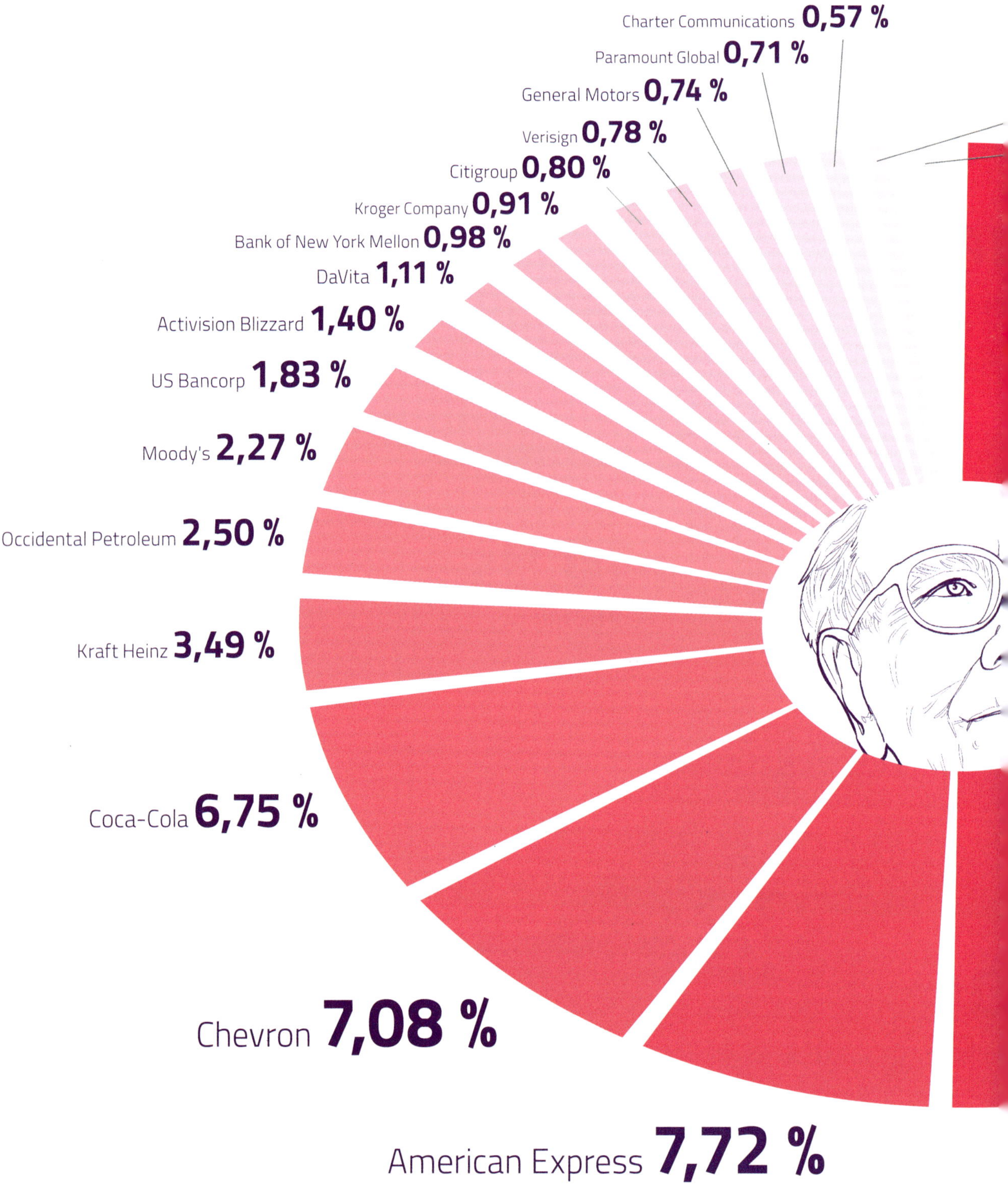

Stand: März 2022

Das Portfolio von Warren Buffett

Top-20-Beteiligungen

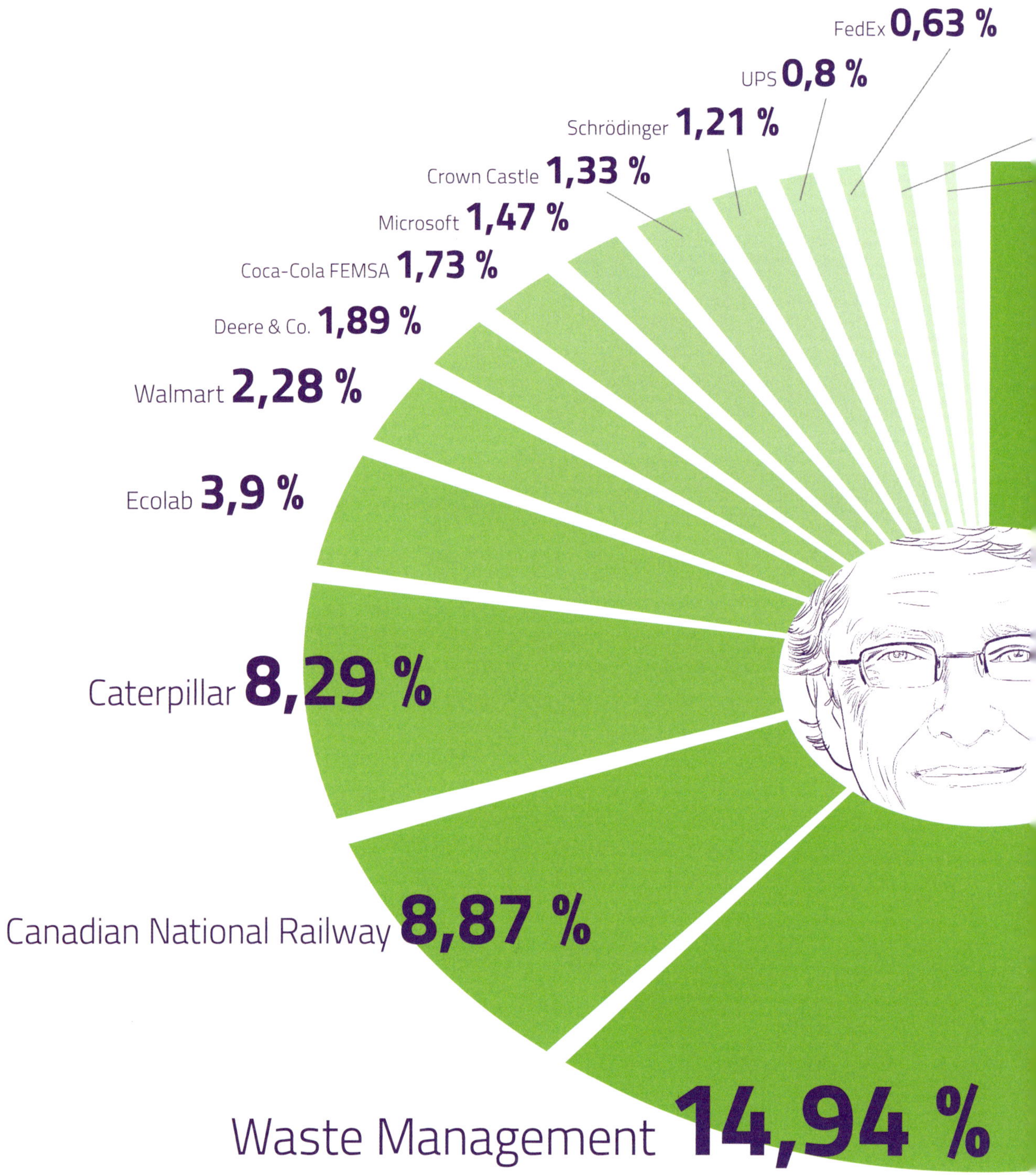

Stand: Mai 2022

Das Gates-Portfolio

Beteiligungen von Bill und Melinda Gates

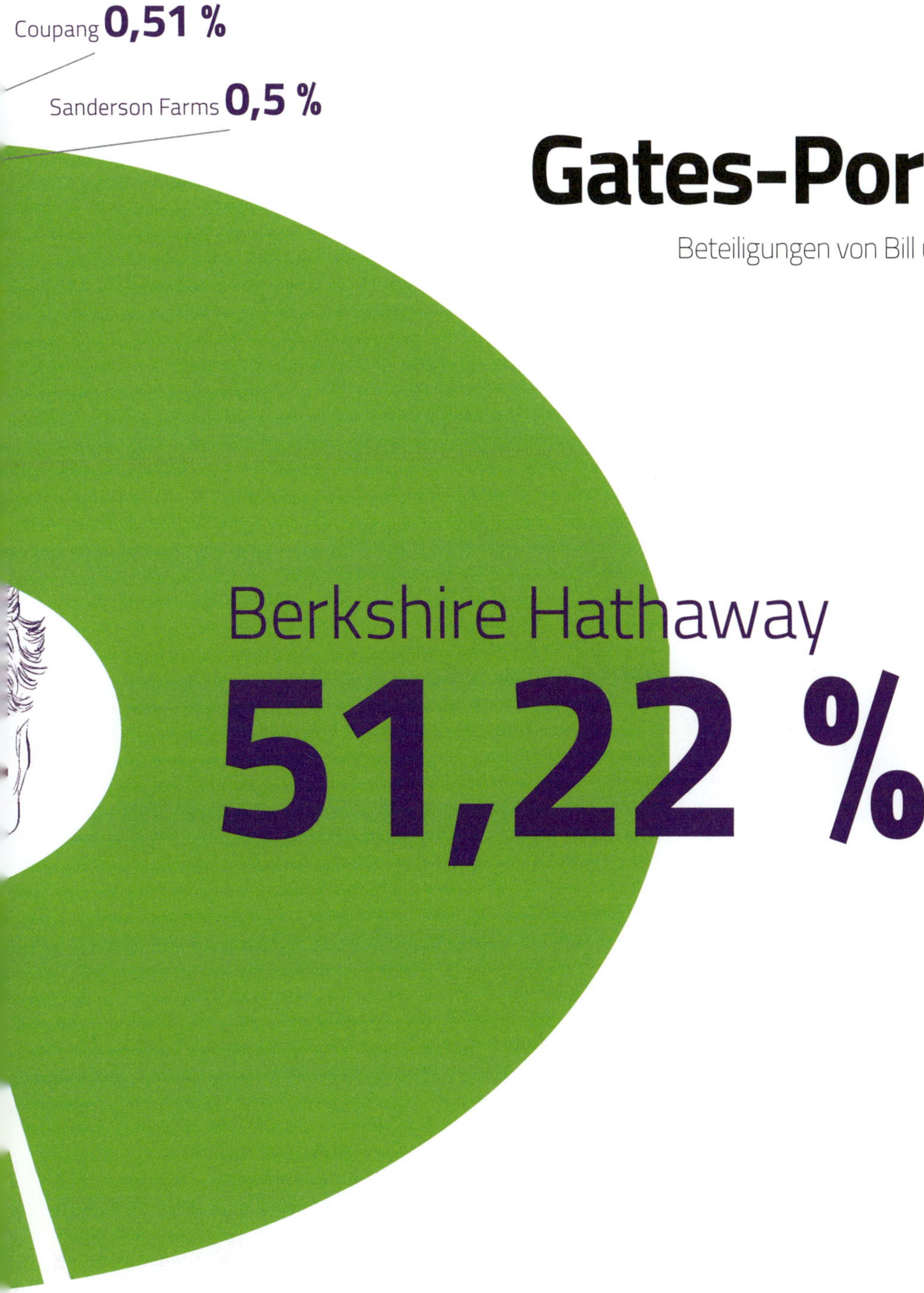

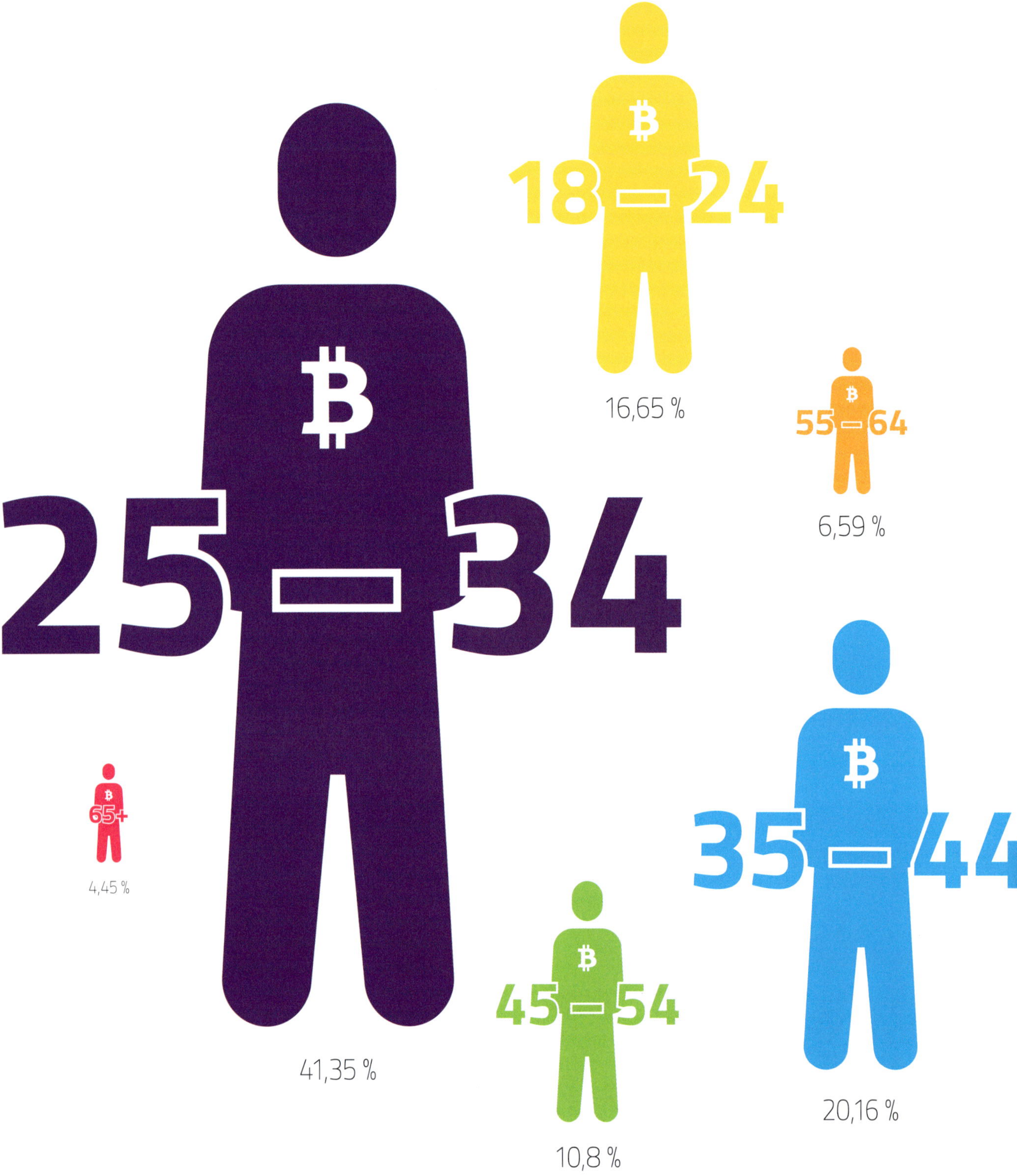

Stand: 2021

Die Bitcoin-Community

nach Alter und Geschlecht

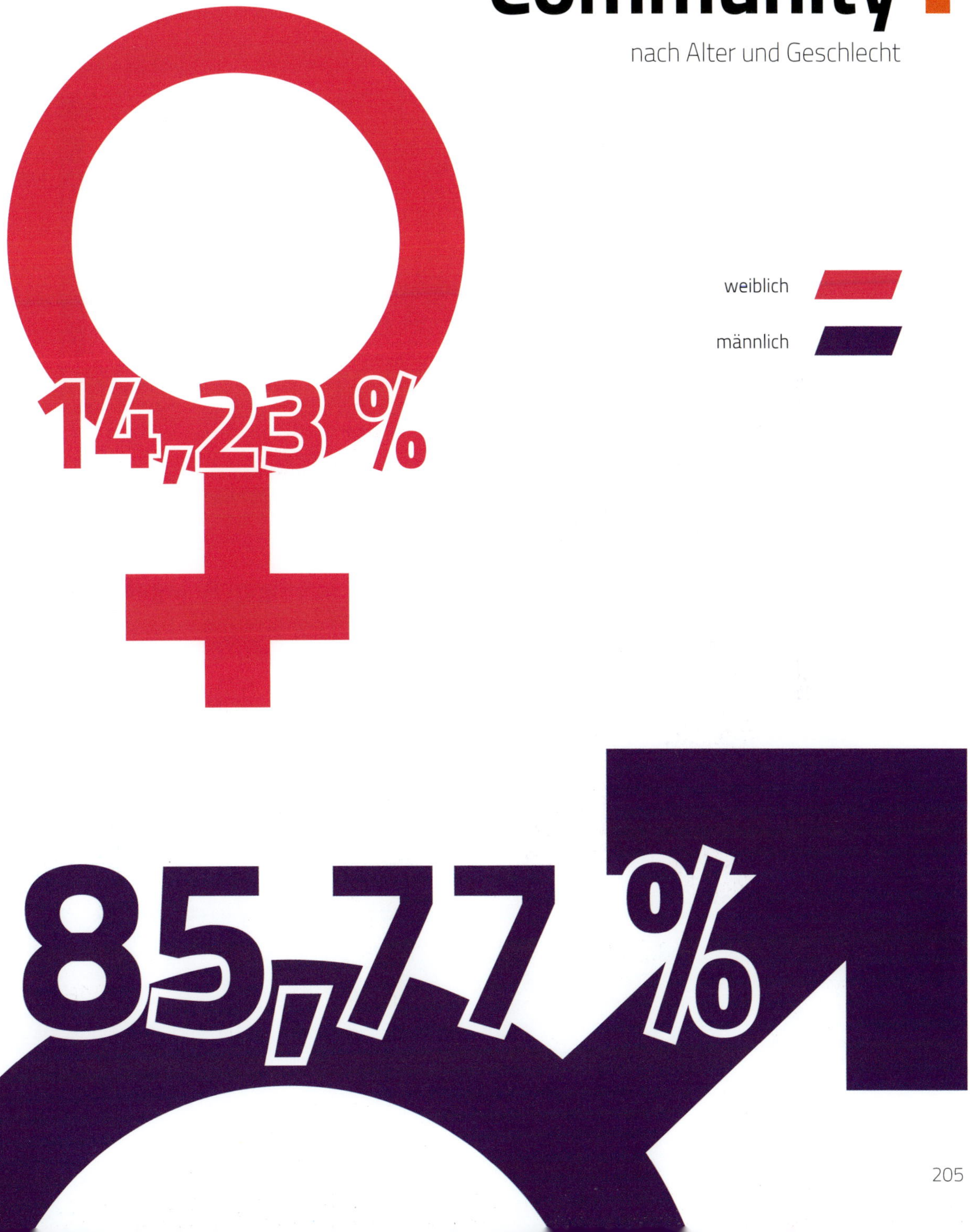

Eignung als Anlageform

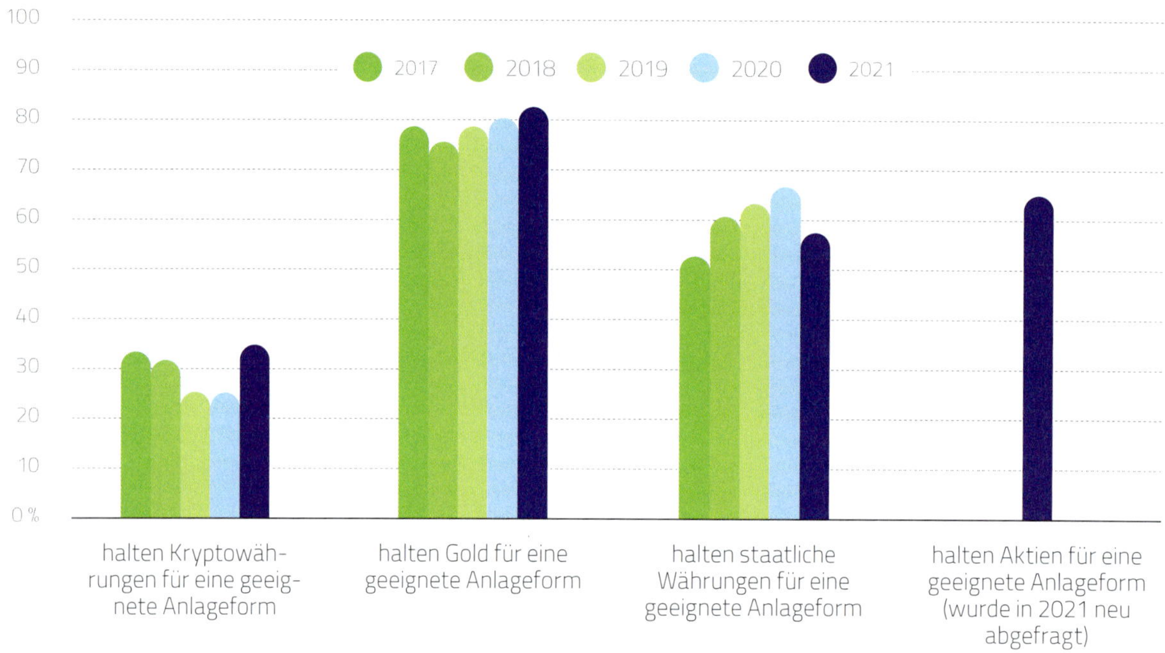

haben Vertrauen in die Preisstabilität der jeweiligen Anlageform

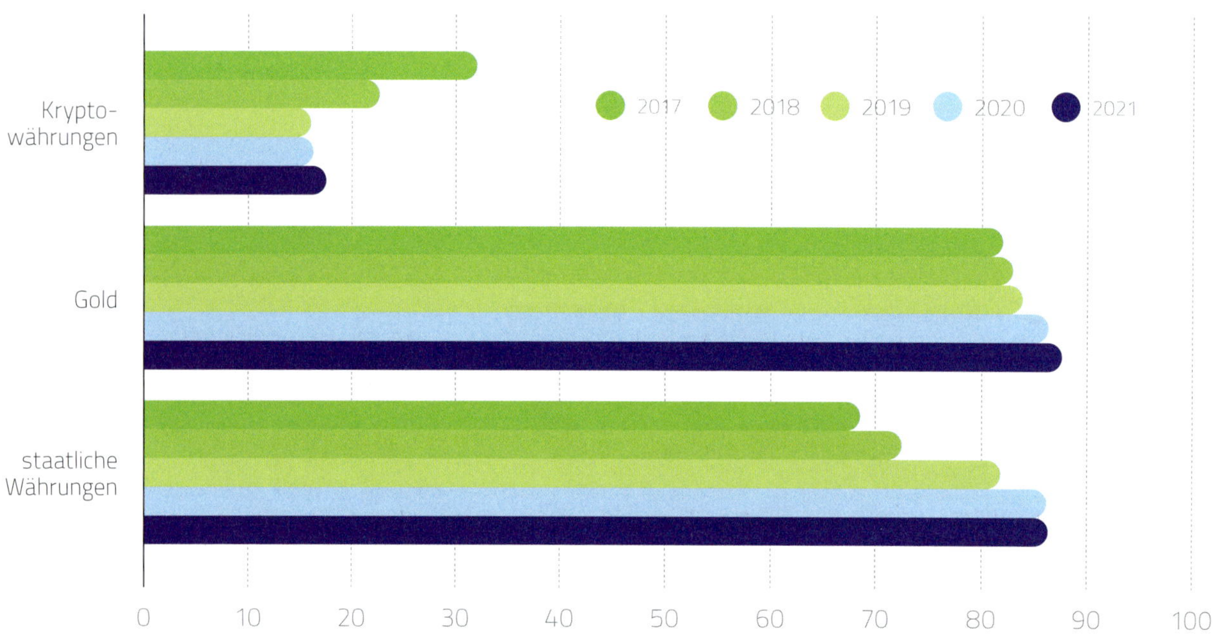

Krypto-Stimmung im DACH-Raum

Repräsentativ für die Bevölkerung ab 18 Jahren

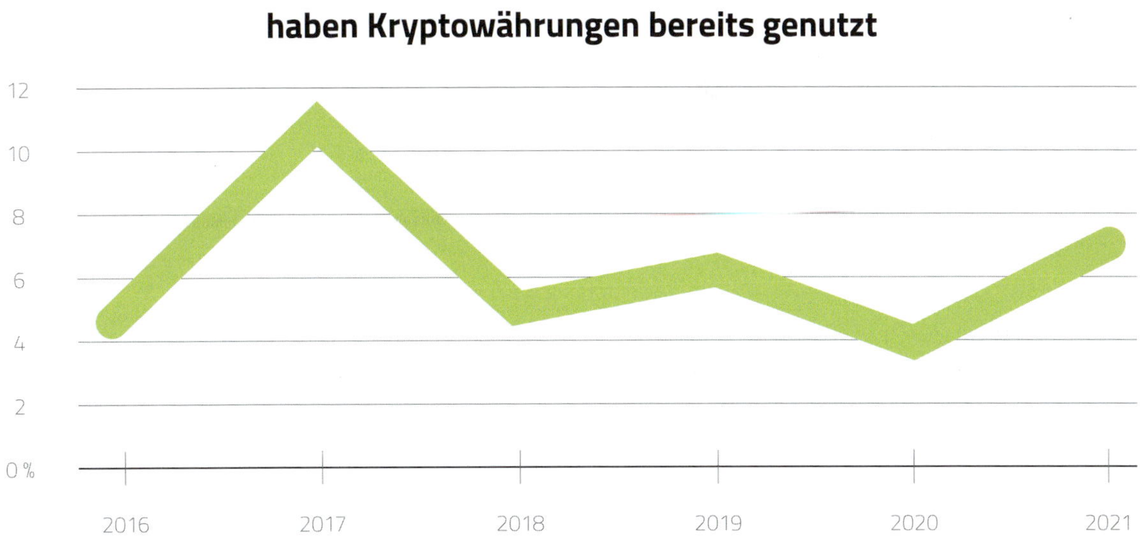

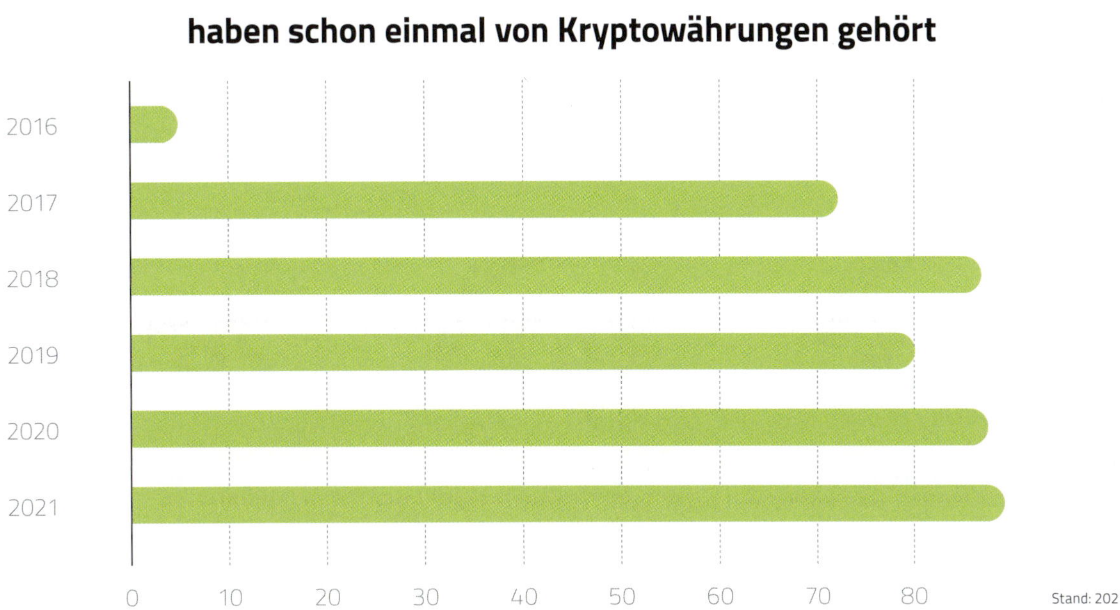

Hindernisse bei der Investition in Kryptowährungen

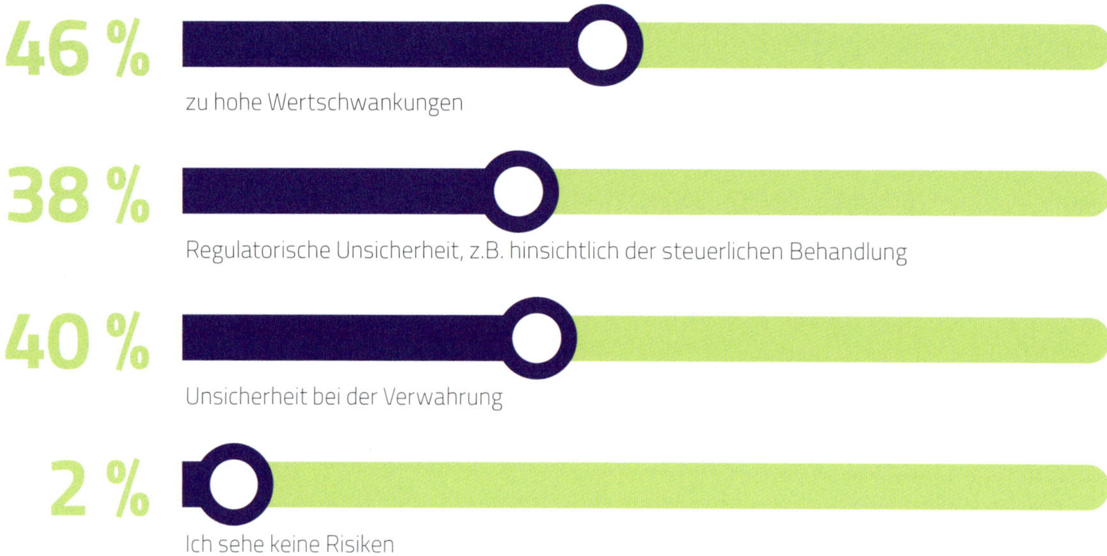

Lösen Kryptowährungen staatliche Währungen als Transaktionsmittel ab?

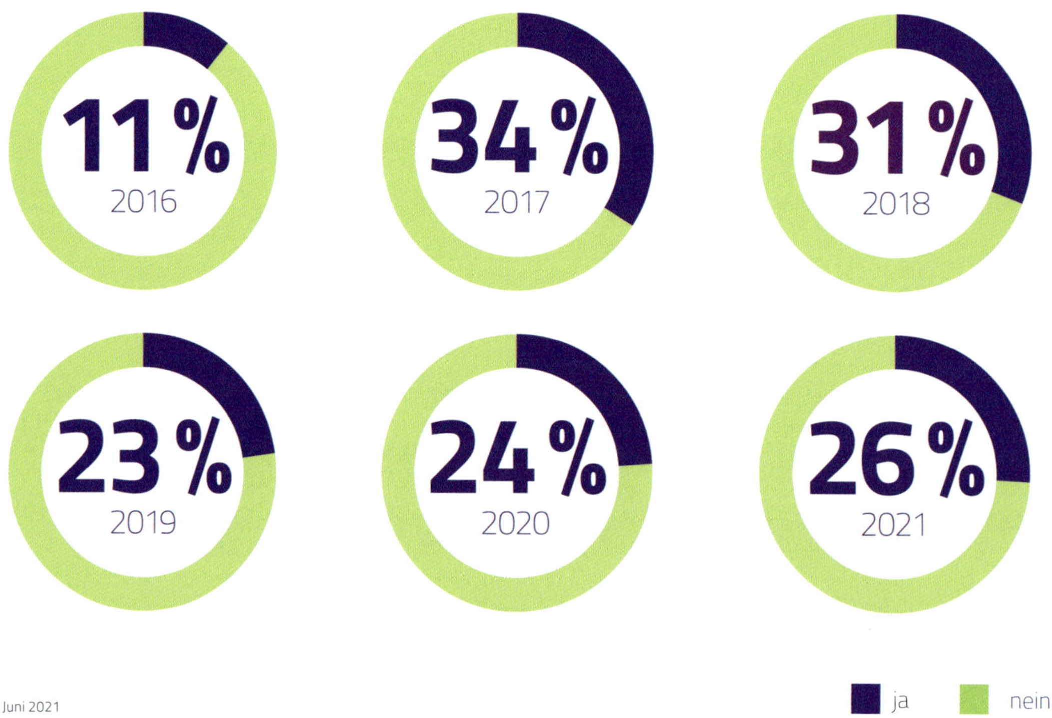

Stand: Juni 2021

Getätige Investitionen in Kryptowährungen

5 %
bei einem Krypto-Broker

4 %
bei einer Krypto-Börse

3 %
über ein Depot bei einem Online-Broker

2 %
über ein Depot bei der Hausbank

86 %
der Befragten haben noch nicht in Kryptowährung investiert

Potenzielle zukünftige Investitionen in Kryptowährungen

7 %
würden über ein Depot bei einem Online-Broker in Kryptos investieren

7 %
würden direkt bei einer Krypto-Börse in Kryptos investieren

6 %
würden über ein Depot bei der Hausbank in Kryptos investieren

6 %
würden direkt bei einem Krypto-Broker in Kryptos investieren

10 %
würden zwar in Kryptowährung investieren, wissen aber nicht wie

69 %
können es sich nicht vorstellen, zukünftig in Kryptowährung zu investieren

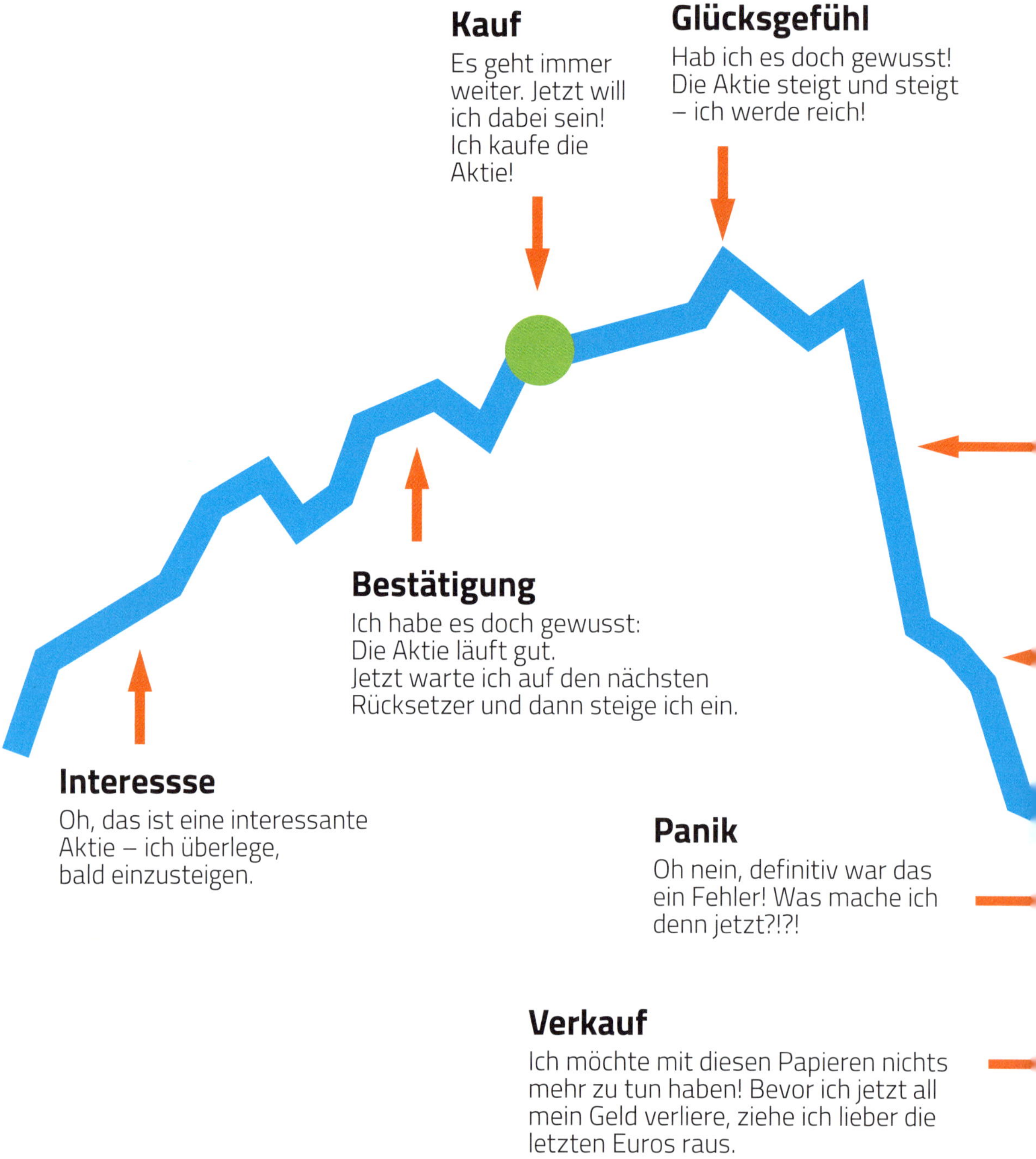
Kauf
Es geht immer weiter. Jetzt will ich dabei sein! Ich kaufe die Aktie!
Glücksgefühl
Hab ich es doch gewusst! Die Aktie steigt und steigt – ich werde reich!
Bestätigung
Ich habe es doch gewusst: Die Aktie läuft gut. Jetzt warte ich auf den nächsten Rücksetzer und dann steige ich ein.
Interessse
Oh, das ist eine interessante Aktie – ich überlege, bald einzusteigen.
Panik
Oh nein, definitiv war das ein Fehler! Was mache ich denn jetzt?!?!
Verkauf
Ich möchte mit diesen Papieren nichts mehr zu tun haben! Bevor ich jetzt all mein Geld verliere, ziehe ich lieber die letzten Euros raus.

Der typische Börsenzocker

… macht alles falsch!

Seltene Erden
Angeber vor Goldminen
Ölsand
Boris Börse
Warren Buffett
GAFAM
Wall Street Casino
Real Estate Bubble
Starbucks Coffee
Steuer-optimierung
Öl
Kokain
Commodities
Liquidität
Silber
Debt Default Zone
Liquidität

Weltkarte aus inkorrekter Investorensicht

10

Quellen-
nachweise

1 Globale Perspektiven

2 Kaufkraft Perspektiven

42/43
Inflation in der Europäischen Union
Quellen: Institut für Höhere Studien Makroökonomie und Wirtschaftspolitik (Wien), Internationaler Währungsfonds
Stand: Mai 2022

44/45
Inflation in Deutschland
Quellen: Institut für Höhere Studien Makroökonomie und Wirtschaftspolitik (Wien), Internationaler Währungsfonds
Stand: Juli 2022

46/47
Repräsentativer Warenkorb Deutschland
Quelle: Finanztest, Statistisches Bundesamt
Stand: April 2022

48/49
Kaufkraft Europa
Quelle: GfK | www.gfk.com/geomarketing-de | Karte erstellt mit RegioGraph
Stand: 2022

50/51
Kaufkraft Deutschland
Quelle: GfK | www.gfk.com/geomarketing-de | Karte erstellt mit RegioGraph
Stand: 2022

52/53
Kaufkraft Österreich
Quelle: GfK | www.gfk.com/geomarketing-de | Karte erstellt mit RegioGraph
Stand: 2022

54/55
Kaufkraft Schweiz
Quelle: GfK | www.gfk.com/geomarketing-de | Karte erstellt mit RegioGraph
Stand: 2022

56/57
Kaufkraft Vereinigtes Königreich
Quelle: GfK | www.gfk.com/geomarketing-de | Karte erstellt mit RegioGraph
Stand: 2022

58/59
Kaufkraft Italien
Quelle: GfK | www.gfk.com/geomarketing-de | Karte erstellt mit RegioGraph
Stand: 2022

60/61
Kaufkraft Spanien
Quelle: GfK | www.gfk.com/geomarketing-de | Karte erstellt mit RegioGraph
Stand: 2022

62/63
Kaufkraft Niederlande
Quelle: GfK | www.gfk.com/geomarketing-de | Karte erstellt mit RegioGraph
Stand: 2022

64/65
Kaufkraft Schweden
Quelle: GfK | www.gfk.com/geomarketing-de | Karte erstellt mit RegioGraph
Stand: 2022

3 Historische Perspektiven

68/69
Der Dow Jones im Zeitverlauf
Quelle: BÖRSE am Sonntag, Anlagetrends
Stand: 2022

70/71
Die größten Crashs aller Zeiten
Quellen: Britannica, Investopedia, Bureau of Labor Statistics, University of Notre Dame, Washington Post
Stand: August 2021

72/73
Reale Renditen in verschiedenen Zeiträumen
Quelle: Finanztest
Stand: Juni 2022

74/75
Die Ära Merkel – eine Wirtschaftsbilanz
Quellen: Statistisches Bundesamt, Deutsche Rentenversicherung, Bundesagentur für Arbeit, SIPRI, Umweltbundesamt, statista, Shutterstock | Pozzipool
Stand: September 2021

76/77
Bilanzen der Zentralbanken
Quelle: Reuters
Stand 2020

78/79
Börsengänge weltweit
Quelle: Deutsches Aktieninstitut
Stand: 2021

80/81
Die größten Börsengänge der Welt
Quellen: Renaissance Capital, U.S. Bureau of Labor Statistics
Stand: 2020

82/83
Bedeutung der Sektoren an der US-Börse
Quelle: Global Financial Data
Stand 2020

84/85
Branchenrotation im letzten Jahrhundert
Quelle: Global Financial Data
Stand: 2020

86/87
Die größten Unternehmen der Welt
Quellen: Statista, Financial Times, Yahoo Finance
Stand: 31. März 2005 und 29. Juni 2022

88/89
Das wertvollste Unternehmen im Zeitverlauf
Quellen: Bloomberg, PwC, BÖRSE am Sonntag
Stand: Juni 2022

90/91
Durchschnittliche Unternehmenslebensdauer im S&P 500
Quelle: INNOSIGHT
Stand: Mai 2021

92/93
200 Jahre Zinssätze in den USA
Quellen: Bank of England, CNCB, Economic Research, Federal Deposit Insurance Corporation, Federal Reserve Bank of New York, Federal Reserve Board, Goldman Sachs Global Investment Research, Johns Hopkins University, BÖRSE am Sonntag, Anlagetrends
Stand: August 2022

94/95
Zinserhöhungen vs. Inflationsrate
Quellen: Visual Capitalist, finanzen.net, BÖRSE am Sonntag
Stand: Juli 2022

96/97
März ist bester Monat, September schlechtester
Quelle: Statista
Stand: Juni 2022

4 Unternehmerische Perspektiven

100/101
Die größten Unternehmen der Welt
Quellen: Yahoo Finance, BÖRSE am Sonntag, Anlagetrends
Stand: September 2022

102/103
Die größten deutschen Unternehmen
Quellen: Yahoo Finance,
BÖRSE am Sonntag, Anlagetrends
Stand: Mai 2022

104/105
Vergleich der Marktkapitalisierungen
Quelle: BÖRSE am Sonntag, Statista
Stand: 2021 (BIPs) und
2022 (Unternehmen)

106/107
Die größten Automobilkonzerne
Quelle: finanzen.net
Stand: 8. August 2022

108/109
Gehaltsgräben der Tech-Riesen
Quellen: Apple, SEC, Statista
Stand: 2020, Stand Apple: 2021

110/111
Die 10 größten Unternehmen der Welt damals und heute
Quellen: Bloomberg, FAZ-Archiv, Credit Suisse, Flaticon, Stockunlimited, Freepic und BÖRSE am Sonntag
Stand: 9. August 2022

112/113
Frauenanteil in den Aufsichtsräten oder Verwaltungsräten
Quellen: Statista, Eurostat
Stand: 2022

5 Markt-Perspektiven

116/117
DAX 40-Deutschlandkarte
Quelle: BÖRSE am Sonntag
Stand: 2022

118/119
MDAX-Deutschlandkarte
Quelle: BÖRSE am Sonntag
Stand: 2022

120/121
Euro Stoxx 50-Europakarte
Quelle: BÖRSE am Sonntag
Stand: 2022

122/123
Dow Jones-USA-Karte
Quelle: BÖRSE am Sonntag
Stand: 2022

124/125
Zusammensetzung des DAX 40
Quelle: Deutsches Aktieninstitut
Stand: 2021

126/127
Finanzsegmente im globalen Größenvergleich
Quellen: Coinmarketcap, Infinite Market Cap, Securities Industry and Financial Markets Association, https://www.cia.gv/index.html, https://www.federalreserve.gov, Securities Industry and Financial Markets Association, Savills und Bank für Internationalen Zahlungsausgleich
Stand: 2020 und 2022

128/129
Die größten Börsenbetreiber der Welt
Quelle: Statista, BÖRSE am Sonntag
Stand: Oktober 2021

130/131
Die größten Staatsfonds
Quellen: SWF Institute, Statista, Shutterstock | e.s design
Stand: Februar 2022

132/133
Investmentbanking weltweit
Quellen: The Power Atlas, Wall Street Journal, Investment banking scorecard
Stand: 2021

6 Ertrags-Perspektiven

136/137
Renditen 10-jähriger US-Staatsanleihen seit 1800
Quelle: boerse.de, BÖRSE am Sonntag
Stand: 2022

138/139
FAANGM-Performance vs. S&P 500
Quelle: Yardeni Research
Stand: Juli 2022

140/141
Anteil ausländischer Investoren am Grundkapital
Quellen: boerse.de, Bloomberg, Shutterstock | artmakerbit
Stand: 2019

142/143
Das DAX-Rendite-Dreieck
Quelle: Deutsches Aktieninstitut
Stand: 2022

144/145
DAX-Rendite-Dreieck für die monatliche Geldanlage
Quelle: Deutsches Aktieninstitut
Stand: 2022

146/147
Das EURO-STOXX-Rendite-Dreieck
Quelle: Deutsches Aktieninstitut
Stand: 2022

148/149
Die teuersten NFTs
Quellen: Forbes, t3n, BÖRSE am Sonntag, Anlagetrends
Stand: Februar 2022
Fotos: Shutterstock | mundissima, Pak Merge, Shutterstock | Pixel Art 101, picture alliance/EPA-EFE | Justin Lane

7 Rohstoff-Perspektiven

152/153
Das Periodensystem der Rohstoffrenditen
Quellen:Visual Capitalist, U.S. Global Investors, Shutterstock
Stand: 2022

154/155
Länder mit den größten Goldreserven
Quelle: World Gold Council
Stand: April 2022

156/157
Das gesamte jemals abgebaute Gold
Quellen: Shutterstock | Marnikus, BÖRSE am Sonntag
Stand: 2021

158/159
So lagern die Deutschen ihr Gold
Quelle: Deutsche Börse Commodities | Kantar Emnid (Umfrage mit rund 1.000 Befragten)
Stand: Juli 2018

160/161
Minenproduktion von Silber
Quellen: Statista, Shutterstock | The Mumus
Stand: 2022

162/163
Der Ölpreis seit 1970
Quellen: dpa / Globus / Organisation erdölexportierender Länder (Opec), BÖRSE am Sonntag
Stand: Juli 2022

164/165
Die globalen Ölreserven
Quelle: BP
Stand: August 2021

166/167
Die größten Ölkonzerne
Quelle: Forbes, Weltexporte
Stand: 2021

8 Reichtums-Perspektiven

170/171
Die 10 reichsten Frauen
Quelle: Forbes
Stand: 2022
Fotos: picture alliance / abaca | Bernard-Salinier, picture alliance / AP Images | Danny Johnston, picture alliance / Dennis Van Tine/STAR MAX/IPx | Dennis Van Tine/STAR MAX/IPx, picture alliance / Captital Pictures | RW/MPI, Miriam Adelson June 2019 By David Azagury / U.S. Embassy Jerusalem - Israel Hayom Forum for Israel-US Relations, picture alliance / abaca | Sachs Ron/CNP/ABACA, picture alliance/dpa/HPIC | Fang Xing, picture alliance/dpa/HPIC | Fang Xing, picture alliance / ZUMAPRESS.com | Chris Putnam, Iris Fontbona By Martin Ruiz Marc - Own work, CC BY-SA

172/173
Die 10 reichsten Männer
Quelle: Bloomberg
Stand: August 2021
Fotos: Shutterstock - Din Mohd Yaman, picture alliance / SvenSimon | Annegret Hilse / SVEN SIMON, picture alliance abaca Niviere David ABACAPRESS.COM, Shutterstock Paolo Bona, picture alliance abaca Van Tine Dennis ABACA, picture alliance AP Photo Jeff Chiu, picture alliance imageSPACE MediaPunch imageSPACE, picture alliance: ZUMAPRESS.com | Charlie Steffens Larry, Shutterstock imagemaker, Mukesh Ambani PHOTO BY RITAM BANERJEE

174/175
Die 10 reichsten Deutschen
Quellen: Forbes, Shutterstock
Stand: 2022

176/177
Die 10 reichsten Österreicher
Quellen: Forbes, Shutterstock
Stand: 2022

178/179
Die 10 reichsten Schweizer
Quellen: Forbes, Shutterstock
Stand: 2022

180/181
Die Pandemie-Milliardäre
Quelle: Forbes
Stand: März 2021

182/183
Weltkarte der Milliardäre
Quelle: BÖRSE am Sonntag
Stand: 2016

184/185
Die reichsten Städte der Welt
Quelle: Forbes, BÖRSE am Sonntag
Stand: 2021

186/187
Geldfluss in Deutschland
Quellen: Statista Global Consumer Survey, Shutterstock | Vector Tradition
Stand: März 2022

188/189
Globale Vermögensverteilung
Knight Frank Wealth Sizing Model, Visual Capitalist
Stand: Juli 2022

9 Anleger-Perspektiven

192/193
Aktionärszahlen
Quelle: Deutsches Aktieninstitut
Stand: 2021

194/195
Geldvermögen der Deutschen
Quellen: Deutsche Bundesbank, Deutsches Aktieninstitut, DZ Bank
Stand: Mai 2022

196/197
Konsumieren und Sparen
Quelle: Statistisches Bundesamt
Stand: Januar 2022

198/199
Verteilung der Anleger
Quelle: Deutsches Aktieninstitut
Stand: 2021

200/201
Das Portfolio von Warren Buffett
Quelle: BÖRSE am Sonntag
Stand: März 2022
Illustration: Shutterstock | hongyhod

202/203
Das Gates-Portfolio
Quelle: Wallstreet Online, BÖRSE am Sonntag
Stand: Mai 2022
Illustration: Shutterstock | hongyhod

204/205
Die Bitcoin-Community
Quelle: Coin Dance
Stand: 2022

206/207/208/209
Krypto-Stimmung im DACH-Raum
Quellen: statista, CoinGeko, Shutterstock
Stand: 2021